成为
高期待教师

BECOMING A
HIGH EXPECTATION
TEACHER

Christine Rubie-Davies

[新西兰]克里斯汀·鲁比-戴维斯　　著

沈苗苗　范玲玲　薛娇　译

郝丽风　王胜男　审订

图书在版编目（CIP）数据

成为高期待教师 /(新西兰) 克里斯汀·鲁比-戴维斯(Christine Rubie-Davies) 著；沈苗苗，范玲玲，薛娇译. —上海：上海教育出版社，2024.10.

ISBN 978-7-5720-2944-8

Ⅰ. G451.2

中国国家版本馆CIP数据核字第2024L4R862号

策划编辑　刘美文

责任编辑　刘美文　庄雨蒙

封面设计　王鸣豪

Becoming A High Expectation Teacher

成为高期待教师

[新西兰]克里斯汀·鲁比-戴维斯　著

沈苗苗　范玲玲　薛　娇　译

出版发行　上海教育出版社有限公司

官　　网　www.seph.com.cn

地　　址　上海市闵行区号景路159弄C座

邮　　编　201101

印　　刷　启东市人民印刷有限公司

开　　本　700×1000　1/16　印张 17.5

字　　数　284 千字

版　　次　2024年10月第1版

印　　次　2025年3月第2次印刷

书　　号　ISBN 978-7-5720-2944-8/G·2604

定　　价　68.00 元

如发现质量问题，读者可向本社调换　电话：021-64373213

献给杰夫（Jeff）

有你的爱与支持，这本书才得以问世

中文版序言

    本书深入探讨了教师期待研究及其在中国教育情境中的相关性。然而，如果没有译者沈苗苗的远见卓识，就不会有这本书的问世。苗苗有着丰富的教学经验，她对书中的理论和实践非常感兴趣，并提出了将本书翻译成中文的想法。当然，我对此非常支持。我要感谢苗苗和整个翻译团队的努力和付出，感谢一阅书院岳乃红老师的慷慨支持，是她们同心协力把这本书带到了中国读者的面前。我真诚地希望中国各地的教育工作者能从这本书中找到有用的资源，帮助大家改进教学，提高学生成就，同时增强学生的自信心和课堂学习的乐趣。

    五十年来，教师期待一直被认为会影响学生的学习成果（Rosenthal and Jacobson，1968），但这一现象还有许多方面尚未得到充分探索，有的还需要进一步深入研究，包括教师如何对所有学生抱有高期待，而不是传统意义上的只对部分学生抱有高期待。我在二十四年的小学教师生涯中，有幸目睹了一些班级的学生在学习上取得的巨大进步。我对这些学生的教师产生了好奇。原来他们有一个共同点，就是都对班上的每个学生抱有高期待。他们坚信，无论起点如何，每个学生都可以在一年内取得巨大进步。根据早期的研究，我总结出三个关键的高期待教学原则：

    首先，使用混合能力分组或灵活分组，为所有学生提供高水平的学习机会。

    其次，设定目标，教师与学生一起设定明确的、基于技能的目标，追踪学生的目标进展，向学生提供明确的反馈，说明他们在实现目标方面的表现以及下一步的计划。

    最后，营造班级氛围，让教师认识到为所有学生营造一个温暖和支持的课堂氛围的重要性，同时培养学生之间密切和支持的同伴关系。

本书从理论和实践两个层面充分探讨了这些关键原则，有三章为教师提供了实用的建议，我希望这些建议能帮助中国的教师在充满关爱和支持的环境中提高学生的成就。

中国的教学环境与我所在的新西兰有很大不同。尽管如此，我还是指导过一些来自中国的博士生，并与他们一起工作。他们的研究大多在中国进行，他们的研究表明，在中国，高期待教师和低期待教师是可以被识别的，而他们对学生学业成就的影响和新西兰的研究结果相似。这表明，三个关键的高期待教学原则在一定程度上也可以改善中国学生的学业成就。我希望当教师将这些原则引入中国的教学环境时，他们的学生会因在学校学习而感到兴奋，他们也定会茁壮成长，并取得令人羡慕的学业成就。

我希望每一位阅读这本书的中国教师都能享受阅读的过程，从中学到一些改进教学实践的策略，让所有学生受益。学生是一份珍贵的礼物，我们应该用爱和关怀让他们在今后的学习和生活中学有所成，硕果累累。

克里斯汀·鲁比-戴维斯（Christine Rubie-Davies）

2024 年 6 月

目　录

致 谢

这本书不是凭空而来的。它依赖背后庞大的支持团队，那些让我的学术和个人生活变得真正卓越的人。我非常幸运拥有如此精彩的工作，但如果没有我身边那群最美好的人，我的旅程永远不会如此令人鼓舞，如此令人兴奋，如此真正地令人难以置信。

首先，我要感谢那些在我的学术生涯中始终相信并鼓励我的人。特别要感谢罗娜·韦恩斯坦（Rhona Weinstein），她是一位出色的导师、同事和朋友；感谢约翰·哈蒂（John Hattie），他肩负着指导我取得博士学位的艰巨任务，并且始终为我提供支持；感谢鲍勃·罗森塔尔（Bob Rosenthal），他帮我设计了本书的基础框架，并成为我非常珍视的朋友和同事；感谢汤姆·古德（Tom Good），他一直非常支持我；感谢帕特里夏·亚历山大（Patricia Alexander）、洛娜·厄尔（Lorna Earl）和弗兰克·沃勒尔（Frank Worrell），他们是支持我学术工作的核心力量。

同时，向我的"教师期待项目"①的研究团队致以诚挚的感谢。他们在收集数据、参加会议、访问学校、开展研讨会等方面一直都无私奉献——这些支持不胜枚举。这本书是他们和我共同的成果。特别感谢佩妮·沃森（Penny Watson），她娴熟而认真地管理了整个项目；感谢丽兹·彼得森（Liz Peterson），她的学术才华在许多方面激发了我的学习兴趣；感谢琳·麦克唐纳（Lyn McDonald）、安娜琳·弗

---

① 教师期待项目（Teacher Expectation Project）是一项教育干预研究，旨在探讨并利用教师期待对学生的学业成绩和行为表现产生影响。该项目的目标是帮助教师意识到其期待对学生可能产生的积极或消极影响，并通过调整期待来提升学生的学习效果和自信心。参见 www.education.auckland.ac.nz/uoa/teacher-expectation。

林特（Annaline Flint）、琳达·加勒特（Lynda Garrett）和希瑟·奥尼尔（Heather O'Neill），她们不懈地致力于"教师期待项目"，无私地奉献了她们宝贵的时间；以及项目的研究助理穆罕默德·阿兰萨里（Mohamed Alansari）、哈宁·布卡玛尔（Hanin Bukamal）、法蒂玛·阿里（Fatema Ali）和拉杰什里·克里希南（Rajshree Krishnan），我对他们每一个人都怀有感恩之心。我还要感谢克里斯·西布利（Chris Sibley），他在统计方面的卓越才华，帮助我完成了发表的论文中的统计工作，由他完成的贝叶斯统计分析将在本书后半部分呈现。

感谢新西兰皇家学会（Royal Society of New Zealand）的慷慨资助，通过政府资助的"马斯登快速启动补助金"（Marsden Fast Start Grant），我才得以完成"教师期待项目"。我还要感谢"认知教育信托基金"（Cognition Education Trust），他们对教师非工作时间参与项目给予了慷慨资助，以便教师可以全天参加研讨会。这是"教师期待项目"的核心组成部分。我衷心感谢这两个组织对我的信任。

我还要感谢所有这些年来参与我的研究项目的校长、教师和学生，当然不仅仅是"教师期待项目"，还有其他项目的参与者，都共同推动了我的学术生涯，使我达到了今天的成就。我非常感谢你们为我的项目付出的时间，感谢你们在我们到达学校时表现出的热情，感谢你们愿意让出宝贵的课堂时间给我们收集数据并让学生完成问卷调查。还要感谢那些慷慨允许我使用其课堂照片的教师和校长：盖伊·特纳（Gay Turner）、鲍勃·厄普丘奇（Bob Upchurch）、简·弗朗索瓦（Jane Francois）、凯西·里德（Kathy Reed）、路易丝·格雷厄姆（Louise Graham）和安雅·亨尼希（Anja Hennig）。感谢你们的慷慨奉献。我还要向我第一个项目中的高期待教师以及世界各地的高期待教师致敬。你们能如此关心和配合我们的工作，这份感激无以言表，你们确实鼓舞了我。希望你们有人能在本书引用的语录和实践中认出自己。

我还要感谢启发我进入教师期待研究领域的最初动力——毛利文化小组（Ngā Muka te Taurawhiri o te Purapura Pai），以及他们的教师沙恩·鲁维乌（Shane Ruwhiu）和琳·林赛（Lyn Lindsay）。你们的表现令人振奋，我经常想起你们每一个人。能认识你们是我的幸运。

特别感谢珍妮特·里弗斯（Janet Rivers），她是世界上最出色的编辑助理。她对细节的敏锐和对本书的帮助都是无价之宝。我也非常感谢布鲁斯·罗伯茨

（Bruce Roberts）和他的劳特利奇（Routledge）团队，首先感谢他们同意出版这本书，其次感谢他们在整个过程中给予的细心指导。特别感谢帕迪（Pardy），他耐心高效地解答了我一个又一个问题。

我还要感谢新星出版社（Nova Publishers）同意让我在本书中引用我早期作品中的一个模型（Rubie-Davies et al., 2007）；感谢英国心理学会（British Psychological Association）同意我引用之前与他们一起发表的一篇文章中的内容（Rubie-Davies, 2007）；感谢桑德拉·哈斯蒂（Sandra Hastie）允许我使用她博士论文中的一个图表；感谢巴里·弗雷泽（Barry Fraser）、艾伦·罗韦（Ellen Rowe）、亚瑟·霍恩（Arthur Horne）、兰迪·坎普豪斯（Randy Kamphaus）及其他作者允许我在附录中引用他们的测量工具，分别是《我的班级清单》和《学生对班级氛围的个人感知》。

然而，我最想表达的是对我家人的感激之情——杰夫（Jeff）、阿尔坦（Altan）、泽林（Zerrin）、内斯林（Nesrin）、戴夫（Dave），还有我的孙子们，克里斯蒂安（Christian）、奥利弗（Oliver）、亨特（Hunter）和本吉（Benji）。你们让我能脚踏实地地进行学术研究，并时常带给我欢笑。你们是我热爱生活的理由。我对你们的感激之情无以言表，谢谢你们！

克里斯汀·鲁比-戴维斯

引 言

　　政策制定者和学校管理人员经常呼吁教师对学生寄予高期待。然而，我从未听说或看过这些呼吁被付诸行动。尽管人们似乎理解高期待对学生成绩的重要性，但高期待具体是什么样子的呢？这是否意味着教师需要不断地自我暗示——"我必须有高期待，我必须有高期待，我必须有高期待"？还是说教师应该提前规划出远超学生能力范围的教学设计，然后看着他们可能面临怎样的失败？也许政策制定者会迅速批评教师，并宣称教学需要改进，但他们似乎并不擅长提供能让教师真正践行高期待的具体指导，这也是我写作这本书的初衷。在各章中，我深入描述了对所有学生都抱有高期待的教师的实践方法，他们的方法对学生成绩产生了巨大且积极的影响。

　　我对教师期待的兴趣始于几年前，当时我在新西兰的一个低社会经济水平的小学任教。这所学校大约有三分之一的毛利学生，然而，那个时候却没有人能教授毛利语和毛利文化，通常在这样的学校里，大多数都会有卡帕哈卡（kapa haka）① 文化团体。我在这所学校工作了大约三年，当我得知土耳其每年都会举办一个国际儿童节的时候，我就对教师期待产生了兴趣。这个节日邀请了来自世界各地的学生参加，其主要目的是通过让来自世界各地的学生聚在一起，了解彼此的文化，以促进世界和平。我向我的校长提出了这个想法，就在那个星期，一位毛利人走进学校，提出愿意教授学生毛利语。我回应说："你想去土耳其吗？"

---

① 卡帕哈卡是毛利表演艺术的名称。该短语翻译为"团体"（kapa）"舞蹈"（haka）。卡帕哈卡是毛利人通过歌舞表达并展示其遗产和文化身份的重要途径。

我们成立了一个毛利文化团体，该团体成立时，我们邀请家长参加会议，告诉他们我们的目标是什么。然后，艰苦但极其有益的工作开始了，我们要培训学生达到国际标准。在我们一起度过的大约 18 个月里，我看到那些学生以一种我从未想过的方式蓬勃生长。我看到他们试探性的开始，他们第一次表演时，羞怯地看着自己的脚，耷拉着肩膀；但是我看到他们的信心在接下来的几个月里逐渐增长，他们的背挺得笔直，眼睛直视着观众。我们在许多学校和城市各地表演。这就是我们筹集去土耳其资金的方式，因为从新西兰带 24 名学生去土耳其的成本很高！他们出现在报纸和电视上。在他们眼中，他们是超级明星——他们的确是！

我们对这个团体抱有非常高的期待。我们给他们设定了崇高的目标，而他们每次都实现了这些目标。我们让他们比以往任何时候都更加努力地学习，他们放弃了周末来练习。他们被期待成为学校的模范代表，被期待取得成功，被期待以高标准完成所有学业，并且被期待致力于强化培训，这是该团队的一部分。在学年结束时，距离我们去土耳其还有 4 个月，毛利文化团体的学生获得了所有学术奖项，还获得了所有体育奖项，这并非偶然。

几年前，我与我能联系到的 20 名团体成员进行了交流。其中一位刚刚获得了一项奖学金，即将前往法国一所大学攻读博士学位，另一位取得了硕士学位，有 7 人已取得或即将取得本科学位，另外 7 人完成了其他形式的高等教育培训，只有 4 人没有继续完成相关的教育培训。这个团体中只有 1 人在十一年级后离开了学校，大多数人完成了高中学业，获得了进入大学的资格。他们也都从事着很棒的工作，其中有音乐治疗师、大学导师、税务律师、软件顾问、机械师、砌砖工、私人教练、地方政府的娱乐项目负责人、海军军官和一家大型服装店的经理（在十一年级时离开学校的那个学生）。这并不是许多在新西兰社会经济水平较低地区的小学就读的学生的生活故事，但这是我们的故事。这是一个高期待发挥力量的故事。

多年来对教师期待和教师期待效应的研究证实教师期待影响学生的成绩（Brophy，1982；Cooper and Good，1983；Good，1987；Jussim et al.，1996；Weinstein，2002；Rubie-Davies et al.，2006；Babad，2009）。教师期待通过教师提供的学习机会、课堂的社会心理环境以及教师与学生的互动来体现。实现教师期待效应的筛选因素将是教师的知识和对学生的信念。然而，这并不意味着每个学生的课堂体验都应该相同。它们应该是适应学生需求的，即为成绩优秀和成绩欠佳的学生提供差异化的学习需求——前提是这种差异化不会限制某些学习者的机会。然而，对于教师期待领域的研究人员来说，其中一个困难在于揭示交互组成部分。一旦学生受到不同对待，确定这些不同对待是源自教学差异还是源自学生特征差异就比较困难。这还会引发一个问题，即成绩欠佳的学生反应较弱是因为教学不够吸引人，还是因为学生反应较弱导致教学不够吸引人（Gamoran，1992）。本书试图对此进行回应。

教师期待可以定义为所有教师根据他们对学生现有信息的了解，对学生当前和未来的学习成绩和课堂行为所持有的信念。教师通常会对整个班级以及班级内的每个学生形成期待，尽管当前的研究领域主要集中在探究教师对个别学生的期待。期待可能基于学生以往成绩的信息，并通过以下几个方面来区分不同的期待：教师如何给学生分组、为学生提供什么样的学习体验、教师认为学生取得预期的学习成绩的可能性有多大、教师是否觉得自己能教好这些学生以及将采取何种教学行为管理计划。

教师与群体或个体互动的方式可能受到他们的期待的影响，而这些互动反过来可能会影响学生的回应（Good and Brophy，2008）。教师期待可能通过不同的教师行为传达给学生，特别是成绩优秀和成绩欠佳的学生（Darley and Fazio，1980），这可能表现为不同的学习机会、不同的师生互动模式以及为不同成绩水平的学生提供不同的社会心理环境（Kuklinski and Weinstein，2001）。因此，教师期待与课堂的教学和社会心理环境密切相关，这加强了学生行为与期待一致的可能性（Brophy，1982）。当然，所有教师都对学生未来在课堂上的表现抱有期待，而且确实应该抱有，因为期待是教师为学生制订学习计划的基础，是他们认为学生能够实现的目标，也是用来跟踪进度的评价任务，以上都与教师期待保持一致。因此，教师对学生学习抱有高期待是至关重要的。当教师期待高时，学生学习会有不同的体验。

鲜有探索教师对所有学生抱有高期待的研究，尽管早期的研究发现，相比于对个别学生的期待，对班级的期待在学生学习方面的影响很可能更大（Brophy and Good，1974；Harris and Rosenthal，1985）。本书的重点是高期待教师——那些对所有学生抱有高期待并且他们的学生取得了巨大学习进步的教师。因此，本书的主要篇幅在揭示和阐释高期待教师的信念和实践上，并展示高期待教师与其他教师的不同之处。例如，重新设想能力分组，以及在对待成绩优秀和成绩欠佳的学生时，教师如何做到在无区别的学习情况下实施能力分组。这种低区别对待学生是高期待教师常见的做法。该书旨在指导高期待教师如何实践，同时提供一个理论框架，或许可以解释高期待教师对其信念和实践的推断。

我希望教师、校长和研究人员能够发现这本书的价值。在书中，我努力提供了基于研究的实用想法，供教师在课堂上实施，同时为所有读者提供了一个理论框架和许多建议的证据基础。我知道这本书中的所有想法并非适合所有人。我承认"教学"这个词包含的多样性。我知道教学情境很重要，但我不希望这成为对学生缺乏高期待的借口。

我也认识到校长在成功实施高期待教师的策略中扮演着至关重要的角色。这在书中提到的干预项目期间变得非常明显。一些校长和他们的教师一起参加了教师研讨会，这些校长和其他人全程参与了该项目。他们支持教师学习的新实践，并将其完全整合到学校教学中。他们和教师都充满热情。相比之下，有一位校长虽然口头支持这个项目，但实际上限制参与变革的项目组教师。毋庸置疑，在前者的学校中，项目的干预效果更加明显。有时，新的学习与既定的信念和实践相矛盾，似乎会存在一定的风险，但对于校长和教师来说，有些人更愿意尝试新事物。

我也承认，高期待教师的实践在许多教室中已经成效卓著。每所学校都应该有高期待教师。尽管如此，我希望每个阅读这本书的人都能从中获得一些有价值的东西——一项新的实践，一个新的想法，一种新的理论理解。每个教室中的每个学生都应该拥有最好的教育经历，他们的未来取决于此。

有时，我会报告一些研究发现的统计证据，试图以一种对所有读者都易于理解的方式开展。在书中，我多次报告效应值①。效应值提供了一种体现变化或差异的重要性的方法。2009 年，哈蒂（Hattie）描述了效应值 $d = 0.4$（一种名为 Cohen's d 的统计量，在本书中我一直使用这个名字）时对学生成绩有明显影响；也就是说，随着时间的推移，教师或独立的观察者能够明显看到学生和他们的学习之间的差异，这是由于教师引入了一种实践或干预。我在整本书中都使用了这个指导方针，效应值大于 0.4 表示对学生学习有显著影响，而效应值小于 0.4 则表示没有超过普通教师每年对学生成绩增长的影响。实际上，任何一个人站在班级的学生前面，一些较小的效应也会发生！

---

① 效应值的取值区间为 0—1，数值越大，表示影响越大。

在一些地方，我使用效应值来展示某种特定策略或干预有多重要。有时，效应值是从元分析中计算出来的——它综合分析了同一种干预或实践的大量研究。从元分析中得出的效应值展示了某种策略或干预对学生学习的价值，因为这种方法涉及很多研究，通常包括非常庞大的学生或教师样本。例如，一项跨 425 个研究和 12124 名学生的元分析表明，语音教学对阅读成绩影响的效应值 $d = 0.60$（表明效应显著），而当对 64 个研究和 630 名学生进行综合分析时，整体语言教学对阅读成绩影响的效应值 $d = 0.06$（Hattie，2009）。因此，语音教学是一种比整体语言教学更有效的阅读教学方法。

这本书分为三个部分。第一部分（第一至第四章）致力于提供教师期待领域的全面背景。它以 1968 年罗森塔尔（Rosenthal）和雅各布森（Jacobson）进行的第一项研究"皮格马利翁效应"作为该领域的介绍开篇。第一章描述了这项研究、由此引发的争议以及研究人员在这项开创性研究后的研究方向。"皮格马利翁效应"为研究人员提供了一个跳板，使他们开始探索教师期待的不同方面。他们试图回答这样的问题：教师是否会根据他们对学生的高期待或低期待而与学生进行不同的互动？哪些学生特征会影响教师的期待？学生是否知道教师对他们有高或低的期待？是否有些教师的期待对学生成绩的影响比其他课堂更大？第二至第四章揭示了研究人员对这些问题的研究结果。这些章节展示了该领域的研究如何随着研究人员对这些重要观点的探索而发展，它们也为我的思考提供了背景，因为我开始识别并研究高期待教师和低期待教师。对教师差异的研究可致力于期待效应，这标志着该领域的重大转变，第四章则展示了持有这一思想的巴巴德（Babad）和韦恩斯坦（Weinstein）的研究。此外，它提供了更广泛的背景观点（如韦恩斯坦的生态视角研究，特别是自 2000 年以来她的相关研究）以表明课堂的教学和社会心理因素有助于提高学生成绩——这一观点也是我自己研究的基础。

第二部分（第五至第七章）侧重于我在识别高期待教师和低期待教师方面的研究发现。特别是第五章讨论了我如何识别高期待教师和低期待教师，以及在不同教师班级中的学生成绩和社会心理发展。我还展示了一些当时的研究，这些研究表明在高等教育环境中也识别出了高期待教师和低期待教师，并且针对受过高等教育的学生的研究结果与小学生的非常相似。第六章介绍并描述了高期待教师和低期待教师在教学信念和教学实践上的差异，我认为正是他们的信念和实践提供了教师期待效应的机制。高期待教师和低期待教师之间的差异构成了第七章详细描述的干预项目的基础。随机分配的教师接受了关于高期待教师信念和实践的培训，以确定他们是否可以学习高期待教师的信念和实践，以及如果他们确实采用了这些实践，他们学生的学习成绩和社会心理发展是否会与对照组学生的有所不同。因此，第七章展示了干预项目第一年的分析结果。干预项目主要在三个核心领域中发展、增强和改变教师的实践：分组和学习活动、班级氛围、目标设定。其中，目标设定包括学生动机、参与度、自主性、教师评价和反馈。

第三部分（第八至第十四章）的结构是针对干预项目的三个主要领域设计，每章在理论和实践视角之间交替展开：首先，有一章提供了上述三个领域之一的理论讨论，这些讨论提供了支持高期待教师教学方式的研究证据。其次，下一章提供了该领域中教师在课堂的实践做法，这些做法反映了高期待教师的信念和实践。因此，第八、第十和第十二章是理论视角，而第九、第十一和第十三章是实践视角。最后，第十四章论述了校长在每一个成功的课堂变革过程中所起的关键作用。一所高期待的学校对所有学生的益处可能要比一个高期待的课堂大得多。

普通孩子

迈克·布谢米

我不会给老师惹麻烦；
我的成绩还算可以。
我在课堂上认真听讲，
每天都按时上学。

我的老师认为我是普通孩子；
我的父母也这样认为。
不过，我希望我不知道这一点；
我想做很多事情。

我想建造一枚火箭；

我读了一本关于如何建造火箭的书。

或者开始收集邮票……

但现在尝试没有用。

因为，自从我知道我是普通孩子，

你看，我已经足够聪明了，

聪明得已经知道不应该对自己有任何特别的期待。

我是大多数人中的一员，

是那个正态分布曲线的高峰部分，

在普通的世界里，

过着不被注意的一生。

第一部分

教师期待研究的历程

第一章　回顾教师期待的研究历程

书籍之始，启航于最美的序章。因此，本书的开篇从该领域的第一项研究追溯教师期待的整个历程，包括这一研究的开创性及其对未来研究方向的指引。此外，我还会介绍教师期待模型，这个模型概括了从教师形成期待、学生解读期待并回应期待的全过程。

1948 年，社会学家默顿（Merton）提出了"自我实现预言"这一概念。自我实现预言是指人们预测或期待某事会发生，进而按照这一"预言"行事，最终使预言变成现实。他举了一家银行的例子，这家银行在"黑色星期三"①之前财务状况一直很好。直到星期三那天，银行经理来上班，他注意到公司的业务像往常一样繁忙，他喃喃自语道："希望钢铁厂和床垫厂的员工没有被解雇。"随后有人造谣说银行遇到了财务问题，即将倒闭。谣言不胫而走。心急如焚的储户纷纷赶到银行，取出自己所有的积蓄。银行由于无法承受如此大量的取款，最终破产。"自我实现预言起初是对某种情境的错误界定，这一界定诱发了新的行为，使原本错误的概念变为现实。"（Merton，1948：195）默顿接着描述了当时美国社会中普遍存在的偏见，这些都可以用"自我实现预言效应"来解释。例如，他解释了在当时的密西西比州，用于白人学生的教育支出是非裔美国学生的五倍之多，因为当时的非裔美国人被认为智力偏低。当然，这导致了非裔美国学生在校成绩很不理想——这就是自我实现预言效应。有趣的是，自从默顿提出自我实现预言以来，关于期待或自我实现

---

① 1992 年 9 月 16 日，英国保守党政府因无力维持英镑的汇率下限而被迫退出欧洲汇率体系，史称"黑色星期三"（Black Wednesday）。

预言效应的研究大多集中在社会心理学和教育心理学领域，而非默顿所在的社会学领域。

一、早期的期待研究

20世纪50年代，年轻的心理学家罗伯特·罗森塔尔（Robert Rosenthal）对实验人员如何无意识地影响实验参与者以达到实验的预期效果产生了浓厚的兴趣。在他的早期实验中（Rosenthal，1963），30名实验人员组织了近400名参与者观看一组人物的照片，并采用10分制（从极度失败到极度成功）给这些人物评分。其中，一半的实验人员被告知，他们的参与者可能会对人物给予积极评价，打分会高于5分，而其他实验人员则被告知可能会给出低于5分的评价。实验中，所有实验人员向所有参与者宣读了完全相同的指示。罗森塔尔发现，那些期待参与者对照片给予积极评价的实验人员所组织的参与者打出的平均分确实高于5分，而另一组实验人员所组织的参与者打出的平均分则低于5分，两组的评分在统计学上均有显著差异。

在实验室里，罗森塔尔也进行了类似的实验。1963年，他与福德（Fode）一同进行了训练老鼠穿越迷宫的实验。他注意到，如果告诉实验人员老鼠很聪明，那么这些老鼠学会穿越迷宫的速度要比那些被告知老鼠很笨的实验人员训练的老鼠要快。事实上，这些老鼠并没有任何区别，它们是被随机分配给不同的实验人员的。更有趣的是，在斯金纳箱[①]的实验中，实验人员并没有直接接触老鼠，但结果依然相同。这表明实验人员的期待，即他们对老鼠是否聪明的信念，无意识地影响了他们与老鼠的互动方式，从而影响了老鼠学习的速度。这使实验人员的期待成为了现实。因此，罗森塔尔得出结论：实验者的期待在很大程度上决定了实验研究的结果。他认为，这是自我实现预言效应导致了研究人员的假设得到证实。

1963年，罗森塔尔在美国科学杂志上发表了他的研究成果。在思考研究意义

---

① 斯金纳箱（Skinner Box）是用于研究动物行为的实验装置。

的时候，他提出这样一个问题：如果一位资深教师告诉一位新教师某个学生学得很慢，那么这种暗示随后是否会导致这一期待得以实现？恰巧，橡树小学的校长丽诺尔·雅各布森（Lenore Jacobson）读到了这篇文章，她提议将橡树小学作为首个教师期待实验的地点。

二、第一个教师期待实验

第一个教师期待实验的目的是检验有关学生的不实信息是否会对教师期待产生影响。1968 年，罗森塔尔和雅各布森在著作中首先概述了教师期待如何导致教学质量的潜在差异，即使学生的初始成绩并没有什么差别（既包括非裔美国学生和白人学生，也包括经济贫困和家境优渥的学生）。他们提出，教师期待可能是非裔美国学生和白人学生在校学习期间成绩差距不断扩大的主要原因，因为不同族裔学生的学习历程以及他们得到的教师投入是截然不同的。这一讨论为后来著名的"皮格马利翁实验"奠定了基础。

参与实验的橡树小学位于社会经济水平较低的地区，学生的整体成绩偏低。实验开始前，罗森塔尔和雅各布森对全校学生进行了一项大家不太了解的非言语能力智商测试（一般能力测试，简称 TOGA）。他们谎称这项测试来自罗森塔尔所在的哈佛大学，并称之为"哈佛习得变化测试"。教师被告知这是一项新的测试，能够预测哪些学生在本年度成绩会突飞猛进。该测试一共有四次：第一次作为预测试，提供基线数据；第二次是在实验进行八个月后；第三次是在首次测试的一年后；第四次是在收集初始数据的两年后。

预测试结束后，教师会收到一份班级名单，名单上有 1—9 名学生被评为"后起之秀"，即这些学生本年度学习成绩会突飞猛进。事实上，全校有 20% 的学生被随机选为"后起之秀"。一年后，在对所有学生进行测试后发现，那些被评为"后起之秀"的学生与同龄人相比智力增长显著。在阅读方面，也发现了类似的结果。总体而言，被评为"后起之秀"的学生比对照组学生取得了更大的进步。然而，一年级和二年级学生在智力和阅读方面的进步要大于三至六年级的学生。此外，实验组女生在智力方面的进步要大于实验组男生。学校根据学生的能力进行了分组，在实验进行一年后，中等水平的学生在阅读方面的进步远远超过了高水平的学生。

为了解释低年级学生为何在实验第一年取得如此大的进步，罗森塔尔和雅各布森认为，这可能是因为低年级学生比高年级学生更容易受到教师期待的影响。相比之下，高年级学生可能不那么容易受到不实信息的影响，因为教师可能对这些学生有所了解。另一种解释是，低年级学生对教师期待的反应可能更积极。尽管两人没有测量教师与学生的互动方式，但他们认为，教师可能会以不同的方式与那些期待被"不实信息"影响的学生互动，从而使这些学生的智力水平提升——这就是自我实现预言。

在实验第一年即将结束时，教师被要求对所有学生的课堂表现进行评分。然后实验人员将对照组和实验组学生的得分进行了比较。这些课堂表现被分为三类：求知欲、适应性和认可需要。教师认为实验组的学生比对照组的学生表现出更多的求知欲。这种效应在低年级学生中尤为明显，但在六年级中，教师对两组学生求知欲的评价也有显著差异。就适应性而言，被贴上"后起之秀"标签的学生被认为比对照组的学生更快乐，但在其他变量方面没有发现显著的统计学差异。在认可需要方面，教师认为一年级的实验组学生比对照组学生更自主，更不急于获得他人的认可，但这是在"后起之秀"和非"后起之秀"之间发现的唯一具有统计意义的差异。因此，总体而言，实验组和对照组在认可需要方面没有差异。

因此，在实验进行八个月之后，实验人员对学生进行了测试，以衡量实验效应发生的速度。结果显示，虽然当时有证据表明两组学生的智力水平出现了差异，但差异并不显著，因此，当时正在显现的期待效应被描述为一种趋势。然而，仅过了一个学期，在阅读和社会研究方面，实验组的成绩就被教师认定为高于对照组。此外，在词汇测验中，五年级和六年级的"后起之秀"（唯一参加成绩测验的学生）的成绩比对照组高了约五个百分点，在工作学习技能方面比对照组高了十个百分点。另外，这些成绩优势在一年后依然存在。

最后一次测试发生在初始测试的两年后。这一测试旨在确定"后起之秀"在实验中获得的优势在两年后是否仍然存在。参与评价的教师并不知道哪些学生是实验组的，因为实验者想要知道实验组学生的智力增长是否与教师期待受到积极干预有关。后续测试表明，对原来一、二年级的"后起之秀"的期待效应在两年后消失了，然而五年级的实验组学生却从中受益匪浅。与对照组相比，他们的进步在统计学上是显著的。罗森塔尔和雅各布森认为，年龄较小的学生似乎更容易受到教师的影响，但可能需要持续的高期待影响以维持进步；年龄大一点的学生也受益于高期待影响。与对照组相比，实验组女生的推理能力在两年后继续保持优势，而实验组男生的优势则体现在口头表达上。

综上所述，在"皮格马利翁实验"中，罗森塔尔和雅各布森认为，教师与实验组和对照组学生之间互动质量的差异可能导致了"后起之秀"的进步。罗森塔尔在他早期的研究中提到，那些被诱导相信自己的老鼠很聪明的实验人员比那些相信自己的老鼠很笨的实验人员更愉快地参与实验，并且对待老鼠更热情、更友好。因此，他指出，相比非"后起之秀"，教师对"后起之秀"更友好、更感兴趣、更热情、更善于表达，也给予更多的鼓励，这点也出人意料。罗森塔尔还指出，比起对照组，教师可能会提供更多、更积极的反馈给实验组，而且教师很可能通过非言语方式，不自觉地传达了他们的期待。不过，他也提及，由于在实验中没有测量教师与学生的互动（无论是言语行为还是非言语行为），任何有关教师如何向学生传达高期待和低期待的看法都纯属推测。

三、皮格马利翁效应研究

"皮格马利翁实验"（Rosenthal and Jacobson，1968）一经发表，就成为美国一些著名报纸的头条新闻，至今仍受许多教育类的教科书推崇。此外，这项研究还在美国法院的几起案件中被引用，导致一个州取消分组教育模式，另一个州则禁止使用智力测验来识别需要进入特殊教育班级的学生，以及一个南部城市开始取消种族隔离（Spitz，1999）。

许多学者热衷于这项研究，认为教师期待与种族、社会阶层、性别不公正以及社会不平等现象有因果关系（Jussim et al.，1996）。另一些学者则主张利用教师期待来提高智力，解决教育绩效差的问题（Spitz，1999）。有公众猜测，一些学生成绩欠佳的主要原因是教师期待过低！然而，许多人曲解或夸大了他们发现的效应。例如，"皮格马利翁实验"涉及操纵积极期待；消极期待效应则是一个今后有待研究的问题。另外，他们并没有考虑种族或社会阶层的问题，这也是一个有待进一步研究的问题。然而，有人却声称，少数族裔学生以及贫困学生的成绩欠佳是教师的低期待造成的。总之，罗森塔尔和雅各布森发现的效应并不像一些热心人士所说的那么大。

不过，橡树小学的实验也有批评者。1968 年，桑代克（Thorndike）发表了批评意见，他质疑了"皮格马利翁实验"中收集到的许多数据，特别指出那些刚开始上一年级的学生在一般能力测验（TOGA）中的推理智商总分很低。相反，从 6 名"后起之秀"在后测中的推理智商得分可以推断，他们在前测中均取得了满分。

1969 年，斯诺（Snow）对测验程序和结果的审查提出了更严厉的批评。他指出，一般能力测验（TOGA）并没有为低龄儿童制定标准，因此，他对测验结果加以推敲后发现，其有效性存在争议。他也举了一个学生在推理测验中的例子，认为学生的测验分数不太可能在短期内发生变化。此外，他还强调一年级学生总体的智商得分非常低。

1971 年，埃拉索夫（Elashoff）和斯诺又发表了一份同样令人震惊的评论。他们再次讨论了一般能力测验（TOGA）的有效性和不足之处，指出在四次测验中，有些学生的分数变化很大，而且有些分数似乎明显偏离了正态分布。他们补充了有关方法论的争论，认为实验者对实验结果的解释有误导性。例如，1968 年，罗森塔尔和雅各布森提到，整个实验组的智商有显著提升，而实际上只有一年级和二年级的智商有显著提升。埃拉索夫和斯诺声称，在某些更高的年级，对照组的成绩优于实验组。其他研究者也提出了类似的质疑（Brophy and Good，1970a；Spitz，1999）。

另一项指责是关于罗森塔尔和雅各布森似乎把智力测验得分等同于智商、智力成长、学习能力或智力水平。研究人员指出，不能假定这种等同性，他们并没有提供任何智力提高的单独证据（Elashoff and Snow，1971；Spitz，1999）。他们认为智商不会轻易受到影响。

还有一种讨论集中在中介效应上（Brophy and Good，1970a；Cooper，1985）。要产生期待效应，肯定有干预变量。在课堂上，这些干预变量可能在教师的不同行为中被发现。然而，在"皮格马利翁实验"中，并没有测量中介效应，因此，研究人员只能推测教师的互动可能产生的影响。

在第二版的《课堂中的皮格马利翁》（Rosenthal and Jacobson，1992）中，罗森塔尔反驳了针对原始研究的批评意见。比如，针对斯诺和桑代克的批评，罗森塔尔反馈推理智商子测验的效应值 $d = 0.65$，高于其他同类测试。他还指出，如果智商的测量方法真如所说的那样不可靠，那么统计学上有显著差异的结果只会更少。这是因为，当一种测量方法不可靠时，它的效力会降低，因此会更难发现统计学上的显著差异。因此，如果使用的测试不可靠，但却发现了显著的结果，这应该会加强研究结果论证的可靠性。此外，埃拉索夫和斯诺的批评还包括对数据进行转换后的一些重新分析。然而，1971 年，埃拉索夫和斯诺发现，他们的分析结果与皮格马利翁研究中关于总体智商水平的结果完全相同。他们证实了这一结果！至于推理和语言的智商测验得分，他们对数据进行了转换，这意味着他们发现对教师期待进行干预的结果比罗森塔尔和雅各布森在 1968 年的研究中报告的结果更显著。

即使是对"皮格马利翁实验"最不屑一顾的批评者，也承认期待效应的存在（Snow，1995；Thorndike，1969），尽管他们认为教师期待更有可能影响课堂学习和教学实践，而非学生的智商。1982 年，布罗菲（Brophy）认为"皮格马利翁实验"是有价值的，因为它有助于提升教师对其期待影响学生成绩的认识和理解。也就是说，呼吁在研究初期对中介变量进行描述，就是承认课堂中存在期待效应，同时也对后期观察和解读教师干预行为的实证研究提出了要求。

因此，40 多年来，关于罗森塔尔和雅各布森最初研究的学术争论在某些方面持续发酵。有些学者承认教师期待的存在，但认为它对学生的影响很小（Jussim et al.，2009）。无论批评者如何争辩，"皮格马利翁实验"开创了教育和心理学研究的新领域，取得了丰硕的成果，并由此产生了数百项研究。而且，继最初的研究之后，实证调查不断发现教师期待效应的存在——因此，关于"皮格马利翁实验"的争论现在已经显得多余。

四、实验研究和自然研究

（一）实验研究

综上，罗森塔尔和雅各布森的最初研究是对教师期待效应的实验性探索。他们向教师提供有关随机选择的学生的不实信息，并监测这些信息对这些学生智商的影响。由于这项研究影响深远，许多研究人员进行了类似的实验，试图复制这项研究的结果（Claiborn，1969；Grieger，1970；Jose and Cody，1971）。紧随橡树小学的实验，罗森塔尔本人也参与了三次复制实验（Anderson and Rosenthal，1968；Conn et al.，1968；Evans and Rosenthal，1969）。虽然每一次实验都与最初的研究存在某些差异，但当所有实验报告重测时，实验组学生的智商结果均发生了变化，对照组和实验组之间并无显著差异。

对于"皮格马利翁实验"，有一种质疑是该实验没有记录导致智商变化的中介过程，即教师与学生之间的不同互动。为了弥补这一空白，一些没有罗森塔尔参与的研究尝试复制"皮格马利翁实验"。1969年，克莱伯恩（Claiborn）让观察员定期记录教师与学生之间的互动。他发现，教师没有区别对待那些被选中的"后起之秀"，而且在研究结束时，实验组和对照组之间没有显著的智商差异。此外，教师能回忆起那些有可能成为"后起之秀"的学生名字，因此他们知道哪些学生被预测成绩会突飞猛进。但重要的是，这项调查是在学生与教师相处了两个月之后进行的，因此，克莱伯恩（Claiborn，1969）推断，教师很可能已经对学生形成了印象，而且这些印象不会轻易被不实信息改变。

1971年，何塞（Jose）和科迪（Cody）试图进一步复制"皮格马利翁实验"，他们控制了批评者之前讨论过的几个变量。例如，由研究助理而不是任课教师负责一般能力测验（TOGA），因为有人批评教师的行为可能会影响"皮格马利翁实验"的结果，鉴于在重新进行测试时，教师知道哪些学生被评为"后起之秀"，而研究助理并不知道，也不知道这项研究的目的。尽管如此，教师也是在开学两个月后才得到与期待有关的信息。

在18位教师中，有7位认为那些"后起之秀"会有进步，然而，唯一的统计学显著效应出现在班级层面——有些班级取得的进步大于其他班级。据报告，教师的行为在实验组和对照组没有差异。

（二）教师期待领域的元分析

1999年，斯皮茨（Spitz）对19项在1966年至1974年间完成的"皮格马利翁复制实验"进行了详细综述，这些实验都研究了智商干预的效果。其中只有一项实验无条件支持了"皮格马利翁实验"的结果（Maxwell，1970）。然而，他并没有考虑那些可能影响其研究结果的变量。劳登布什（Raudenbush，1984）对 18 项实验研究进行了重要的元分析，这些实验都调查了教师期待对学生智商的影响。他假设教师在引入期待之前对学生了解的时间越长，实验的效应就越小。这是有道理的，因为一旦教师开始了解他们的学生并形成期待，他们似乎就不太可能受到他人提供的不实信息的影响。这 18 项实验的数据有力地支持了他的假设，即在那些教师和学生之前没有任何接触的实验中，期待效应对学生智商的平均效应值 $d = 0.32$。然而，在教师与学生有过两周或更长时间接触的实验中，期待效应似乎消失了，因为实验发现的平均效应值 $d = -0.04$。总之，教师期待对学生智商的平均效应值 $d = 0.11$。这项元分析支持了在不了解学生的情况下，教师期待会对学生的智商产生影响的假设。智商的期待效应进一步表明教师如何在学年初期形成对学生的期待，以及教师期待为什么不会轻易被不实信息影响。

一项针对涉及实验室、工作场所和课堂的 345 个期待效应实验的元分析表明，自我实现预言确实存在（Rosenthal and Rubin，1978），并且支持率超过了三分之一（37%）。课堂上的实验研究也发现了相同比例的积极研究结果。罗森塔尔和鲁宾（Rubin）把这些研究分为八组，并为每组的研究计算了相应的效应值。这八组分别是反应时间①组、墨迹测验②组、动物学习组、实验室访谈组、心理物理判断组、学习与能力组、感知和日常生活情境组。所有组别的效应值中位数 $d = 0.39$，这意味着期待效应偶然发生的概率极有可能为零（Rosenthal and Rubin，1978）。但在与学习和能力相关的研究中，估计平均效应值 $d = 0.54$。总之，罗森塔尔和鲁宾的研究表明，期待效应可能具有实际意义。

在对 47 项早期实验研究和自然研究（在常规课堂上进行的研究）的元分析中，史密斯（Smith，1980）细化了各个变量的效应值。她发现，教师行为在中等程度

---

① 反应时间（Reaction Time）：实验心理学中的反应变量之一，指刺激施于有机体之后到明显反应开始所需要的时间。

② 墨迹测验（Inkblot Tests），或称为"罗夏墨渍测验"，是人格测验之一，由瑞士精神医生赫尔曼·罗夏于 1921 年最先编制。测验由 10 张有墨渍的卡片组成，其中 5 张是白底黑墨水卡片，2 张是白底及黑色或红色的墨水卡片，另外 3 张则是彩色的卡片。受试者会被要求回答他们最初认为卡片看起来像什么及后来觉得像什么。心理学家再根据他们的回答及统计数据判断受试者的人格和状态。这项测验从 1939 年开始被采用，最初被称为"人格投射测验"。

上受到教师期待的影响（$d=0.30$），具体而言，教师倾向于为高期待学生提供更多的学习机会，而更容易忽视低期待学生。她还表示，教师期待对学生成绩的影响比对智力的影响更大，效应值 d 分别是 0.38 和 0.16。

最近，尤西姆（Jussim）又进行了两项元分析（Jussim and Harber，2005；Jussim et al.，2009）。在第一项元分析中，尤西姆和哈博（Harber）整合了实验研究和自然研究。他们认为教师期待一般都是准确的，而且教师期待的影响也很小，效应值 d 从 0.2 到 0.41 不等。然而，他们也承认对于某些学生（如少数民族学生或来自贫困地区的学生）来说，在某些情况下（如从一种类型或水平的学校教育过渡到另一种类型或水平的学校教育，或与特定教师一起学习），期待的效应值 d 会更大，在 0.63 和 0.87 之间，这是一个非常大的影响。在最近的一篇综述（Jussim et al.，2009）中，尤西姆等人提供了一个表格，显示了 14 项自然研究中的教师期待效应，并声称此表格包括了该领域的所有自然研究。他们推断，这些研究的平均效应值 $d=0.35$。遗憾的是，他们的表格中没有包括许多自然研究（Blatchford et al.，1989），因此数据的代表性受到了质疑。

有趣的是，哈蒂（Hattie，2009）同年发表的另一项元分析（包括实验研究和自然研究）发现，教师期待影响学生成绩的总体效应值 $d=0.43$。该元分析包括 674 项研究以及 784 个教师期待效应。他还指出，对某些学生以及某些与特定教师一起学习的学生而言，教师期待效应大于教师期待的平均效应。值得注意的是，他认为教师期待对学生成绩的影响属于有意义的范围，即 $d \geq 0.4$。

（三）实验研究与自然研究

古德和布罗菲（Good and Brophy，2008）认为，实验研究得出的支持性结论具有足够的规律性，这表明教师期待会对学生成绩产生自我实现预言效应。不过，实验研究也存在局限性，主要涉及其内部和外部的有效性。在这类实验中，由于伦理原因，只能对积极期待进行操控，因此，研究人员不能合理地假设消极期待会产生与积极期待相反的结果。此外，课堂上的实验操控也很难进行。例如，实验者假定教师会相信学生的不实信息，然后改变自己的教学实践，但事实可能并非如此。另一个原因是师生之间的互动会持续数月之久，其间会发生许多与实验变量无关的积极或消极的互动。这些都可能影响总体的结果，但研究人员却无法将其分离出来。

在实验室研究中，内部效度 [①] 的控制也许会更全面，但外部效度却并不总能将成功的实验应用到自然情境中。实验中"教师"和"学生"的表现不一定与课堂上的表现一样，而且实验参与者可能无法充分代表研究者感兴趣的群体（Mitman and Snow，1985）。为了克服在实验室和课堂上进行实验研究的不足，研究人员开始在常规的课堂情境中研究教师期待。因此，后面三章对教师期待研究的总结陈述中，大多数研究都是在没有实验者干预的自然课堂环境中进行的。

实验研究和自然研究都证实了课堂环境中存在自我实现预言。虽然在实验设计中不可能对消极期待进行操控，但自然研究却可以系统地记录和描述消极和积极的互动及其对学生成绩的影响。为了更深入地探讨课堂教学过程对教师期待效应的中介作用，研究者建立了各种理论模型（Brophy and Good 1970a；Rosenthal 1974；Cooper，1979；Darley and Fazio，1980；Cooper and Good，1983；Harris and Rosenthal，1985；Weinstein，2002）。下一节将介绍我最近研发的一个模型，它整合了早期模型中的许多内容。这一模式旨在展示教师期待发生作用的过程。但与其他模型不同的是，除了韦恩斯坦（Weinstein，2002）的模型外，本模型还强调了教师期待效应的背景因素，即个别课堂的整体教学环境和社会心理环境。这意味着在某些课堂教师期待的影响会比在其他课堂的影响更大。这一点很重要，因为绝大多数的教师期待研究是将所有班级的结果汇总分析，因此发现的效应并不明显。但如果采用某种特定情境的分析方法，如韦恩斯坦的研究，就会发现教师期待效应在一些班级中很显著，在另一些班级中不太明显。

五、教师期待模型

教师期待是通过一系列步骤向学生传递的，如图 1.1 所示。教师可能对某些学生持有特殊信念。例如，在围绕原始的"皮格马利翁实验"的争议中，人们认为教师可能对家庭条件较差的学生期待较低，因为他们相信这些学生的表现不如家境优

[①]　内部效度（Internal Validity）是指在研究实验测量中，在完全相同的研究过程中复制研究结果的程度。它通常用来证明一个特殊的自变量，比如一个程序或政策，引起一个被试因变量的改变。

渥的学生，因此，教师期待受到他们对学生所持信念的影响。教师期待还可能受到其教学信念的影响。例如，所罗门及其同事（Solomon and Hom，1996）通过教师的教学总结以及课堂观察发现，与经济发达地区的教师相比，社会经济水平较低地区的教师往往对学生的学习潜力持怀疑态度。此外，贫困程度高的学校教师对建构主义教学法持怀疑态度，他们认为注重启发式教学、培养学生内在动力、引导学生自主学习和自我指导、鼓励同伴互动和支持等教学理念都不适用于他们所教的学生。与经济发达地区的教师相比，这些教师也不太相信他们的学生是诚实的。

所罗门及其同事在研究教师感知的班级氛围时发现，与贫困程度较低的学校教师相比，贫困程度高的学校教师认为他们的学校不是一个令人愉快的工作场所，他们认为学校的氛围缺乏支持性、激励性或创新性，认为家长不支持学校的工作，他们对于工作环境的评价更为消极，他们的满意度、工作效率和积极性也较低，这也许并不令人感到意外。

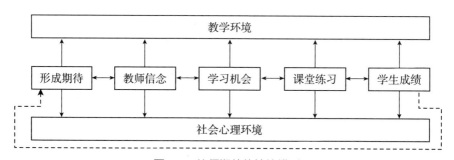

图 1.1 教师期待的情境模型

课堂观察证实了教师的教学总结数据，揭示出那些来自社会经济水平较低地区的学生所经历的课堂与经济发达地区的学生相比，教师的控制更多，尤其是外部控制；教师对学生不热情，给予学生的支持更少；学生自主学习的机会少；学生之间有意义的互动受到限制；学生作品的展示也少得多。在教师层面，由于工作环境的不同，教师的教学理念也不同，这导致学生的课堂环境也大相径庭。而且令人担忧的是，即使控制了学生的初始成绩，这些理念和做法上的差异依然存在。这意味着即使学生的成绩相同，教师也会认为在贫困程度高的学校就读的学生比在贫困程度低的学校就读的学生能力差。我认为教师期待对教师信念产生了强大的影响；反过来，教师信念又反映在教师的教学实践中。

由此可见，教师基于对特定学生的信念形成期待，而这些期待进一步影响教师自主选择教学方法的信念。教师期待影响教师为学生规划的学习机会。这些机会可能差别很大，因为那些被认为成绩优异的学生可能与那些被认为成绩较差的学生有着截然不同的学习机会。例如，教师可能会为成绩优异的学生安排独立的研究性学习项目，而为成绩较差的学生安排结构性更强的重复性学习活动，因为教师认为这些不同的教学设计符合学生巩固所学知识的需要。或者，教师也可以为所有学生规划类似的活动，鼓励不同能力的学生共同合作。

教师规划学生的学习时，他们将根据自己的期待和教学理念，为不同能力的学生提供合适的学习机会。这种教学方式涉及师生之间的言语互动和非言语互动。因此，教师期待的传递不仅通过教师为不同学生提供的不同学习机会，还通过教师与个别学生和全班学生互动时的言语行为和非言语行为。然后，学生参与到教师提供的学习机会中，在此基础上学有所得。因此，重要的一点是，学生只学习他们有机会学到的东西。需要考虑的另一个方面是，课堂学习不仅是在教学环境中进行的，也是在社会心理环境中进行的。教室既是教学环境，也是社会环境。事实上，学校是继家庭之后，塑造学生社会心理发展的最重要的社会环境。因此，师生互动和生生互动，对形成有关学生学习能力的个人信念具有极大的影响。因此，学生在取得学习成绩的同时，也会收获社会心理的发展。

在最近的一项研究中，麦金纳尼等人（McInerney et al., 2012）的研究表明，学生的自我概念与成绩之间存在互惠关系。当学生相信他们会在数学上取得好成绩时，他们往往会取得好成绩；当学生在数学上取得好成绩时，他们对数学的自我概念往往很高。学生的学习成绩在很大程度上取决于教师为他们提供的学习机会；学生的社会心理发展则主要取决于师生之间的互动，而且有证据表明，学习成绩和社会心理发展往往是相辅相成的。

因此，学生参与的学习活动以及师生关系都反映了教师的期待。当然，学生不必回应教师的期待，一旦他们回应了教师的期待，就会产生自我实现预言效应。此外，尤其是对低年级学生来说，即使教师给他们安排的学习任务和学习机会是不合适的，他们也很难说服教师。因此，当学生接受了教师对他们的期待，或者教师只为学生提供了某一特定水平的学习机会时，他们就有可能达到教师期待的水平。此外，学生接收到的语言和行为等信息，也反映了教师对他们的期待，这很可能对学生的自我信念产生影响。反过来，学生的自我信念也会影响他们的学习动机和课堂参与程度。

图 1.1 包含一条从学生成绩到形成期待的虚线。这是因为尽管教师期待会影响学生的表现，但学生的行为也会影响教师期待。事实上，有关学生以往成绩的信息被认为比任何其他因素对教师期待的影响都要大。然而，由于教师可以通过提供不同的学习机会在一定程度上调控学生的实际学习情况，因此，教师对学生的影响很可能大于学生对教师的影响。研究已经证明了这一点。例如，麦考恩等人的研究（McKown，2012；McKown and Weinstein，2008）表明，教师对白人学生的期待高于成绩与之相似的非裔美国学生。这导致教师为他们提供了不同的学习机会。结果，尽管初始成绩相似，但由于学习机会不同，白人学生的成绩普遍高于非裔美国学生，这扩大了美国黑人与白人之间的差距。

本章阐述了教师期待领域的开创性工作和"皮格马利翁实验"，并通过图 1.1 展示了教师期待与学生成绩之间的关系。罗森塔尔的开创性研究指出教师与不同期待值的学生之间的互动是不同的，而且学生的社会阶层等特征可能会影响教师期待，因此，研究人员开始探索教师期待对学生成绩产生影响这一过程中的各个方面。一些研究者对可能影响教师期待的学生特征或学生信息进行了研究（Dusek and Joseph，1983；McKown and Weinstein，2008）。其他研究者开始仔细记录教师与学生的互动，以了解教师如何向学生传递期待（Cooper and Good，1983；Brophy，1985）。还有一些研究者则研究了学生是如何得知教师对他们的期待是高还是低的（Weinstein，1986；Babad，1998）。少数研究者还探讨了教师的特定信念是否调节了期待效应，从而导致学生取得不同的成绩（Babad et al.，1987；Weinstein，2002）。这些研究都关注教师的不同期待对学生成绩和社会心理发展的影响。

在接下来的三章中，我将重点总结研究者在教师期待领域所做的工作，从影响教师期待的学生特征开始，到教师的行为和学生对教师期待的感知，最后是教师差异和教师信念以及它们对教师期待的影响。

第二章　教师期待的形成

　　教师在对学生的学业表现、学习态度和社会发展形成期待时，会综合考虑学生的各方面信息。教师期待与学生的以往成绩密切相关，同时也会受到学生学习态度和努力程度的影响。此外，如前所述，学生的社会阶层、种族和性别等特征也可能影响教师期待。在本章中，我将讨论学生的以往成绩和努力程度对形成教师期待的影响，重点关注学生的个体特征及其对教师期待的影响。

一、学生的以往成绩

　　学生以往的成绩是教师对学生的学习形成期待的最重要依据。2009 年，米斯特里（Mistry）等人在一项为期三年的纵向研究中发现，学生的成绩变化系统地预测了教师期待，但他们也承认这种关系可能是双向的。另一项研究（Gut et al.,2013）发现，家庭逆境、学生智力和学生困境均会影响家长和教师期待。同时，家长和教师期待也能预测学生三年后的学习成绩。学生的智力测验得分和教师对学生行为问题的评价（负面预测因素）均能预测学生的成绩。这项研究说明了教师期待和学生的成绩之间可能存在相互影响的关系：教师期待能够预测学生成绩，学生成绩亦能预测教师期待。

　　因此，学生的档案和成绩信息不仅伴随他们的小学生涯，还会跟随他们进入中学，这些信息有助于教师形成期待，而这些期待反过来也会影响学生的学习机会。当教师获得有关学生过去表现的信息时，他们会利用这些信息来判断学生的能力、课堂行为和成绩。这一点尤为重要，因为教师在与学生接触之前就可能对学生形成期待。在二十多年前，我和同事做了一项研究，是关于教师如何在学年初部署班级的（Rubie et al., 2000）。令人震惊的是，新学期还未开始，很多教师就按照阅读能力将学生分了组。教师还没有见过这些学生，但他们已经给学生贴上了标签，形成了不同的期待。教师深信学生档案信息和成绩报告是准确的。然而，研究表明，当成绩欠佳或成绩一般的学生被分到水平更高的小组时，他们的成绩很快就会超过之前分组所显示的水平。那些被重新分到高水平组的学生，他们的成绩一直优于那些继续留在低水平组的学生（Mason et al., 1992; Fuligni et al., 1995; Linchevski and Kutscher, 1998），有时甚至会超过那些一开始就在高水平组里的学生（Mason et al., 1992）。

杜塞克和约瑟夫（Dusek and Joseph, 1983）的元分析结果显示，教师在学年开始前获得的信息与教师期待之间有着密切关系。同样，尤西姆等人（Jussim et al., 1996）在美国的研究发现，学生的以往成绩、标准化考试成绩、智商和行为报告这四个因素对教师期待的影响是其他影响因素总和的三至五倍。荷兰的一项研究（de Boer et al., 2010）显示，在学生的众多特征（包括以往成绩、智商、社会经济地位、性别、种族、成就动机、家长期待和是否留级）中，学生的以往成绩和家长期待这两个因素对教师形成有偏见的期待影响最大。

二、学生的努力

教师对学生努力程度的看法，即"感知偏差[①]"和"自我实现预言"，会影响部分学生的学业表现（Jussim, 1989; Jussim and Eccles, 1992; Jussim et al., 1996, 1998）。根据尤西姆及其同事的研究，教师在评估学生家庭作业的努力程度时常常有误，这种误差会影响学生报告单上的成绩。教师假设成绩优秀的学生学习更努力，甚至会给他们比实际应得成绩更高的分数，而该研究表明，成绩欠佳的学生在

---

① 感知偏差是一种认知偏误，当我们下意识地根据我们期望看到或体验到的东西得出结论时，就会出现这种偏差。

家庭作业上实际花费的时间更多。这些学生参加标准化测试时，他们的成绩也不公正。也就是说，那些平时成绩优秀的学生在标准化测试中的得分并没有那么高。因此，是教师给了他们比实际水平更高的平时成绩。与之相反，成绩欠佳的学生在标准化测试中的得分比教师给的平时成绩要高。

霍尔和默克尔（Hall and Merkel，1985）的研究探讨了数学中的性别观念，他们发现，教师通常认为女生比男生更努力，然而没有证据证明这一观点。教师的这种性别观念印证了尤西姆及其同事研究中的成绩偏差效应，即教师给女生的平时成绩高于实际水平。

穆勒等人（Muller et al.，1999）进一步研究了教师对学生努力程度的信念与学生成绩之间的关系，他们收集了 6000 多名高中生的数据，首次收集是在十年级，再次收集是在十二年级。在考虑了学生的背景变量和以往成绩之后，他们发现，教师对学生努力完成作业的看法是预测学生高中毕业成绩最可靠的因素。可以肯定的是，教师对学生努力程度的信念影响了他们对学生成绩的期待。然而，教师的看法有时并不准确，这可能会对部分学生的成绩以及学校的成绩报告产生负面影响。

三、学生特征和教师期待

教师不仅会对学生个体形成期待，也会对班级整体形成期待。本部分探讨了除学业成绩和努力程度之外的几种学生个体特征，这些特征可能会影响教师期待。已有实证研究发现，这些特征包括学生的种族、社会阶层、性别、诊断标签（如患有多动症、身体残疾等）、外貌吸引力、语言风格、年龄、个性以及社交技能、教师和学生背景之间的关系、姓名和兄弟姐妹等。尽管大多数研究主要关注诊断标签、社会阶层、种族和性别这四种学生特征，但是它们与教师期待之间的关系尚未形成一致的结论。

研究人员普遍认为，具有某些特征的学生更容易受教师期待的影响。这些特征包括身体残疾（诊断标签）、社会经济地位、少数族裔以及性别（Plewis，1997；Stinnett et al.，2001；McKown and Weinstein，2002；Laker et al.，2003）。此外，多重弱势的学生，如身处贫困的少数族裔学生往往比单方面弱势的学生更容易受影响，这可能会导致教师期待的叠加效应（Jussim et al.，1996）。

接下来，我将介绍有关诊断标签、社会阶层、种族和性别的研究。我试图逐一讨论这些特征，但由于有些研究涉及多个特征，因此难免会有重叠。

（一）诊断标签

诊断标签被认为对教师期待有重大影响（Stinnett et al.，2001；Bianco，2005；Batzle et al.，2010；Woodcock and Vialle，2011）。那些被贴上学习或行为困难标签的学生，教师对他们的期待似乎与没有标签的学生有很大的差异。这一点在相关实验中已经得到证实。在一项研究（Batzle et al.，2010）中，294 名教师完成了一项调查，调查中包含了一个假想儿童的情景。研究人员向教师分别发了一份量表，并要求教师根据量表中对这一假想儿童的描述评估该儿童的行为、智力以及个性。这些量表对该儿童的描述完全相同，但在性别和诊断标签这两个特征上有所不同。该儿童被描述为无标签、患有多动症（ADHD，注意力缺陷多动障碍），或者患有多动症并正在接受药物治疗。同时，该儿童的性别被描述为男或女。结果显示，性别标签对教师的评分没有影响。然而，当儿童被描述为患有多动症时，教师对其行为和个性的评分明显低于正在接受药物治疗的多动症儿童。与无标签儿童相比，在所有量表（行为、智力和个性）的评分上，正在接受药物治疗的多动症儿童得分更低。另外，研究人员在美国（Stinnett et al.，2001）和澳大利亚（Woodcock and Vialle，2011）分别对职前教师进行了类似的实验，也得出了一致的结论。对在职教师和职前教师而言，给学生贴上不同的诊断标签似乎会降低教师对学生的期待。教师对残障儿童的期待似乎也是基于给这些儿童贴的标签。

（二）种族

教师期待的形成是否基于学生的种族，这是研究人员和教师都很感兴趣的问题。许多国家的少数族裔学生学习成绩相对较差，教师对这些学生的低期待可能对其学习成绩产生负面影响。总体而言，现有研究确实表明种族是影响教师期待的一个因素。

21 世纪初，一项元分析验证了杜塞克和约瑟夫（Dusek and Joseph，1983）以及巴伦等人（Baron et al.，1985）早期的元分析结果。特南鲍姆和拉克（Tenenbaum

and Ruck，2007）发现，比起非裔和拉丁裔学生，教师更偏爱白人学生。研究还显示，与少数族裔学生相比，教师更可能推荐白人学生加入"天才班"。在小学阶段，少数族裔学生更有可能被转介到特殊教育项目和接受纪律处分。此外，教师与白人学生的互动比与非裔和拉丁裔学生的互动更为积极或中立。

教师对少数族裔学生持有的偏见会影响他们与学生的互动，进而形成教师期待效应。这种效应可能导致非裔和拉丁裔学生的教育机会减少。换句话说，受教师期待的影响，白人学生可能会比少数族裔学生获得更多的学习机会，从而加剧种族间的成绩差异。

特南鲍姆和拉克的元分析研究是在美国进行的，不过，其他国家也有类似的研究结果。在英国，哈斯-基勒（Huss-Keeler，1997）对一所学校的教师进行了访谈，研究结果显示尽管教师对加勒比的非裔学生没有偏见，但对巴基斯坦裔学生存在偏见。虽然大部分学生都把学校阅读书籍带回家，但教师不允许巴基斯坦裔学生这样做。因为教师认为巴基斯坦裔学生的家长不支持教育，而这些学生不会在家里看书，可能会有借无还。因此，这些学生在提升阅读技能方面得到的学习机会较少，且这种不利处境可能会进一步加剧。

新西兰的一项研究（Rubie-Davies et al.，2006）表明，小学教师对毛利学生学习成绩的期待低于所有其他的族裔（新西兰欧裔、太平洋岛国族裔和亚裔）。在学年结束时，毛利学生在阅读方面取得的进步小于其他族裔的学生。尽管太平洋岛国族裔学生（来自萨摩亚、汤加、库克群岛、斐济和纽埃等）在学年初的成绩低于毛利学生，但教师对他们的期待较高。学年初，毛利学生的成绩与新西兰欧裔和亚裔学生相差不大，但学年末，毛利学生的成绩远低于新西兰欧裔和亚裔学生。据说，教师认为太平洋岛国族裔学生的家长比毛利学生的家长更重视教育，因此可能对毛利学生产生了消极偏见效应。

继特南鲍姆和拉克的元分析以及上述研究之后，一些研究发现，在某些情况下，教师可能会改变对少数族裔的期待。例如，荷兰的一项研究（de Boer et al.，2010）显示，教师期待的偏见与种族无关。同样，2016 年，我和同事在新西兰收集了 2000 多名学生的数据，对数学和阅读方面的教师期待进行了种族差异分析。结果表明，教师只对亚裔学生的数学成绩存在偏见期待，即他们对亚裔学生数学成绩的期待高于实际水平。

值得一提的是，毕晓普及其同事（Bishop et al.，2003；Bishop and Berryman，2006）通过访谈毛利族裔的中学生，了解他们成绩欠佳的主要原因。结果很遗憾，学生认为这是教师期待低以及师生关系差造成的。经过初步调研，毕晓普等人在18 所中学开展了一项名为"毛利团结"（Te Kotahitanga）的干预项目，使毛利学生的学习成绩大幅提高。政府随后在另外 30 所中学实施了这一项目，结果令人鼓舞。在该项目和教育部的共同努力下，新西兰教师对毛利学生的期待可能产生了积极的改变。

然而，荷兰的一项研究（Van den Bergh et al.，2010）发现了令人担忧的结果。在这项研究中，研究人员采用现代种族主义量表调查了教师外显偏见；采用隐性关联测试调查了教师内隐偏见，并收集了教师期待的数据。与外显偏见相比，内隐偏见与教师期待和学生成绩的关系更密切。与无偏见教师相比，对少数族裔学生持消极内隐偏见的教师更有可能认为这些学生的智力偏低，前途不乐观。上文提及的在新西兰进行的研究也测量了教师外显偏见和内隐偏见（Rubie-Davies et al.，2016）。结果显示，教师在外显偏见测试中对毛利学生的期待没有偏见，但隐性关联测试结果表明，与毛利学生相比，教师对新西兰欧裔学生存在积极的内隐偏见。因此，隐性测试可能会揭示教师对特定群体的真实偏见，这为研究教师偏见提供了有用的方向。

（三）社会阶层

关于教师对不同族裔学生的期待，虽然早期研究中未发现明显的教师偏见，但与社会阶层相关的文献则明确指出，学生的社会阶层背景会影响教师期待（Entwisle and Hayduk，1978；Baron et al.，1985；Alexander and Entwisle，1988；Entwisle and Alexander，1988；Taylor and Campbell，1995；Jussim et al.，1996，1998；Wigfield et al.，1999）。当前争论的焦点在于这些期待是否准确，以及教师对社会经济水平低下的学生抱有的低期待在多大程度上影响了他们的成绩。

里斯特（Rist，1970）的研究是探讨教师期待与社会阶层关系的早期研究之一。他对一群学生进行了三年的跟踪调查，从幼儿园大班（5 岁，实验的第一年）一直到小学二年级（7 岁，实验的第三年）。在学生入学前，教师已经了解了他们的姓名、年龄、家庭住址和学前教育经历，还拿到了需要领取家庭福利金的学生名单，并通过访谈了解了学生健康或行为问题的详细信息。教师还掌握了这些学生的兄弟姐妹在本校就读的情况。因此，教师在掌握每个学生学业成绩的同时，也了解了他们大量的社会信息。在大班开学的第八天，教师就根据这些信息把学生分成了不同的能力小组，并按照组别安排座位。最初，教师就赋予了 1 号桌学生特权，如带领全班同学参与"演演说说"（show and tell），为教师传达信息，以及向全班同学分发材料。这些学生的座位离教师最近，教师与这些学生的互动频率远远高于其他两桌学生。里斯特推测，1 号桌学生的社会阶层普遍较高，因为 1 号桌学生的着装明显比 2 号桌和 3 号桌学生更好、更干净。教师称 1 号桌学生为"快速学习者"，班级中表现出领导能力的学生几乎都在 1 号桌，他们体现了教师所看重的中产阶级特征，而其他桌的学生则被认为地位较低，被教师称为"失败者"。

这种分组造成的结果在大班入学第八天就开始显现：1 号桌学生与其他桌学生得到了截然不同的学习机会，教师分配的任务也大不相同。教师甚至在教学中经常忽略其他桌的学生。到幼儿园大班结束时，教师几乎所有的互动都是与 1 号桌学生进行的。教师对其他两桌的学生评价很低，也允许 1 号桌的学生贬低他们。其他两桌的学生变得越来越孤僻。

当这些学生升到一年级（6 岁，即实验的第二年）的时候，新教师沿用了前任教师的分组方法。原本在 1 号桌的学生现在被调到 A 桌，其余学生被分配到 B 桌，只有一个女生因为例外被分配到 C 桌，与班上其余重读一年级的学生坐在一起。原来 2 号桌和 3 号桌的学生没有一个转到现在的 A 桌。由于学生在幼儿园大班的学习机会不同，只有来自 1 号桌的学生接受了充分的阅读指导。因此，在幼儿园大班期间，由于教师一开始就给不同的学生分配不同的学习任务，这些学生升入一年级的时候，成绩差异已经开始显现。里斯特（Rist，1970）认为这种差异主要是由最初的教师期待造成的。同样的模式在二年级继续推行，升到二年级的学生仍然遵循一年级的分组模式。同样，没有学生转入更高的组别。二年级的分组模式是基于学生在一年级结束时的阅读水平。然而，由于所有学生都必须按小组进度一起阅读课外读物，而最优秀的小组在一年级开始时就领先于其他小组，因此，其他小组的学生即使有潜力，也很难有机会进步。因此，幼儿园大班教师的期待和小组分配对学生产生了巨大的自我实现预言效应。一旦他们被分配到一个特定的小组，就没有办法缩小在入学第一年形成的差距。这项开创性的研究为探索来自贫困家庭和中等收入家庭学生的教师期待奠定了基础。

基于学生社会阶层所形成的教师期待，会对学生成绩产生长期的影响，这在其他研究中也得到了体现。索尔哈根（Sorhagen，2013）的研究表明，当一年级教师低估或高估来自贫困家庭的学生能力时，学生的高中数学成绩会受到不同的影响。同样，教师低估或高估贫困学生的语言能力也会影响他们15岁时的阅读理解能力、词汇量和文字推理能力。因此，教师期待高，所有学生都将受益。当教师期待高的时候，学生的数学成绩相当于从一年级的百分位数第42位上升到15岁时的百分位数第73位，阅读成绩相当于从一年级的百分位数第36位上升到15岁时的第63位，这对学生来说是一个巨大的提升。这项研究表明，教师在学生早期的学习生涯中产生的不准确期待会对学生日后的学习成绩产生持久的影响。

杜塞克和约瑟夫（Dusek and Joseph，1983）以及巴伦等人（Baron et al.，1985）的元分析证实，教师对来自不同社会经济群体的学生有着不同的期待。杜塞克和约瑟夫认为，教师不是借助学生表现，而是利用他们对学生的社会阶层信息来形成期待。他们对17项研究的元分析表明，社会阶层对教师期待有调节效应，其效应值 $d=0.47$。换言之，教师对约64%来自中产阶级家庭的学生的期待要高于那些成绩相似的来自低收入阶层的学生。这些发现令人不安，即使学生成绩相同，教师对来自低收入阶层的学生的期待仍然低于来自中等收入阶层的学生。

这种基于社会阶层形成的期待差异似乎也涵盖了整个学校教育体系。穆勒及其同事（Muller et al.，1999）认为，教师对学生大学前景的期待与学生家庭的社会经济地位密切相关。威格菲尔德等人（Wigfield et al.，1999）的研究发现，在学校教育的起始阶段，尽管教师对学生当前的学业表现相对乐观，但一年级教师却认为参加"启蒙计划"[①]的儿童比没有参加该计划的儿童接受的学校教育要少。

这些研究表明，学生的社会经济地位对教师期待的形成确实有一定影响。尤其是对社会经济水平较低的学生来说，教师对他们的学习能力抱有的低期待会造成一定的伤害。因为如果教师期待更高，他们会得到更多的学习机会和更具挑战性

---

① 启蒙计划（Head Start），也叫开蒙教育，是一项由美国政府资助的计划，旨在提高低收入家庭初生儿至五岁儿童的入学准备水平，缩小学生在学校教育初始阶段的差距。该计划旨在促进儿童的认知、社会和情感发展。

的学习经验，那么他们就可以达到更高的学业水平。另一方面，如果教师认为社会经济水平低的学生学习速度不及来自中产阶级家庭的同龄人，他们可能会提供挑战性更小、重复率更高的任务，以确保低收入阶层的学生在知识方面打下坚实的基础。但是这样的做法会导致学生把时间浪费在已掌握的知识上，这对他们的长期学习很不利。例如，在廷珀利和罗宾逊（Timperley and Robinson，2001）的一项研究中，一所位于社会经济水平较低地区的学校，其学生在入学第三年的读写能力比全国标准落后一至一年半。教师对学生成绩低下的解释是学生入学前的准备不足。因为教师认为学生入学时没有什么技能，所以他们花了几个月，甚至长达一年的时间来教学生早期的识字技能，然后才开始教学生阅读。研究人员与副校长和教师一起制定了一份包含 25 项技能的清单，大家都认为在教师正式开始阅读教学之前，学生必须掌握这些技能。这些技能包括文字理解、图片分析、写作教学，甚至如何用剪刀等。随后，教师对即将入学的 40 名学生进行了测试，以了解他们已经掌握了哪些技能，并由副校长整理测试结果。有三位教师估计，学生在入学时技能掌握程度为 30%—40%；但是有一位教师的估计要高得多，为 70%—80%。然而，整理后的结果显示，学生技能掌握程度的中位数为 84%，只有 7 名学生的技能掌握程度低于 50%，15 名学生的技能掌握程度超过了 90%。有趣的是，学年末的时候，估值高的那位教师所带班级学生的阅读成绩最高，尽管这些学生在入学时与其他学生没有什么不同。研究结果促使其他三位低期待教师重新审视自己的教学实践，并从那时起，他们为入学的学生提供了更具挑战性的学习机会。因此，该校学生的阅读能力在短时间内已接近全国平均水平。

（四）性别

另一个与教师期待相关的学生特征是性别。性别刻板印象通常包括教师对男生的数学成绩和对女生的阅读成绩抱有较高的期待。然而，杜塞克和约瑟夫（Dusek and Joseph，1985）对 20 项研究进行了元分析，结果表明，虽然教师认为女生比男生在社交方面更成熟，但有关性别的教师期待并不影响学生的学业表现。后来，一项有关教师期待和数学的研究综述（Qing，1999）表明，教师往往认为数学是男生的领域，对男生在该领域抱有更高的期待和更积极的态度。然而，在有关性别和教师期待的大多数研究中，基于性别的教师期待对学生成绩的效应值是很小的

（ d =0.1 或 0.2 ）。

罗宾逊和卢比恩斯基（Robinson and Lubienski，2011）的一项大规模研究调查了 7000 多名学生，追踪了他们从幼儿园入学到八年级结束的整个学习历程。研究发现，在各个年级，尽管开学时的测试显示男女生之间的成绩并没有差异，但相较于男生，教师会低估女生的数学成绩。德韦克等人（Dweck et al.，1978）的一项研究发现，教师更可能将男生在数学上的成功归因于能力，而将女生在数学上的成功归因于努力。基于这些期待，教师与男生的互动多于女生，但教师似乎并没有意识到他们与男女学生之间的互动差异，并认为他们在男生和女生之间公平地分配了时间（Wigfield and Harold，1992）。我曾经观察过一位职前教师的数学课（学生年龄9—10 岁）。在课程的开始部分，她提了 21 个问题，其中 19 个问题是问男生的，只有 2 个问题是问女生的。在两次提问中，她都要求女生对自己的回答做出解释，却没有要求男生解释。当我向这位教师展示课堂记录时，她感到非常震惊，因为她认为自己向男生和女生提出的问题数量差不多。显然，这位教师并未察觉到自己的偏见。

在科学课程上，有两项研究（Clark，1990；Yates，1993）指出，尽管女生的成绩通常比男生高，但教师对男生在科学方面的期待却更突出。哈切尔（Hatchell，1998）的调查则探究了女生在科学课程上的学习态度。结果显示，在教师普遍对所有学生都抱有高期待的科学课程中，女生的表现出色，并对自己的表现充满信心，同时认为科学对她们具有重要意义。

然而，在阅读和写作这两门课程上，教师期待倾向于女生的成绩高于男生。有研究发现，与男生在数学方面获得的教师差异化互动一样，女生在阅读方面也获得了这种差异化的教学互动（Good and Findley，1985）。然而，罗宾逊和卢比恩斯基（Robinson and Lubienski，2011）对近期研究进行的综述表明，男女生在阅读成绩上的差距依然存在。即使在半个多世纪前，帕拉迪（Palardy，1969）的研究已证明，在教师认为男生能够与女生表现一样出色的阅读课堂中，男生确实实现了这一预期。

1998 年，彼得森（Peterson）在研究中向一组教师提供了一系列学生的写作样本，上面未标明学生的性别。教师需要对这些写作样本提供反馈。结果表明，教师对那些他们认为是女生写的文章有明显的偏爱。虽然教师对作者性别的判断不一定准确，但当他们认为文章是女生所写时，他们对文章的评价要比认为是男生所写时好得多。教师认为，女生的文章在细节描写、语言表述、创造性、可读性和规范性等方面都优于男生的文章。

还有一些研究表明，教师认为在社交行为方面女生比男生表现得更得体（Dusek and Joseph，1985），且更具亲和力和责任感（Harold et al.，1989）。相比男生，女生的行为更加乖巧（Phillips，1992）。事实上，弗林和拉巴尔的研究（Flynn and Rahbar，1994）发现，当男生和女生的成绩相似时，教师将男生转介到特殊教育的频率是女生的两倍。他们认为这可能是因为男生往往比女生更加调皮，因此，在表现不佳时更容易被教师注意到。研究人员进一步指出，这种情况对女生不利，因为只有成绩明显低于平均水平的女生才会受到教师特别的关注，这导致许多女生错失了获得特殊教育支持的机会。

总的来看，教师对性别的刻板印象可能会影响他们对学生成绩的期待，尽管研究结果称这些影响似乎很小。值得注意的是，在数学和科学这两门课程中，男生的成绩往往比女生的高；而在阅读和写作方面，情况则相反。这些刻板印象通常不太准确，但可能会影响教师对学生成绩的评价以及给学生的反馈。此外，教师似乎期待女生比男生的课堂表现更积极。这种期待似乎有一定的依据，因为课堂观察表明，女生一般很少扰乱课堂，更愿意配合教师。相比之下，男生更倾向于积极回答问题，向教师展示他们愿意参与、乐于回答问题的态度，从而更容易受到教师的关注。

（五）刻板印象

一些研究表明，有关特定群体的刻板印象可能会影响教师的期待，诸如来自贫困地区、少数族裔以及性别的刻板印象。

刻板印象是对特定群体个人特征的一种固定信念。不同群体存在多种刻板印象。例如，金发女郎比较蠢，苏格兰人是守财奴，美国人比较肥胖，亚洲人擅长数学，爱尔兰人喜欢喝酒和吃土豆，法国人是最好的情人，非裔美国人擅长打篮球，意大利人擅长烹饪，女人喜怒无常，男人强壮好斗，等等。对群体产生刻板印象是人类经常做的事情，而且常常是在无意识的情况下。刻板印象为我们提供了认知捷径，使我们能够将有关特定群体的信息简化成模块，这样，当我们遇到来自其他群体的人时，就可以有效地与他们互动，而不必对他们有太多了解。然而，刻板印象会导致给个人贴标签，即将群体的刻板印象迁移到个体成员。刻板印象的危害在于我们忽视了任何群体内部存在的广泛个体差异。在极端情况下，负面的刻板印象会演变成偏见，即完全不考虑个体差异，认为某一特定群体的所有成员都具有相同特征。偏见带有"我们"比"他们"更优越的观念。刻板印象变得过于泛化，以至于经常不准确，并且让人很难接受与之相反的信息。教师对不同种族群体、社会阶层和性别的学生持有的偏见，大多数都源于刻板印象。在前述内隐偏见的研究中提到，我们对不同群体可能持有偏见，甚至连我们自己都未察觉。但是，对不同群体的偏见已经可以测量。[1]

研究人员（Slaughter-Defoe et al.，1990）甚至认为，与教育成就和研究设计相关的理论本身也受到了刻板印象的影响。通过梳理相关文献，他们发现，虽然已有许多文献研究涉及不同亚裔群体，但仅有一篇文献研究了成绩较差的亚裔美国学生，很少有研究关注非裔美国学生的学业成功和高成就。他们同时认为，这反映了社会的刻板印象，而不是客观事实，并建议研究人员应该确保对那些取得学业成功的非裔美国学生进行实证研究。

刻板印象对教师的影响引起了一些研究人员的兴趣，这不足为奇（Jussim，1989；Jussim and Eccles，1992；Jussim et al.，1996）。尤西姆及其同事发现的一些证据表明，当学生的成绩相似时，教师确实会受到刻板印象的影响，从而产生有偏见的判断，这主要与学生性别有关。另外，威尔逊和马蒂努森（Wilson and Martinussen，1999）的研究表明，刻板印象也可能适用于社会阶层。麦考恩和韦恩斯坦（McKown and Weinstein，2008）则认为种族刻板印象可能影响教师对学生的评价。综上所述，刻板印象可能对教师期待产生很大的偏见影响。

到目前为止，我在本章探讨了研究人员发现的对成绩影响最大、最持久以及最常见的特征。接下来，我将讨论其他可能影响教师期待的学生特征。

（六）其他学生特征与教师期待

研究人员发现，其他学生特征也会影响教师期待。这些特征包括学生的外貌吸

---

[1]　可参考如下网站测试自己对不同种族群体的偏见：www.understandingprejudice.org/iat/。

引力、语言风格、学生年龄、个性和社交技能、师生背景之间的关系、姓名和其他兄弟姐妹等。

1. 外貌吸引力

研究人员在调查外貌吸引力的影响时发现，教师更容易对那些外貌更有吸引力的学生抱有更高的期待。该观点得到了一些验证（Dusek and Joseph，1985；Entwisle and Alexander，1988；Jussim et al.，1996，1998）。看来，有吸引力的学生不一定是高成就者，并且，大多数研究发现，教师对外貌有吸引力的学生抱有较高期待的现象只存在于学年伊始，即教师真正了解学生之前。这并不奇怪，大多数研究人员（Dusek and Joseph，1985）认为，一旦教师与学生建立关系并了解他们的优点和缺点，外貌吸引力对期待的所有影响都会消失。

2. 语言风格

一些证据表明，教师期待影响学生的学业表现和语言风格或方言有关。当学生与教师的语言风格不匹配时，有些教师就会得出这样的结论：这些学生的语言技能不足。教师期待的研究表明，如果师生的语言风格不匹配，教师就会降低对学生的期待（Entwisle and Hayduk，1978；Kerin，1987；Cazden，1988）。

3. 学生年龄

研究人员普遍认为，学生年龄越小，期待效应可能越大。库克林斯基和韦恩斯坦（Kuklinski and Weinstein，2001）指出，自我实现预言可能在早期学校教育中更显著，而维持期待效应在学校教育后期可能更重要。有一种观点称，这是因为年龄偏小的学生对自己的能力没有形成固定的看法，因此可塑性较强；而年龄偏大的学生的自我看法往往趋于稳定，因此更容易持久（Cain and Dweck，1995）。还有一种观点认为，年龄偏大的学生在构建自我概念时可以运用更多的经验（Brophy，1985）。然而，另一个研究表明，当学生从熟悉的环境进入陌生的环境，他们在这个过渡期可能更容易受到教师期待的影响（Wentzel，1997），例如，小升初、初升高甚至进入大学的时候。还有一项研究（Li，2014）对4500多名刚进入大学的新生（他们将英语作为第二外语）进行了调查，结果发现，在对学生初始成绩（即高考英语成绩）进行标准化之后，那些由低期待教师所教的学生的期末标准化考试成绩（即大学英语四级考试成绩）远低于那些由高期待教师所教的学生。

4. 个性和社交技能

学生的个性和社交技能也会影响教师期待（Babad，1998；Keogh，2000）。社交技能好的学生往往与教师关系融洽，服从性强。因此，他们有可能与教师建立良好的个人关系。这可能会导致教师高估这类学生的成绩，给他们的成绩比他们应得的要高。

5. 师生背景之间的关系

有研究表明，如果教师的背景和学生的背景相似，教师就更容易与这类学生建立联系（Taylor et al.，2001），也会对这类学生抱有更高的期待，并给出高于他们应得的成绩。在美国，大多数教师都是白人且拥有中产阶级背景，这进一步解释了为什么有些教师对白人学生的期待要高于对少数族裔学生的期待。但是，这也是有问题的，因为有差异的教师期待会拉大学生之间的差距。

6. 姓名

有人认为，学生姓名可能会影响教师期待。姓名的影响可以从两个方面来考虑。第一个方面，教师可能曾经带过一个或多个叫某个名字的学生，例如"丹尼尔"。如果某位教师曾经带过一个特别麻烦的"丹尼尔"，这可能会导致这位教师对班上另一个"丹尼尔"的期待产生负面影响。虽然杜塞克和约瑟夫（Dusek and Joseph，1985）只找到两项与姓名相关的研究，但这两项研究都发现，有经验的教师会产生这种偏见效应，而新教师则不会。这是因为有经验的教师在与许多学生接触的过程中积累了经验，而新教师则还没有机会接触几个同名且调皮捣蛋的学生，缺乏据此形成偏见的基础。

另一个方面，教师可能会受到特殊名字的影响。韦尔（Vail，2005）的研究发现，教师往往对那些名字不熟悉的学生期待较低。名字不常见的学生被推荐到"天才班"的次数较少，即使他们的成绩与其他被推荐的学生差不多。此外，当兄弟姐妹的成绩差不多，但其中一个的名字比较常见，而另一个的名字不太常见时，教师对前者的期待会高于后者。

7. 其他兄弟姐妹

当教师已经教过上一个家庭成员，就会对该成员的弟弟妹妹产生期待。这种情况对那些有哥哥姐姐被贴上诊断标签的学生来说尤为明显。因为在这种情况下，教师对其弟弟妹妹的期待可能会受到哥哥姐姐的标签影响（Jussim et al.，1998）。并且，如果哥哥姐姐的成绩很好，教师可能会对其弟弟妹妹的成绩抱有很高的期待，甚至可能高得不切实际。

在本章中，我指出了学生的一系列个性特征，这些特征可能会导致教师对学生的学习形成有偏见的期待。显然，有些特征比其他特征对教师期待的影响更加显著，这些已经被确认并做过一些深入探讨。在第一章中，我介绍了我的教师期待模型，该模型展示了教师如何基于已经掌握的学生信息和学生特征形成期待的过程。该模型还通过教师与不同学生的差异化互动，展示了教师期待的理论机制，即教师期待是如何影响学生成绩的，包括教师为学生规划和提供不同的学习任务或学习机会，这一模型将是下一章讨论的重点。

第三章 教师差异化行为与学生成绩

教师的差异化行为包含两个方面：第一个方面涉及教师为学生规划和提供不同的学习机会，我认为这是教师期待产生效应的关键所在，但这方面的研究远远少于教师与学生之间的互动差异研究。只要教师为一些学生规划的学习经历与其他学生不同，这些学生就很可能获得更多的学习机会。当然，出于教学上的合理安排，有些学生的学习体验可能会与其他学生有很大差别。然而，这并不否定"学习机会不同"这一概念。尽管提供不同的学习机会可能是教师常见的做法，但这并不一定是最好的做法。

关于教师差异化行为的第二个方面——教师与学生的互动差异，取决于教师对学生的期待。继罗森塔尔和雅各布森的开创性研究后，教师的差异化行为成了很多调查者的研究重点（Brophy and Good，1970；Weinstein and Middlestadt，1979；Weinstein et al.，1982；Brophy，1983；Brophy，1985；Good and Weinstein，1986；Weinstein，1986；Babad，1998）。正如我在第一章中解释的那样，尽管两人的研究未直接涉及这一方面，但他们在报告中指出，教师与高期待学生的互动方式肯定与低期待学生的互动方式不同，这可能解释了"后起之秀"比其他学生成绩更好的原因。为了研究教师是否存在向学生传达期待的行为，研究人员进行了大量研究。

在本章中，我会讨论不同的学习机会及其对学生学习的影响，并综述教师与不同学生的差异化互动。研究人员认为，这些互动是传达教师期待的机制。在本章的最后一节，我会探讨当教师对学生抱有高期待或低期待时，学生的学习成绩和社会心理发展是怎样的，即学生如何从教师提供的学习机会或与教师的差异化互动中感知教师的差异化行为。

一、教学计划：为学生提供不同的学习机会

制订教学计划奠定了每个学生成功的基础，因为教师的教学计划以及就如何安排学习机会所做的决定会直接影响学生的学习经历。这些信念和期待可能会对学生的成绩产生深远影响，因为它们通常决定了学生的学习机会。相反，学生的学习机会也可能提高教师对个别学生产生不同期待的可能性。在制订教学计划时，教师会做出各种重大决策，而这些决策可能产生深远的影响。

事实上，教学计划是教师将教学的信念和对学生的期待转化为学习机会的关键。教学计划决定了教师在课堂上采用何种教学方法，选择何种材料和资源来提高学习效果，如何布置学习环境以满足学生的需要，以及如何调整课程的进度以适应学生的能力和兴趣。教师的决策，基于对学生的期待，可能导致学生获得不同的学习机会。

教学计划受到多种因素的影响，如性别、种族、能力、成绩、自尊、课堂参与、课堂行为、社交技能、独立性和工作习惯（Shavelson and Stern，1981）。然而，对教学计划影响最大的因素是学生特征，其中学生以往的成绩又是关键因素。通常，学生的成绩与教师的期待相一致。博尔科（Borko）和奈尔斯（Niles）在1982年、1983年和1987年的一系列研究中均发现，教师对学生进行分组时，主要依据学生以往的成绩。只有在单凭成绩难以确定某些学生的组别时，教师才会考虑其他因素，如学习动机、学习习惯、成熟度和课堂参与度等。

（一）教师信念与学生能力的高低

当学生没有学会某个知识点时，如果教师认为这是因为自己的解释不够充分，他们可能会重新措辞或尝试用新的方法来解释；但如果他们认为这是因为学生的能力不够，他们可能会放弃进一步解释的尝试（Brophy，1985；Eccles and Wigfield，1985；Wigfield et al.，1999）。针对这一现象，有人提出"教师应该对学生的学习负责"或"学生肯定学不会"的观点，这些都与教师对能力的特定信念有关：人的智力水平是与生俱来的（智力天成观①），或者人的智力水平可以通过适当的教学得到提高（智

---

① 智力天成观（Notions of Intelligence as Fixed）是一种心理学理论，由心理学家卡罗尔·德韦克在其关于心智模式的研究中提出，认为个人的智力水平是先天决定的，一生中相对固定不变。

力增长观①）。这些有关智力的信念最初由德韦克（Dweck，1999，2006）提出。由于这些信念对教师的教学计划及其实施影响很大，我将在第四章中进一步讨论。

有人认为，与其他学生相比，教师针对低期待学生的教学方法更不一致。也就是说，当教师向学生介绍一个新的概念时，如果学生没有立即理解，教师可能会改变教学方法，尝试第二次甚至第三次教授这个概念。这意味着，被教师抱有低期待的学生可能会比同龄学生接触到更多不同的教学方法，这也许会让他们感到困惑。因为当他们不能快速掌握新知识时，教师往往缺乏自信，并可能采用不同的教学方法（Cooper and Good，1983）。

教师信念也可能以另一种方式影响学生的学习机会，即教师的提问方式和语言水平。埃尼斯（Ennis，1998）访谈了40名教师，发现只有20%的教师认为需要使用高阶思维的问题来适应所有学生的水平，有45%的教师始终认为高阶思维的教学应该针对那些能力较强的学生。此外，阿拉布索尔加尔和埃尔金斯（Arabsolghar and Elkins，2001）的研究发现，教师对学生的元认知水平以及如何采用适当的教学方法的信念在三年级、五年级和七年级是相似的。也就是说，无论在哪个年级，当遇到成绩欠佳的学生时，教师普遍认为这些学生需要加强对已学知识的巩固，而不是进行高阶思维的训练。他们的研究还指出，成绩欠佳的学生在不同年级都面临着类似的低层次学习机会，因此这些学生可能无法获得发展高阶思维的机会。由于这种做法，那些被教师抱有低期待的学生可能获得较少的机会来归纳和表达他们的想法（Cooper and Good，1983）。

同样，教师似乎把英语非母语的学生和学习能力低联系在一起。1998年，弗普莱茨（Verplaetse）在观察并与以英语为第二语言的学生的教师交谈时发现，教师对这些学生的语言能力期待较低，他们更倾向于直接指导学生，而不是像对以英语为母语的学生那样提问互动。弗普莱茨（Verplaetse）认为，这限制了以英语为第二语言的学生在新语言方面的发展。他还发现，教师认为这些学生的英语水平不足以做出回应，因此教师努力保护这些学生免受公开回答问题的尴尬，他们的互动机会受到限制，也不会被问及需要运用高阶思维解答的问题（Warren，2002）。考虑到许多

① 智力增长观（Notions of Intelligence as Incremental）是一种心理学理论，由心理学家卡罗尔·德韦克在其关于心智模式的研究中提出，认为智力和个人能力是可以通过努力、学习和面对挑战而增长和改善的。

国家的人口变得越来越多元，教师在为学生提供学习机会时，需要重视对第二语言学习者的认知。

（二）制订个性化学习计划

很多研究详细阐述了教师如何与不同期待的学生互动，但对教师如何为能力不同的学生制订学习计划的研究却很少。教师在学年伊始对学生的评价可能会转化成对学生成绩的期待，而这些最初的期待可能又会植根于教师后期对学生成绩的评估中。因此，布罗菲和古德（Brophy and Good，1970）指出，即使日后发现与最初评估相矛盾的证据，教师对学生的最初评估也很难改变。

教师基于对学生的期待，将某些品质与其预期的学生学习表现联系起来。沙维尔森和斯特恩（Shavelson and Stern，1981）的研究发现，对于阅读能力不同的学生，教师制订的教学计划存在明显差异。沙维尔森指出，针对能力低的学生，教学计划侧重于程序、解码技能 ① 和结构化任务；而针对能力高的学生，教学计划的程序和任务更加灵活，同时强调理解能力，这在能力低的学生的教学计划中并不明显。同样，其他研究人员也指出，在阅读方面，教师为能力高的学生和能力低的学生设计的学习体验也有区别（Allington，1983；Good，1987；Good and Brophy，2008）。与能力高的学生相比，教师对能力低的学生的要求更倾向于频繁朗读；在缺乏语境的情况下记忆单词；按部就班地学习；回答简单的记忆性问题而非思考题；将解码技能置于优先位置，而忽略文本意义和发音的准确性；很少给这些学生自我纠正的机会。

由此看来，教师为高期待学生和低期待学生安排的学习机会是完全不同的。当学生有不同的学习机会时，他们就有可能学到不同的内容。高期待学生获得更多的学习机会，因此学到的内容较多。而低期待学生的情况刚好相反：由于学习机会有限，他们学得较少。高期待学生会以更快的速度学习更多的概念，他们的学习效率

---

① 解码技能是指学生理解和处理各种信息的能力，包括阅读理解能力，即将书面文字转化为理解其含义的能力；听力理解能力，即理解口头语言的能力；视觉理解能力，即理解图形、图表等视觉信息的能力。解码技能还涉及识别和理解词汇、语法、句子结构等语言要素的能力，以及推断和推理信息的能力。解码技能对于学生在学习过程中获取、处理和理解信息至关重要，是建立其他学习技能和认知能力的基础。

和学习成果都较好。而低期待学生通常会慢慢地、有条不紊地学习新概念，并反复练习，以确保学得"扎实"。因此，给予学生的学习机会与个性化学习计划密切相关，但这并非是高期待学生和低期待学生面临的唯一差异。已有研究发现，教师在与高期待学生和低期待学生互动时也存在差异。下一节我将对此做详细讨论。

二、教师与学生的差异化互动

一项关于教师行为差异的早期研究（Brophy and Good，1970）观察了一年级四个不同班级的教师和学生，研究人员要求教师按成绩从高到低对学生进行排序，以此来表示教师对学生的期待。随后，研究人员观察了成绩排名前三位的男生和女生，以及排名最低的三名男生和女生，发现了教师区别对待学生的迹象。总体而言，教师对他们寄予厚望的学生（高期待学生）要求更高；与低期待学生相比，教师经常表扬高期待学生，并为他们提供更多的支持。此外，教师更容易接受低期待学生的不良表现。低期待学生即使偶尔答对问题，也很少得到教师的表扬，尽管他们答对问题的次数屈指可数。

后来，布罗菲（Brophy，1985）总结了其他研究结果，归纳了 17 种教师行为，这些行为因其针对的是高期待学生还是低期待学生而有所不同：

1. 等待时间：与高期待学生相比，教师等待低期待学生回答问题的时间更短。这可能是因为教师认为高期待学生更可能知道答案，而低期待学生可能不会。

2. 回答错误后的反应：当低期待学生答错教师的问题时，教师可能会直接给出答案或转问其他学生。而当高期待学生不知道答案时，教师则会尝试用不同的方法来引导他们，如重复问题、再次提问或给出提示。之所以发生这种互动差异，是因为教师相信高期待学生能够找到答案，但他们对低期待学生没有这样的信心。

3. 强化：当低期待学生回答错误时，教师有时也会表扬他们。在这种情况下，学生可能会认为自己的回答是正确的。因此，这种强化是不恰当的。一般来说，高期待学生不会收到类似的不恰当反馈。

4. 批评：与高期待学生相比，低期待学生因失败而受到的批评更多。

5. 赞美：即使低期待学生的成功率较低，但与高期待学生相比，低期待学生因成功而受到的表扬更少。

6. 课堂问答：与高期待学生相比，教师很少要求低期待学生回答课堂提问，即使让他们回答了，教师也可能很少给予反馈。

7. 关注和互动：与高期待学生相比，教师与低期待学生互动较少，对他们的关注也较少。

8. 提问：教师要求低期待学生回答问题的次数少于高期待学生。

9. 座位：与第二章提到的里斯特的研究（Rist，1970）类似，与高期待学生相比，教师倾向于让低期待学生坐得离教师更远。

10. 任务完成质量：教师对低期待学生的要求较低，即使他们作业不达标也能接受，而教师不会接受高期待学生的作业不达标，因为教师期待看到的是他们高质量的作业。

11. 公开互动与私下互动：教师与低期待学生私下交流较多，而与高期待学生公开交流较多。教师对低期待学生也更加关注，以便对他们更严格地管控，并精心安排他们的活动。

12. 考试评分：教师对高期待和低期待学生的测试结果的评分标准不同。当学业水平处于某个等级边缘时，教师更有可能给低期待学生的学业水平降级，而给高期待学生打出比实际情况更高的分数。

13. 友好互动：相比低期待学生，教师在与高期待学生交流时更加友好热情。

14. 反馈：与高期待学生相比，低期待学生在学习及学习进度方面得到的形成性反馈[①] 可能较少。

15. 眼神接触和非言语行为：教师与低期待学生交流时有较少的眼神接触，同时，表达性的、积极的非言语行为也较少展现。例如，教师更有可能对高期待学生微笑，而对低期待学生皱眉。

16. 提供教学指导：教师很少干扰高期待学生的学习，而倾向于对低期待学生

---

① 形成性反馈是指在学习过程中向学生提供的及时和具体的反馈，旨在帮助他们了解自己的学习进展、发现错误并改进学习方法。这种反馈通常与学习目标和标准相关，并鼓励学生思考和调整他们的学习策略。形成性反馈可以来自教师、学生或学习资源，可以是口头的、书面的或视觉的，目的是促进学生的学习和成长。形成性反馈与评价相结合，通常被视为一种强大的教学工具，可以提高学生的学习效果和成就水平。

开展频繁的个别指导。

17. 教学方法：与高期待学生相比，教师更有可能对低期待学生采用低效的教学方法。例如，高期待学生更有可能获得教师提供的具有挑战性和趣味性的活动，教师也会让他们在这些活动中有一定程度的自主性。而低期待学生则会受到教师更频繁的指导和监督，他们更有可能收到并完成的是教师提供的低水平、重复性的任务。

总之，布罗菲的研究（Brophy，1985）表明，教师与低期待学生的互动质量较低，他们并没有扩展这些学生的思维。似乎存在这样一种假设：低期待学生在学习上有一定的困难，教师不想给这些学生施加压力，因此对他们的要求较低。然而，这些行为造成的结果是教师并没有帮助低期待学生完善他们的答案，也许教师稍加点拨，低期待学生就可能得出恰当的答案。如此看来，由于得到的反馈往往较短，信息量也较少，低期待学生深入思考问题的机会更少。此外，如果学生错误的回答得到了表扬，即学生在回答问题时付出的努力得到了肯定，这可能会加深学生对答案的误解。也许出于对低期待学生的关注，教师对他们的监督更加严格，给予他们的自主性也更少，因此学生对自己参与的学习活动几乎没有选择权，而这些活动往往是低水平的学习活动。然而，由于低期待学生受到严格的监督，这意味着教师可能与低期待学生私下互动，而与高期待学生在公开场合互动。

然而，布罗菲确定的许多教师行为都非常细微。例如，用几分之一秒来衡量等待时间的缩短或眼神接触的减少。这些行为几乎不易引起注意，而这种教师互动对学生的影响（如果有的话）也没有进行测量。他认为，尽管这些行为几乎不易察觉，但学生对它们的察觉和感知会随着时间的推移而不断积累，因此，这些行为可能会对低期待学生产生不利影响。另外，不管这些行为多么细微，教师都在向学生传递信息。罗森塔尔提出了"四因素理论"，以解释教师行为可以通过哪些主要的渠道向学生传递信息，并说明教师期待学生取得怎样的成绩（Rosenthal，1974）。随后，他测量了各种教师行为，以探究这些行为对学生成绩的影响。

（一）"四因素模型"和"双因素模型"

罗森塔尔确定了教师与高期待学生和低期待学生的四类主要互动方式，并将其命名为"氛围""反馈""投入""产出"（Rosenthal，1974）。在这些互动方式中，教师对学生的期待和表现的影响是显著的。具体而言：

氛围：教师为高期待学生创造的社会心理环境更温暖，通过言语行为和非言语行为体现，如额外鼓励、点头和微笑。

反馈：相比低期待学生，高期待学生更常受到表扬和明确的学习成绩反馈。低期待学生则更容易受到批评和与行为问题相关的反馈。

投入：教师在教授高期待学生时会投入更多时间和提供更多、更难的学习资料，教学进度也更快。

产出：与低期待学生相比，教师为高期待学生提供更多回答问题的机会，支持他们在遇到困难时思考。

与布罗菲（Brophy，1985）一样，罗森塔尔的分类重在阐明教师对不同学生传达期待的行为差异，但他强调了课堂互动的情感因素，并认为教师在向学生传达期待时，非言语互动与言语互动同等重要。因此，他的理论为教师行为研究增添了社会心理视角。罗森塔尔的"四因素理论"的每个组成部分都包含言语互动和非言语互动的要素。

后来，哈里斯和罗森塔尔（Harris and Rosenthal，1985）修正了"四因素理论"，形成了"双因素理论"。他们研究了教师期待效应的中介变量，即在已有文献中发现的能够影响学生成绩的教师行为，以探究这些中介变量对学生成绩的影响。他们发现，"氛围"和"投入"因素产生的效应值最大（$d=0.75$），"产出"行为产生了较小的效应值（$d=0.41$），而"反馈"的效应值相当小（$d=0.12$）。基于这一研究结果，他们删除了"反馈"这一类别。分析表明，课堂的社会心理环境（氛围）是教师行为差异的一个重要组成部分，因此这一类别被重新命名为"情感"。"投入"和"产出"合并为一组，称为"努力"。

因此，罗森塔尔指出儿童的社会心理或情感环境在调节教师期待方面的重要性。在 20 世纪 80 年代的研究中发现，教师更公平地分配反馈信息，这或许表明，教师已经根据现有期待研究的结果成功地调整了反馈行为。"反馈"是许多研究人员关注的焦点，是研究中最突出的部分，也是教师最容易做出调整的部分。

（二）情感领域的差异

"双因素理论"强调教师行为差异对学生有明显影响的两个方面：努力和情感。

努力与课堂教学环境有关，情感与社会心理环境有关。正如教师所意识到的，在教学领域实施某些差异化策略是合理的。然而，情感领域的差异却很难描述。巴巴德（Babad，2009）将教师在这两个领域提供的支持称为学习支持和情感支持。他调查了一些中小学生，发现学生能够系统地、详细地了解教师在这两个方面的差异化对待。他强调，这些差异甚至超出了训练有素的观察者的感知范围。

巴巴德（Babad，1995）对80多个班级的五、六年级小学生进行研究后发现，学生似乎能够接受教师对高期待学生施加更多压力，而对低期待学生施加较少的压力。当然，学生对教师的这种行为未表现出负面反应，他们也赞成教师为成绩欠佳的学生提供更多的学习支持。然而，学生对教师在情感支持方面的差异化行为（多数教师都存在这样的问题）则表现出强烈反感。这种差异几乎在所有班级都存在。学生一致表示，教师对高期待学生更热情、更友好。有趣的是，教师却自认为他们为低期待学生提供了更多的情感支持。在差异较为明显的情况下，班级士气低落，学生对班级氛围普遍不满。在一些班级中，学生反映存在"班级宠儿"，即教师特别喜欢的孩子。在这些班级中，学生对教师的负面情绪反应进一步加剧。巴巴德（Babad，1998）试图通过向教师提供与学生反馈信息相关的报告来表明干预组教师的情感支持差异，然而，由于教师认为他们已经为低期待学生提供了足够的情感支持，他们并未因此而改变自己的行为。

随后，巴巴德及其同事（Babad et al.，2003）针对一所高中十一年级和十二年级的学生进行了类似的研究。在这项研究中，他们发现学生并不赞成教师采取任何形式的差异化学习支持或情感支持。可能是因为学生普遍认为每个人都应该受到公平对待，因此对区别对待学生的教师持贬低态度。他们将教师视为社会中值得被尊重的人，认为教师拥有被信任的地位。因此，教师在情感层面对学生表现出的区别对待被视为对这种信任的背叛，是学生难以接受的（Babad，2009）。

（三）教学领域的差异

一旦学习任务变得差异化，就有可能出现持续的期待效应或自我实现预言效应。然而，教师可能预期的是低期待学生的学习表现会低于高期待学生，因此，教师可能会给他们提供不同的学习任务。重要的是，差异化的任务是否导致了不同的学习成绩，或者是否促进了学生的学习。如前所述，一旦任务变得差异化，就会影响教师给学生提供的学习机会，进而影响学生学到的内容。尽管差异化的学习任务可能会最大限度地提高学生的成绩，但如果这加大了高期待学生和低期待学生之间的成绩差距，则不应被采纳。

教师期待的不同会导致所教内容的不同，最终导致学生所学内容的不同。显然，要求低期待学生完成难以应对的高水平任务，并不被认为是对他们的支持。但是这不妨碍他们接受挑战。同样，如果教师提出的问题是事实层面的，增加低期待学生的等待时间就没有太大的意义。对于需要分析或综合信息的问题，增加等待时间可能有助于低期待学生思考并促进他们的回答（Good and Weinstein，1986）。当然，他们应该被给予与高期待学生相同的回答机会。

课堂上学生多样化的程度对教师提出了持续的挑战。管理不同能力的学生的一种方法是以某种方式对他们进行分组。最常见的做法是将学生编入班级内的能力小组，或将他们分到能力水平相近的班级。这种分类方法通常会导致学习机会的差异。所有学生都需要接受与其水平相当的挑战。遗憾的是，不断有报告显示，教师分配给成绩优秀的学生所在的小组需要高阶思维和深层理解的任务，这些学生可以自主选择是否完成这些任务；对于成绩欠佳的学生所在的小组，教师则安排他们做重复性更高、以技能为主的任务，而且这些学生没有选择的自由。这些学习任务可能会让他们感到无聊，进而导致学习动机不足和自尊心受挫。分组与教师差异化教学和学生学习经历密切相关，因此我会在第八章对其进行更详细的讨论和阐述。

三、学生成绩和社会心理发展：理解教师期待

为低期待学生和高期待学生提供差异化学习机会可能会直接影响学生的成绩。学生几乎是在不知不觉中参与了这个过程，而且在教师规划学生的学习机会时，学生很少有机会改变自己的轨迹。然而，教师会通过言语和非言语方式向学生传达他们的期待。在第一章中，我介绍了期待模型的一个重要方面，那就是学生首先接受教师对他们的期待，进而解读这些期待，并随着时间的推移，遵循这些期待。当学生感知到教师的期待并做出了相应的回应，我们可以说这产生了期待效应。一些研究人员对学生是否知道教师对他们抱有高期待或低期待进行了研究，韦恩斯坦及其

同事在该领域的研究处于领先地位（Weinstein and Middlestadt，1979；Weinstein et al.，1982；Weinstein，1983；Good and Weinstein，1986；Weinstein et al.，1987）。

一般情况下，韦恩斯坦向小学生提出一个与"假想学生"相关的情景，这个"假想学生"可能是一名成绩优秀的约翰，也可能是一名成绩欠佳的马克。例如，高成就者的情景假设是："约翰是一个学习成绩非常好的人，成绩总是全班最好的，他被认为是一个非常聪明的男生。"（Weinstein and Middlestadt，1979：483）然后，要求学生对教师的行为进行评分，以调查他们的教师是否会以某种方式与约翰互动。教师行为的例子包括"教师让其他学生帮助约翰"和"教师信任约翰"。研究人员要求学生回忆去年的课堂，而不是现在的课堂，因为研究人员认为学生可能不愿意谈论他们现在的教师。学生报告的结果表明，总体而言，成绩优秀的学生和成绩欠佳的学生受到的待遇确实不同。学生认为教师希望成绩优秀的学生做得好，对他们的学习要求很高，还赋予了他们特权。相比之下，教师给予成绩欠佳的学生较少的课堂参与机会，但教师更关心他们，并对他们进行了密切的监督（Weinstein and Middlestadt，1979）。

研究人员又进行了第二次实验（Weinstein et al.，1982），这次实验的样本更大，而且对成绩优秀和成绩欠佳的男生和女生都进行了情景模拟。调查结果与上一次类似，学生报告再次显示，教师对成绩优秀的学生抱有更高的期待，并给他们提供了比成绩欠佳的学生更多的机会和选择。与此相反，教师对成绩欠佳的学生的评价更负面，对他们需要完成的任务以及完成任务的方式也给予了更多的指示。男生和女生在假设情景方面没有发现差异。

他们的第三项研究（Weinstein et al.，1987）考察了一年级、三年级和五年级学生的感知差异。每个年级的学生报告表明，教师区别对待成绩优秀和成绩欠佳的学生。同样，无论实验中虚构的学生是男是女，学生都系统地描述了教师对成绩优秀和成绩欠佳学生的区别对待。

韦恩斯坦（Weinstein，2002）还采访了学生，以了解他们在课堂上的经历，并在她的著作《更上一层楼：学校教育中期待的力量》（*Reaching Higher：The Power of Expectations in Schooling*）中呈现。在本章的余下部分，我将总结这次调查的结果。

书中有一个问题是询问学生如何知道自己很聪明。大约三分之二的学生描述了教师的行为或言辞，这让他们意识到自己做得很好。大约四分之一的学生则提到了自我评价，仅有少部分学生是从同学或家人那里获得的信息。因此，可以说教师是学生了解自己能力和在校表现是否优秀的主要信息来源。一般来说，学生主要通过教师的反馈获得这些信息。这种反馈主要体现在考试分数和等级上，但学生也能从教师安排的学习活动类型以及与教师关系的积极程度中，敏锐地感知到教师对他们的期待。

当学生被问及能够反映他们表现是否良好的具体事例时，他们经常描述教师表扬或批评他们的情景。学生还谈到，教师给他们安排的低水平活动并给他们大量的帮助都表明他们做得不够好。学生得到的反馈似乎对他们明确下一步的学习方向并没有特别的帮助。大多数反馈都是"很好"之类的词语，通常与学生在任务中的表现以及他们遵守教师指令的程度有关，而不是与他们的具体学习相关。

教室作为一个封闭的学习场所，学生和教师整个学年都在这里展示着自己。由于学生众多，而教师只有一位，必然导致学生的表现被公开展示。韦恩斯坦（Weinstein，2002）举例说明了学生学习比较性信息的关键公共事件。一个学生谈到教室墙上的学生进步表，上面显示了每个学生的表现情况；另一个学生谈到当教师向全班朗读她的作业时，她遭到了嘲笑。这些都不是孤立的事件，因为韦恩斯坦提供了许多这样的例子。在另一篇论文中，古德和韦恩斯坦还提到了教师对学生说的话，例如："我马上过来帮助你们这些做得慢的学生""这一组可以自己继续做""你们这些孩子比较慢，你们继续做""蓝色那一组会觉得很难"（Good and Weinstein，1986：68）。

学生对教师行为的理解也不仅仅停留在表面。他们会诠释这些行为背后的含义，而这种诠释一般不会被观察者记录下来。比如，有学生谈到教师的语音语调或面部表情的含义："她看你的方式很有意思。不仅如此，她还不笑。她看起来很生气、不高兴、失望……我讨厌这种感觉……它让我觉得自己很愚蠢。"（Weinstein，2002：99）学生还提供了教师对他们大喊大叫、辱骂和威胁的例子。我曾经认为，诸如此类的事件只是个别现象（但愿是个别现象），但不幸的是，我也看到过教师对学生说贬损的话。也许问题的关键在于，这些公开的训诫会深深地烙印在学生的记忆中，而且，无论教师事后是否后悔，学生都接收到了一个非常有说服力的信息，即教师对他们的期待，这个信息是不可能被遗忘的。在大学的课堂上，当我讲到学生对教师行为的解读提供了有关教师期待的信息时，我让学生回忆并谈谈体现教师对他们的期待的一个事例（如果他们有的话）。让我难过的是，我的学生中（均已成年）75% 或 80% 都回忆起了一件事，而这件事使他们确信老师对他们的期待很低，他们感到不被重视，或者觉得自己能力欠佳。大多数情况下，这只是一个偶然事件，但学生并没有忘记。很少有学生提到教师的行为告诉他们，教师对他们抱有很高的期待。也许是因为这些事例在学生心目中并没有那么突出。

正如我之前指出的，学生对教师的行为有着敏锐的判断，因此他们清楚自己在学业等级中的位置也就不足为奇。他们通过教师的行为举止、接收反馈点评，并比较自己与同学在教师那里获得的有关作业信息、作业类型、测试成绩以及能力分组之间的差异，来确定自己的"价值"。这些信息有助于学生判断自己是处于班级的最上层还是最底层。这些信息的吸收对学生的自我效能感 ① 和未来的学习动机都会产生积极或消极的影响。毫无疑问，学生确实理解教师对他们的期待，并将其融入自己的认知和社会角色之中。教师在学生的一生中扮演着重要的角色，有时，他们会给学生留下深刻的记忆，这些记忆会伴随着他们长大成人，有助于形成学生的自信心。我记得自己十一二岁时有幸遇到过一位鼓舞人心的教师。他非常出色，富有挑战性，充满热情、温暖和关爱。他对所有学生都抱有很高的期待。课堂环境总是令人振奋，我热爱上学。我至今仍清楚地记得我们学过的具体课程，它们是如此不同寻常。当我成为一名教师时，他是我的榜样。毫不夸张地说，教师可以塑造学生的未来。教师对每一个学生都负有责任，既要平等仁慈地对待每一个学生，又要激发他们最大的潜能。

下一章将重点介绍特定类型的教师，他们的信念可以调节教师期待效应。其中一些教师对学生的期待效应比文献中呈现的更显著，然而，有关这方面的文献相对较少。值得注意的是，在教师期待领域的主要研究人员包括韦恩斯坦、巴巴德以及我本人。前两者的研究成果将构成下一章的基础。

---

① 自我效能感（Self-efficacy）是心理学中的一个概念，由著名心理学家阿尔伯特·班杜拉提出。它指的是个人对自己能够成功完成某项任务或应对特定情境的信心。自我效能感是个人信念系统的一部分，其关键在于人们相信自己具备完成某项挑战或达成某个目标所需的能力。

第四章　教师差异与教师期待

　　学生是独立的个体，教师也是。教师来自不同的社会经济群体、不同的族裔，有着不同的文化背景、教学经验、个性、能力和教学信念。这些个性特征不仅影响教师对学生信息的解读，还影响他们向学生表达期待的方式。在本书中，我重点介绍了教师的个性特征以及他们如何向学生传达期待。毫不奇怪，有些教师更擅长清晰地表达他们的期待，并且会根据学生的信息选择与其他教师不同的教学路径。研究教师期待、教师信念或教师个人特征时，不宜将所有教师视为一个整体，而应关注教师个体的差异，因为不同的教师表达期待的方式也许不同。在本章中，我将介绍有关教师信念的研究，尤其关注教师个体间的具体差异，并指出教师对学生信息的理解以及教师行为的多样性。我会概述一些可以改变教学实践的特殊的教师信念，并探讨这些信念对教师个性特征的影响。接着，我会重点关注巴巴德和韦恩斯坦的研究成果，即特殊的教师信念引导着教师以特定的方式开展教学实践，从而调节期待效应。

一、教师信念

　　要理解教师的课堂行为，仅研究教师个性特征和教师期待是不够的，还需要深入研究教师信念。教师的职责、所持的信念以及对教学的内隐理论 [1]，都对他们的

---

①　内隐理论（Implicit Theories）是个体对于某一特定属性是否可塑持有的内在信念。

课堂教学行为有着直接的影响。与单一地观察教师行为相比，深入研究教师信念，可以更全面地了解他们的行为模式，因为教师信念影响教师对学生信息的理解和记忆方式以及这些信息在教学决策中的应用。然而，与教师信念在期待效应中的作用相关的文献却很少。因此，了解教师信念的作用及其对教学实践的影响对全面了解教师期待至关重要。

（一）教师信念对课堂实践的意义

面对的学生不同，教师展现出的教学行为也许不同，这取决于他们对学生学习的信念和期待。奥尔森和托兰斯（Olson and Torrance，1996）将此称为"民俗心理学"[①]，而斯滕伯格（Sternberg，1982）则称其为"普通人的内隐理论"。教师信念、内隐理论和教学实践之间的关系已经有大量文献记载，基于这些认识，萨洛宁等人（Salonen et al.，1998：23）指出："完全客观或者中立的教学法是不存在的，教学法的选择不可避免地传达了教师对学生的理解。"

在关于教师信念的文献综述中，方志辉记录了教师信念影响教学进而影响高期待学生和低期待学生学习机会的几种方式。多项研究报告指出，教师在阅读和写作教学方法上的差异是基于教师的内隐信念。例如，那些认为阅读涉及解码规则和理解文本的教师，专注于帮助学生掌握和应用语音规则，并设计默读活动来帮助学生理解文本。而其他教师则从整体上看待阅读，他们在课程中加入了讲故事、写作、戏剧和分享观点的机会。方志辉（Fang，1996：53）总结道："教师对自己角色的思考及其所持的信念和价值观塑造了他们的教学法。"

一些研究人员假设，教师对学生持有的重要信念来自教师对学生行为和成绩的归因。与之前的相关研究类似，佐哈尔及其同事（Zohar et al.，2001）对教师进行了访谈，询问他们对高能力的学生和低能力的学生采用高阶思维方法的适用性，以及他们对不同能力的学生教授新概念的方法。45% 的教师认为高阶思维不适合低能力的学生；近 30% 的教师表示，他们从不用高阶问题来提问低能力的学生。同样，45% 的教师承认通过知识传递的教学方法对学生而言是枯燥的，但他们仍认为教授

[①] 民俗心理学（Folk Psychology）或常识心理学，在心智哲学和认知科学中是人类解释和预测他人行为和心理状态的一种能力。

低能力的学生应该使用这种方法。佐哈尔及其同事得出的结论是许多教师会为受到不同期待的学生提供截然不同的学习机会。教师信念以及教师期待可能会导致教学上的差异，而这种差异最终会影响学生的学习内容（Brophy，1982）。与教师信念和期待相伴而生的教学决策可能会拓展、创造或限制学生的学习机会，从而使不同的学生体验到不同的教育机会。

佩吉和罗森塔尔（Page and Rosenthal，1990）的一项调查将白人教师（男性和女性）与亚裔和白人学生（男性和女性）进行组合，要求教师与学生一起完成数学和词汇学习任务。结果表明，教师的教学可能受到了他们对男女学生以及亚裔和白人学生的刻板印象的影响。与女生或白人学生相比，教师在教学男生和亚裔学生的数学时，教学进度更快，内容也更丰富。词汇教学的情况则与之相反，研究结果存在略微差异。研究人员推断，这种教学差异可能会在任务训练中产生自我实现预言效应。

他们提出，目前教师对学生学习的期待更接近下限，而不是上限（Timperley and Robinson，2001；Bishop and Berryman，2006）。是什么构成了过高的期待，这是一个有趣的难题。多年前，皮金（Pidgeon，1970）描述了英国四年级学生的数学成绩比同年级的美国学生高出很多的情况。他的调查显示，英国的课程设计者对该年龄段学生能力的看法与美国同行的看法不同。因此，英国教师为学生设计的课程包含更多内容，并且教学进度更快。而美国学生的课程设计则不那么严谨。教师对8岁学生学习成绩的期待可能会影响教学内容，从而影响学生的学习成绩。

（二）赤字理论 [①] 对教师信念的影响

有些教师带着刻板印象看待学生群体，而不是把学生当作独立的个体。沃伦（Warren，2002）发现，教师的观点受主流文化影响，这可能会影响他们接纳学生带到课堂上的多样化观点和多元文化背景，并导致他们对这些学生形成较低的期待。教师的这些不同观点和信念也可能导致学生获得不同的学习机会。

对学生行为容忍度较低的教师，更有可能对有行为问题的学生抱较低期待，并

---

① 赤字理论（Deficit Theorizing）指的是一种观念，即学生（尤其是低收入、少数族裔背景的学生）之所以成绩欠佳，是因为这些学生及其家庭困窘，阻碍了学习进程（例如，学习机会有限、学习动机缺乏、家庭支持不足）。

将他们转介到特殊教育机构，其数量可能超出预期（Woolfolk Hoy et al.，2009）。同样，这些学生的学习机会也会因此减少。在一项研究中，186名教师都观看了同样的课堂教学录像（Taylor et al.，2001），研究人员指出，与女教师相比，男教师对非裔美国女学生行为的容忍度较低。而在白人学生和男学生身上则没有发现这些差异。

早些时候，我曾介绍过所罗门等人（Solomon et al.，1996）的研究成果，该研究发现教师会基于对贫困学生的信念而改变教学实践（见第一章）。许多研究人员也证实了这一点，一些教师认为学生的家庭背景可能会造成他们学习上的障碍，因此，不能期待这些学生与其他无类似"缺陷"的学生一样在学业上取得进步（Arabsolghar and Elkins，2001；Timperley and Robinson，2001；Zohar et al.，2001；Timperley and Wiseman，2002；Warren，2002；Bishop and Berryman，2006）。基于这样的信念，教师对这些学生成绩的期待就会降低，进而可能会改变他们的教学实践。例如，教师可能会减少给学生的教学内容，或者根据他们认为的学生需求调整课程，从而导致这些学生获得的学习机会减少，其实他们可能恰恰需要更多的学习机会（Timperley et al.，1999；Timperley and Wiseman，2002）。

教师对学生的信念还包括社会阶层和种族。在新西兰，麦克拉克伦-史密斯和圣乔治（McLachlan-Smith and St George，2000）在幼儿园的环境背景下讨论了教师对学生的信念如何影响学生的学习。例如，教师认为学生只有在准备好了之后，才会开始学习。这意味着，如果学生没有"准备好"，教师就不愿意引入新的学习内容。由于来自贫困家庭的学生被认为远远落后于他们的同龄人，这可能导致教师不会主动为来自贫困家庭的学生提供学习机会，因此这些学生的学习机会进一步减少了。

在威格菲尔德及其同事（Wigfield et al.，1999）的研究报告中，教师的信念因学生的种族而有很大的不同。他们研究中的所有学生均有着贫困的社会经济背景，但教师只对非裔美国学生抱有较低的期待。教师还表示，与白人学生相比，他们与非裔美国学生一起相处得没那么愉快。

目前本章已经探讨了教师如何根据内隐信念调整其教学实践，这些信念如何影响他们的教学内容，以及教师对学生背景的看法如何促使他们形成假设，并根据这些假设来制订教学计划。下面，我将进一步探讨教师的特征及其对教学选择的影响。

二、教师的个人特征

教师在个性、社交技能、态度、动机和信念等方面存在差异，在对学生个体差异的关注程度以及对学生行为和学习成绩抱有的期待方面存在差异。他们对学科知识、教学实践、对学生信息的信任和重视程度以及课堂组织方式上也有所不同。此外，教师在一般智力、对情境控制的自我感知、对教师角色的信念以及应对机制①方面也存在差异。有的差异可能会促进学生的学习，而有的可能会增加学生面临的困难。然而，到目前为止，少有研究探索教师的个人特征和信念在调节期待效应和学生学习机会方面所起的作用，而自我效能感理论对教学实践的调节作用已被广泛关注。

（一）教师效能理论与教学实践

教师对学生学习的期待可能会受到他们自我效能感的影响。教师的自我效能感即他们对自己教学能力的信念；换言之，教师相信自己有能力为学生带来改变。教师效能感包括两个方面：一是教师相信整个教师群体能够提高学生成就的信念；二是教师更相信自己能为学生学习带来积极影响的信念（Bandura，1997）。苏达克和波德尔（Soodak and Podell，1996）将教师效能分为两个方面：一是教师对自己提高学生学习能力和管理学生行为的信念，二是教师对自己的行为能够影响特定学生的信念。伍尔福克和霍伊（Woolfolk and Hoy，1990）还补充了第三个方面：教师个人对学生的成绩负责。

这种信念对教师的教学决策起着重要作用，并影响学生的成绩和学习机会。当教师对自己抱有较高的期待时，他们会坚持完成教学任务，直到取得成功；他们更有可能对所有学生抱有较高的期待；他们的自我期待可能会影响他们在教学中投入的精力；他们在课堂上取得更多的成就，从而对自己的努力和能力产生成就感，有助于教师自我效能感的提高（Ross，1998；Tschannen-Moran and Woolfolk Hoy，2001；Woolfolk Hoy et al.，2009）。

与此相反，沃伦（Warren，2002）认为自我效能感低的教师往往缺乏提高学生

---

① 应对机制（Coping Mechanisms）是指人在成功地适应、解决问题和接受考验时采用的所有方法。

学习水平的动力，尤其是对那些他们抱有低期待的学生。他还表示，由于这类教师不太相信他们能够对低期待学生的学习成绩产生积极影响，因此，他们可能把更多的时间花在高期待学生身上，因为他们在这些学生身上更能感受到成功。但是，减少与低期待学生在一起的时间，可能意味着这些学生取得的进步更少，学习机会也可能减少。自我效能感较低的教师也可能会受限于上述的赤字理论，认为自己无法对低期待学生的学习产生大的影响，进而可能会将学生进步不大归因于学生的家庭和文化方面的"缺陷"。他们甚至认为，没有教师能够成功地教导这样的学生，或许其他教师可以做到，但自己不能（Ashton and Webb，1986）。也许正因为如此，自我效能感低的教师往往比自我效能感高的教师更频繁地将学生转介到特殊教育机构（Soodak and Podell，1998）。

我的另一项研究（Rubie-Davies et al.，2012）考察了小学教师信念，特别是教师效能感、目标导向与教师期待之间的相互关系。令人惊讶的是，教师效能感并不能预测班级层面的教师期待。教师对自己吸引学生参与课堂、采用多种教学策略以及班级管理的能力有很强的信念，这些信念与教师对班级所有学生抱有的高期待没有关联。之前的研究（Woolfolk Hoy et al.，2009）已经提出教师效能感与教师期待之间存在关系的假设，但没有测量这种关联。目标导向包含两种目标：一种强调竞争（成绩目标），而另一种强调发展技能（掌握目标），这两种目标对比鲜明。但研究并未发现教师目标导向与教师期待之间的关联。

教师效能感的学生课堂参与程度要素与强调技能发展导向相关，这意味着，当教师相信自己能够调动学生的学习积极性时，他们也相信对学生最有效的教学方法是提供连续的技能让他们掌握。然而，教师效能感的班级管理要素与强调技能发展导向呈负相关。这意味着，教师越相信自己能够成功管理一个困难的班级，他们就越不相信基于技能的学习 [①] 可以调动学生的积极性。

教师的个体特征和学校的环境因素确实能预测一些教师信念（Rubie-Davies et al.，2012）。学校的社会经济水平和教师性别预测了教师在学生参与、教学实践和班级管理方面的效能，这些相关的效应值都很大。在所有情况下，女教师有更积极的

---

① 基于技能的学习（Skill-based Learning）是一种教育方法，旨在帮助学生掌握特定的技能或能力。这种学习模式强调实际操作和技能的应用，常常涉及反复练习和技能训练。

教师效能感。此外，学校的社会经济水平越低，教师的效能感越高。要解释这些研究结果，可能需要对新西兰的情况有所了解。在新西兰，教师在社会经济水平较低地区的小学任教并不会被歧视，事实上，政府对学校的资助金额与其所在地区的经济发展水平成反比。这意味着社会经济水平较高地区的学校获得的政府拨款（每名学生获得的政府资助）较少，而社会经济水平较低地区的学校获得的拨款则更多。因此，所有学校往往都拥有良好的资源。经验丰富的教师希望对学生学习产生影响，他们通常会选择在社会经济水平较低地区任教。因此，与一些国家（如美国）不同的是，在新西兰的社会经济水平较低地区有许多高效能感的教师。这可能解释了为什么来自社会经济水平较低地区的教师具有较高的教学效能感。

在掌握目标方面也发现了类似的关系，即在社会经济水平较低地区工作的女教师会认为学生应该专注于学习符合自己水平的技能。另一方面，男教师与注重竞争的目标相关。很少有研究探讨不同的教师信念之间的相互关系，更多的是关注某一信念如何影响教学实践。然而，教师信念并非孤立存在。有一个需要了解的信念网络，而这个网络在很大程度上尚未被探索。例如，我的上述研究（Rubie-Davies et al.，2012）选择了研究教师期待，因为教师期待与教师认为学生将达到的目标有关；我还研究了教师效能感，因为教师效能感与教师认为他们能做什么来帮助学生学习有关；我也研究了目标导向，因为这些信念与教师认为应如何构建课程有关。因此，我有充分的理由认为这些信念之间可能是相关的。研究信念之间的相互关系是一个新兴的领域，它会使我们进一步了解教师信念，以及这些信念与他们的教学实践、师生关系和课堂结构之间的关系。

教师对学生学习承担的个人责任也有不同程度的差别。库珀和古德（Cooper and Good，1983）报告说，教师对高期待学生的失败负有责任，对低期待学生的成功负有责任，反之则不然。迈耶（Meyer，1985）发现，不管感知能力如何，那些相信自己能够影响学生学习的教师，在课堂上的负面行为较少。有些教师似乎会付出额外的努力帮助成绩欠佳的学生，因为他们觉得自己对这些学生的学习负有责任。巴巴德（Babad，2009）认为，自从教师了解了教师期待相关的文献以及20世纪六七十年代教师与低期待学生的互动方式之后，这种情况尤为明显。据报道，成功教授低能力学生的教师认为自己能够掌控学生的学习，更重要的是，他们相信这些学生有能力实现学习目标（Woolfolk Hoy et al.，2009）。当教师相信他们能改变学生的发展时，他们对学生的期待似乎就不会那么死板，并且随着学生的进步他们会不断提高自己的期待（Brophy and Good，1986）。

确实，教师的态度和信念既能影响他们对学生的期待，也能影响他们自己的教学效能感，从而直接影响学生的学习机会。有一种教师信念对其教学实践有很大的影响，即认为智力是固定的或与生俱来的，还是认为智力是可塑的，可以通过努力发展和提高的。

（二）智力天成观和智力增长观

教师对"能力是否稳定"这一概念的认知对教学有重要影响，因为这种认知可能会影响教师对学生的行为，以及为学生提供的学习机会。当教师相信所有学生都能学会时，学生学习的责任就转移到了教师身上。这类教师更有可能使他们的学生获得更大的学习收益。威尔金森和汤森的研究报告（Wilkinson and Townsend，2000）称，最佳实践教师持有一种发展性的能力观念。这些教师相信，他们需要提供学习经验来帮助每个学生进步。滕斯托尔和吉普斯（Tunstall and Gipps，1996）描述了英国幼儿学校的文化——更关注学生的努力，而不是学生的能力。这些教师也相信，对努力程度的关注会让学生不断改进和学习，并且不会受"智力天成观"（智力是固定不变的信念）的影响。另一方面，拉姆斯登（Lumsden，1998）报告称，教师认为能力是学业成功的主要标准，而且这种能力被视为固定不变。持有"智力天成观"的教师认为一些学生只是能力不足，这类教师往往对学生的期待较低，并且很可能让他们的负面信念成为自我实现的预言。

德韦克（Dweck，2006，2009，2010，2012）引领了这一研究方向，展示了教师的智力信念在塑造学生未来行动方面的强大作用。她的研究对教和学都具有重要意义。她（Dweck，2006）举了一个例子，一位德国研究人员发现，当教师持有"智力天成观"时，那些在学年初成绩较差的学生，在学年末的成绩仍然低于平均水平。然而，当教师持有"智力增长观"时，许多在学年初成绩较差的学生，在学年末的成绩都达到了平均水平，甚至高于平均水平。

对于这样惊人的结果，约尔旦和斯坦诺维奇（Jordan and Stanovich，2001）推断这可能与师生互动有关。他们基于对教师访谈的分析，将参与研究的9名教师分为两类：第一类教师持有"智力天成观"，第二类教师持有"智力增长观"。第二类教师与所有学生都有很好的互动，而第一类教师则不常与他们认为能力低的学生互动。此外，第二类教师经常与所有学生进行高认知水平 ① 的互动，而第一类教师与能力低的学生大多是在低认知水平 ② 上进行互动。在测试学生的自我概念时，第二类教师的学生得分远远高于第一类教师的学生。

　　教师的教学行为可能受其基本教学理念的指导。如果仅从行为本身来评估，会对教学行为的理解不够全面，而教学信念可能密切指导着教学行为，因此会对教师为高期待学生和低期待学生提供的学习机会产生重大影响。在接下来的部分，我会介绍教师期待领域的两位重要研究人员的工作，他们研究了教师信念如何调节教师期待效应，进而导致截然不同的课堂环境。第一位研究人员是巴巴德，他提出了有偏见教师和无偏见教师的概念；第二位研究人员是韦恩斯坦，她提出了高区别对待教师和低区别对待教师的概念。

三、有偏见教师和无偏见教师

　　在实验研究中，巴巴德发现了他所称的有偏见教师和无偏见教师。基于对学生创作的绘画作品的评价，教师被分为两类：有偏见的和无偏见的。在实验中，创作这幅画的学生被描述为具有高或低的社会经济地位，是欧洲人或摩洛哥人，就读于一所非常好的学校或一所贫困社区的学校。有偏见教师是那些评分受偏见信息影响很大的教师，而无偏见教师则客观地评价学生的画。在早期的一项研究中，巴巴德及其同事（Babad et al., 1982）要求体育教师选择三名他们期待较高的学生（高期待学生）和三名期待较低的学生（低期待学生）。

　　研究人员又随机从每个班级中抽取了两名学生，并告诉他们的教师这些学生在

---

① 高认知水平（High Cognitive Levels）指的是涉及复杂思维过程的思维活动，而不仅仅是记忆或简单理解。这类思维活动包括分析、综合、评估和创造等认知过程。在教学中，高认知水平的互动旨在培养学生的批判性思维、解决问题的能力以及创造性思维。
② 低认知水平（Low Cognitive Levels）指的是涉及简单、基础的思维活动，通常涉及对信息的记忆和简单理解，而不涉及更深层次的思考和分析。这种水平的思维活动往往是表面性的，没有深入挖掘问题或概念的内涵和意义。

体育项目上有很大的潜力。然后，研究人员要求教师教授一堂课，并对学生进行测评。研究人员发现，有偏见教师与不同组别的学生进行了差异化互动，而无偏见教师则没有。有偏见教师对低期待学生的批评远远多于其他两组学生，他们对高期待学生和被认为有潜力的学生的表扬远远多于对低期待组的表扬。无偏见教师则平均分配了他们的反馈。在测试中，有偏见教师的低期待学生表现不如其他学生。

巴巴德是世界知名的非言语行为专家，他一直认为教师传达期待的方式多是通过非言语行为而不是口头表达，而学生也能够理解教师的非言语行为和言语信息之间的差异，并将其描述为"泄密"。正如他认为的，教师和普通人或许可以控制自己的言语，却无法轻易控制自己的"情感"。教师的情绪往往通过非言语行为表现出来。说出来的话和通过非言语行为传递出来的情绪之间的差异导致了情感泄密——我们的真实情感会通过非言语方式外露出来（Babad，2009）。

他在一系列研究中向学生评委展示了关于有偏见教师和无偏见教师的十秒视频，要求他们据此进行评估。在每项研究中，要么教师的说话音量都被调低了，使人无法听到，要么由不讲希伯来语的评委对讲希伯来语的教师进行评估。评委并不认识他们被要求评估的教师。在所有情况下，视频中只出现教师，因此评委也看不到与之交谈或被谈论的学生。

在第一项研究（Babad et al.，1989a）中，研究人员分别拍摄了有偏见教师和无偏见教师，这些教师之前已经用本章开头所述的方法评价了绘画的学生。大学生评委首先对教师在十秒内说话的文字记录进行评分，然后是教师的面部，最后是教师的身体。这是第一项确定教师"泄密"的研究，它显示有偏见教师通过非言语方式对学生表现出更多的敌意、愤怒、紧张和僵化；无偏见教师则没有显示出"泄密"效应，他们没有对学生表现出任何愤怒，因此不需要试图掩饰。

在第二项研究（Babad et al.，1989b）中，研究人员拍摄了有偏见教师和无偏见教师如何谈论一名高期待学生或低期待学生以及他们教授这些学生如何选择课程的过程。同样，大学生评委评估了教师的行为。在谈论低期待学生时，无论是有偏见教师还是无偏见教师，他们的非言语行为都更为负面，且在与这些学生互动时也是如此。与高期待学生相比，两组教师对低期待学生表现出更少的热情。巴巴德因此得出结论：即使教师在与低期待学生合作时试图隐藏自己的感受，这些感受也会泄露出来。

接下来的两项研究（Babad et al.，1991；Babad and Taylor，1992）的对象是10

岁的学生，因为巴巴德想知道年幼的学生是否能够识别教师的情绪表达。其中一项研究的学生评委来自以色列，因为视频的声音被调得很低，这些学生评委必须依靠视频中的非言语行为来做出判断。另一项研究中，10 岁的学生评委来自新西兰，他们不懂希伯来语，因此视频的声音被保留。学生评委被要求猜测教师正在与谁谈话，他们谈论的学生（视频中看不到）是优等生还是后进生，以及教师是否喜欢该学生。在这些研究中，与成人评委相比，学生评委的效果更明显。当教师在与高期待学生谈话或谈论高期待学生时，学生评委很容易猜到被隐藏的学生是一个学习成绩较好、受教师喜欢的学生；而当被隐藏的学生是一个低期待学生时，学生评委也很容易猜到这个学生不受教师喜欢，是一个后进生。

巴巴德等人（Babad et al.，2003）还进行了一项类似的研究，他们让中学生做独立评委，将学生不认识且不会说希伯来语的教师作为评分对象，对其在授课时的非言语行为进行评分，评定其友好、称职和有趣程度（所用量表包括九个等级，其中 1 表示最低，9 表示最高）。同样，学生评委只观看了教师的简短视频。这些评分随后与参评教师所教的学生对他们的年终评价进行了比较。学生评委对教师管教学生或控制课堂的评价越积极，教师所教的学生对其教师的支持和公正评价就越高。在同一项研究中，学生评价了他们的教师在对高期待学生和低期待学生提供学习和情感支持方面的差异程度，结果显示，教师越是偏爱成绩好的学生，他们的学生给他们的评价就越低。

该研究清楚地表明，学生很容易察觉到教师的偏袒，而且他们并不喜欢这种偏袒。在描述教师是否区别对待高期待学生和低期待学生时，学生的洞察力是非常敏锐的。许多教师认为他们与学生公平互动，而且他们经常会对自己的口头表达加以控制。但要控制非言语方式就不那么容易了，而学生往往能察觉到以非言语方式传递的信息。巴巴德（Babad，2009）提出了一个有趣的观点：那些声称自己能够控制肢体语言和面部表情的教师，恰恰是最无法做到这一点的。但是教师可以学会控制自己的非言语行为，这对于有些教师来说并不难。有一个方法可以做到这一点，那就是教师允许自己的课被录制成教学视频，哪怕只是短视频。如果担心被他人评判，教师可以选择私下观看，然后把声音调小，这样就能发现他们是否确实在向他们期待更多和期待更少的学生传达不同的信息。这样的分析可以长期进行，以便教师监测自己的变化过程；教师也可以选择一个师生相互信任的环境，彼此之间提供反馈。

四、高区别对待教师和低区别对待教师

韦恩斯坦（Weinstein，2002）在其著作中这样描述："我们如何理解教师期待，这需要考虑到课堂、学校和社区的生态框架。"她与学生密切合作，从言语和非言语行为中识别学生如何理解以及从何处了解教师期待，并强调理解学生在不同课堂中的经历时，必须考虑学生的视角。她还强调环境背景的相互依存关系，并指出教师的期待效应源于教师信念和教学实践，这种效应与学生的自我信念以及教师评价相关。与同龄人相比，有些学生更容易受到教师期待的影响。教师的不同信念以及由其信念产生的教师行为，为学生创造了截然不同的学习环境。在一些课堂上，教师期待与学生成绩有着十分密切的关联，而在另一些课堂上，两者关联度却不高。

韦恩斯坦（Weinstein，2002）认为，这种课堂环境中的关联或非关联使学生更容易或更不容易受到教师期待效应的影响。此外，学生对教师期待的反应需要考虑到他们以前对教师期待的体验以及他们的学习轨迹——因此，在理解与教师期待效应相关的生态过程中，时间是一个需要进一步考量的因素。在任何生态框架中，都需要考虑到期待效应如何在不同的教学环境中传递。同样，如果一位教师和另一位教师对待学生的方式相似，那么，考虑期待效应随时间推移而复合的方式，对于理解期待过程也是非常重要的。前面提到的里斯特（Rist，1970）的研究就是教师期待效应复合化的一个例子，在这项研究中，学生刚入学时的分组对他们未来的成绩产生了持久的复合效应。

韦恩斯坦发现，有些教师在与高期待学生、低期待学生互动和对待他们的方式上会有所区别，而有些教师则不会，他们分别被称为高区别对待教师和低区别对待教师。高区别对待教师会扩大学生之间的差异，而低区别对待教师则会尽量缩小学生之间的差异。韦恩斯坦及其同事进行了多项研究，确定了这两类教师对待学生的不同方式以及学生对教师区别对待的回应（Weinstein and Middlestadt，1979；Weinstein et al.，1982；Weinstein，1986，1989，1993，2002；Kuklinski and Weinstein，2000；McKown and Weinstein，2008）。研究表明，这两类教师的不同信念会调节期待效应，导致学生取得不同的成绩。高区别对待教师所教的学生会察觉一些自己受到的不同待遇。正如第三章所述，他们会捕捉到教师非常细微的区别对待，详细地描述公开事件的细节，并提供教师在课堂中的"位置"信息。在这些描述中，关于

高区别对待教师的较多，关于低区别对待教师的较少。

韦恩斯坦（Weinstein，2002）提出了"期待交流"的新兴模式，它涉及六个关键领域，借此可以区分高区别对待教师和低区别对待教师的信念和做法。这六个领域是：学生分组、决定教什么、智力观、提高学习动机、教师的角色和学生的责任以及课堂气氛。她提出，教师在课堂教学上做的选择会从三个主要方面影响教与学的环境。首先，教师在这些关键领域做的选择会给特定学生群体带来不同的学习体验；其次，教师可以利用掌握的学生信息，扩大或缩小自己心目中的能力差异；最后，教师在这六个领域做的选择可以影响整个班级，增加或减少班级学生学习和取得良好成绩的机会。韦恩斯坦通过对假想的高区别对待教师和低区别对待教师的描述，说明了教师影响教学环境的方式。以下描述的有关高区别对待教师和低区别对待教师的行为均来自她的著作，也是她在多次研究后得出的一致结论。

（一）学生分组

高区别对待教师按数学、阅读和写作等课程领域将学生分成不同的能力小组，并让学生在这些小组中就座。该教师经常提到高能力组和低能力组，并认为学生是否在高能力组是他们的责任。有时，她如果认为学生在较高能力的小组中会感到压力，就会让学生留在较低能力的小组。学生需要跟上自己所在小组的进度，教师经常威胁学生说，如果他们不努力学习，就会被降到下一个组别。

低区别对待教师采用各种方式对学生进行分组。尽管该教师承认，有时她会采用能力分组的方式对学生开展教学，但学生被安排在混合能力小组中，就像一个"家庭"，他们应该相互支持、相互学习。然而，阅读和数学的教学分组是灵活的，学生经常更换小组。低区别对待教师对学生的学习负责。该教师经常给全班授课，并与"家庭"小组合作，但她没有提及学生的能力。

（二）决定教什么：教材和活动

也许这么说不足为奇，高区别对待教师教给高期待学生和低期待学生的概念完全不同，教学的方式也大相径庭。她确保为成绩好的学生提供额外的、只有他们才能完成的、具有挑战性的活动，这样他们就不会感到无聊。

与此相反，她认为低期待学生要想学好，就需要在几天内不断重复做同样的作业。学生的所有活动都被描述为作业，即使是艺术活动，而且大多数任务都需要运用聚合性思维而不是发散性思维。高区别对待教师还强调作业的完成度、课堂的程序化和学生的服从性。相比之下，低区别对待教师则给全班学生使用相似的材料和任务。成绩好的学生被鼓励做出选择，为自己的学习负责，同时也被期待帮助他人。低区别对待教师认为，成绩欠佳的学生学不好的一个原因是他们的学习动机较弱。因此，她的目标之一就是提高他们的学习动机，使他们更加自律。这位教师还经常引入需要运用发散性思维的任务，为学生提供了更多的参与和合作的机会，并推动了学生的成功。该教师希望所有学生都能完成高质量的作业，在这类班级里，学生活动的主要目的是学习。她也强调，学习虽然具有挑战性，但也充满乐趣。

（三）智力观：评价学生

这位高区别对待教师对自己的班级提出了一些想法，她认为智力是固定的、与生俱来的能力，是几乎无法改变的。这也意味着该教师认为她班级里学生的智力水平呈抛物线状分布，即绝大多数学生的智力处于中间水平，智力偏低或偏高的学生都占少数。对智力的这种认知解释了为什么该教师认为她没有什么能力改变学生的成绩，也解释了为什么她认为学习的责任在于学生——她没有什么办法改变学生的学习轨迹。

另一方面，低区别对待教师表达了智力渐进的观念。她认为所有学生都能学会教学内容，成绩欠佳的学生会随着学习动机的明确而不断进步。这位教师将犯错视为学习机会，并将学生的错误作为教学契机，即当学生出错时，她会重新教学或进一步解释概念，以帮助学生理解。她认为，学生成绩的差异主要与学生的努力程度有关，因此她注重提高学生的学习动机。

（四）提高学习动机

高区别对待教师认为学生希望取得好成绩，以获得在同学心目中的地位。换句话说，她强调成绩目标，即学生希望比同学做得更好。她还为表现出色的学生提供了一系列外在奖励，学生会因成绩优异而获得个人积分和证书。总之，她在课堂上培养了一种以成绩为基础的竞争文化。

低区别对待教师激励学生的方式则截然不同。她强调技能培养和学生从接受挑战并成功中获得的满足感。此外，通过鼓励学生合作，她还培养了学生的内在动机。虽然她的学生也可以获得个人积分，但重点是小组成员互相帮助、共同努力。座位安排也定期更换，这促进了全班的合作，并为所有学生提供了加入更好的学习小组的机会。

（五）教师的角色和学生的责任

高区别对待教师掌控着全班。学生的确有一些有限的选择，但他们还是很依赖教师。当学生在活动中需要帮助时，教师希望他们直接求助，而不是互相询问。这意味着她在参与小组讨论时经常会被打断。高区别对待教师对所有学生在做什么以及如何做都保持着严格的监督。

低区别对待教师为学生提供了一个有益的环境，她鼓励学生互相帮助。在与谁合作、如何完成活动以及选择参与哪些活动方面，学生都有选择权。学生的自主性得到了培养，因此学生自身对学习承担了相当大的责任，教师鼓励学生自我评价或生生互评，还鼓励学生参与班级环境的管理。例如，他们可以选择如何组建自己的小组，每个小组负责清洁和维护教室的一个区域。

（六）课堂气氛

高区别对待教师所教班级的竞争氛围意味着学生在学业上经常被比较。她并不排斥辱骂和威胁学生，如果他们不能跟上其他同学的步伐，教师就把他们降到较低能力的小组。她似乎不会训诫互相侮辱的学生，但经常利用家长来威胁学生。例如，如果他们不听话，教师就会联系家长。总之，这个班级的课堂气氛消极而紧张。

低区别对待教师的课堂气氛则截然不同。该教师注重在班级中营造一种集体感，包括教师在内的每个人都相互尊重、相互支持。教师用幽默的语言吸引学生，课堂充满了乐趣。她相信学生会认真完成任务，并在课堂上履行自己的职责。教师还鼓励家长参与课堂教学，因此家长被视为学生学习的积极支持者。低区别对待教师与学生的合作非常积极，课堂气氛轻松而充满关爱。

高区别对待教师和低区别对待教师之间的比较说明了教师的信念如何影响课堂上的教与学，还说明了教师的信念如何在影响班级环境、师生关系和生生关系方面发挥更广泛的作用。尽管这两类教师在学年初对同一学生的评价可能相似，但他们截然不同的信念却大大调节了期待效应。因此，在这两类班级中，学生的成绩进步可能会有很大差异。在高区别对待教师的班级中，学生成绩的差距可能会在一年内扩大；而在低区别对待教师的班级中，高期待学生和低期待学生之间的差距很可能会缩小。

五、教师差异的考量

巴巴德和韦恩斯坦的研究都指出，教师在教师信念、教学实践和期待方面存在个体差异。由于教师的个体差异会被掩盖，在对大量教师进行期待效应的研究时，使用平均值是不恰当的。有些班级的期待效应要比其他班级强得多，因此，在研究教师的期待效应时，必须考虑具体的情境。例如，麦考恩和韦恩斯坦的研究（McKown and Weinstein，2008）发现，在高区别对待教师的班级中，教师期待的平均效应值 $d=0.29$，这意味着教师期待扩大了该班两大学生群体（白人学生和亚裔美国学生；非裔美国学生和拉丁裔美国学生）之间的成绩差距，这些学生在学年初的成绩是相近的。相比之下，在低区别对待教师的班级中，教师期待对学生学年末成绩的平均效应值 $d=-0.0003$，这意味着教师期待对学生之间的成绩差距基本没有影响。

因此，在研究教师的期待效应时，考虑教师的差异很重要。否则，在汇总所有教师的数据时，就会发现教师期待对学生成绩的影响很小，而在某些班级中，教师期待对学生成绩的影响却非常明显。此外，巴巴德和韦恩斯坦的研究表明，对某些学生和某些班级而言，教师期待效应可能会有所变化，这取决于学生所处的环境。因此，研究人员在考虑教师期待效应时，必须采用生态学方法，而不是单纯使用这一研究领域中常见的方法。

在本书的第一部分（第一至第四章），我介绍了教师期待领域的研究情况，并讨论了教师期待过程中的不同环节（从期待到中介过程，再到学生成绩）。第一部分提供了一个纲领，第二部分则展示我的研究是如何在此基础上开展的。因此，在第二部分，我将介绍我的研究内容，并说明我的研究是如何为教师期待领域做出贡献的。其中，第五章和第六章将结合高期待教师与低期待教师的信念和实践介绍我的研究，第七章介绍的是我最近主持的一个大规模教师期待干预项目，以及该项目第一年的部分研究成果。

第二部分

高期待教师与低期待教师

第五章　高期待教师与低期待教师概述

多年来对教师期待和教师期待效应的研究表明，期待确实存在于常规课堂情境中，并能影响学生的表现和成绩（McKown and Weinstein，2008；Hinnant et al.，2009；Mistry et al.，2009）。这种期待可能通过教师给学生提供的学习机会、营造的情感氛围、课堂上的互动内容以及课堂情境得到体现。在同一课堂情境中，不同的学生存在不同的学习经历。在不同的课堂情境中，学生的经历也存在差异，这些差异可能导致不同的学习效果。

布罗菲（Brophy，1982）认为，教师期待可能使学生成绩提高或降低约5%。他还强调，尽管这种影响可能看起来很小，但经过长年累积，教师期待对学生成绩的影响会变得明显。布拉奇福德等人（Blatchford et al.，1989）发现，在英国，教师期待对学生成绩的影响更大。他们发现，在学校教育的前三年中，教师期待与学生的学年末数学和阅读成绩之间存在强相关，其中阅读课程在一年级开始开设，该课程内容包含阅读和写作。教师根据学生学年初的入学成绩来预测其学年末的成绩，研究发现教师期待对学生学年末成绩的影响（效应值 d）在中等至较大程度。例如，在第一学年的研究中，教师期待对数学成绩的效应值为 0.4，对阅读和写作成绩的效应值为 0.6；进入第二学年，教师期待对数学成绩的效应值提升至 0.7，对阅读成绩的效应值降为 0.4；到了第三学年，对数学成绩的效应值为 0.5，而对阅读成绩的效应值提升至 0.8。布拉奇福德等人（Blatchford et al.，1989）对 300 多名儿童进行了长达三年（从上幼儿园的第一年到第三年）的跟踪研究。该研究发现，教师期待和课程覆盖率（即学生获得的学习机会）是影响学生进步的两个主要因素。他们的研究表明，即使控制了课程覆盖率，教师期待在这三年里对学生的数学和阅读成绩的综合效应值均为 0.9。哈蒂（Hattie，2009）整合了 674 项研究和 784 项效应研究进行元分析，发现教师期待对学生成绩的效应值为 0.43。然而，正如我在前章所述，有研究发现，相较于不区别对待学生的教师，那些在教学方式和学生互动中明显区别对待高期待学生和低期待学生的教师，可能会对学生产生更大的期待效应（Brophy and Good，1974；Babad et al.，1982；Brattesani et al.，1984）。

一、对班级的期待

除了教师对学生个人的期待外，我还发现教师对班级有整体的期待，即对班级的期待。这些期待可能与教师对单个学生的期待相互关联，但它们也可能是相对独立的。我发现，正如布罗菲（Brophy，1982）预测的那样，教师对班级的期待可能比教师对学生个人的期待更显著（Rubie-Davies，2007；Rubie-Davies et al.，2007）。我在本章探讨班级期待如何影响学生的学习、自我感知，以及教师对学生的态度。

班级期待之所以重要，是因为它会形成教师对特定班级成绩的标准化期待。这种期待可能会影响教师给学生提供的学习机会。例如，它可能会影响教师呈现的学习任务类型，以及教师在介绍新概念之前所能接受的学生的完成水平和质量。在某些情境下，教师期待可能会受到他们对学生的信念的影响。有研究发现，教师基于对某些群体的刻板印象而形成的期待，反过来会影响他们给这些学生提供的学习机会（Pellegrini and Blatchford，2000）。如前文所述，大量研究发现，在社会经济水平较低的地区（Solomon et al.，1996；Timperley and Robinson，2001）以及少数族裔学生就读的低收入学校（Ennis，1998；Taylor et al.，2001；Timperley and Robinson，2001），教师对班级的整体期待普遍较低。有研究发现，如果教师对学生在学习上的期待较低，他们可能很少向全班同学提供对认知要求高的学习体验，而会选择设定较低的学习任务标准，并且可能花大量时间强化和重复学生已掌握并理解的概念（Ennis，1998）。

埃尼斯（Ennis，1995）描述了她在美国城市学校的课堂中观察到的低教师期待的影响。她认为，教师对学生的期待创造了一种可以严格监督学生行为的课堂环境。在这种课堂中，学生获得的自主空间有限，很少被分配对认知要求高的任务，与同学合作的机会也很有限。这些城市学校的教师坚持"赤字理论",将学生的学习成绩欠佳归咎于其家庭背景不好。由于教师认为自己难以改变学生的家庭背景因素,他们在教学上的自我效能感随之逐渐降低,也因此更加不情愿推行能够促进学生学习的创新课程。

在第二章中,我介绍了新西兰一所社会经济水平较低的学校三年级学生成绩欠佳的原因,这似乎与教师对学生入学时的知识水平存在误解有关。廷珀利及其同事(Timperley and Robinson,2001;Timperley and Wiseman,2002)借助详尽的数据对教师的信念和期待提出了疑问,并跟进了教师的专业发展,展示了如何为学生提供不同的学习机会。结果显示,教师期待发生了积极的变化,学生的学习也随之得到了改善。这些研究表明:当教师对学生的学习抱有更高的期待时,他们对班级的态度、信念和教学实践也发生了相应的转变,变得和所谓的高期待教师一样会在课堂上采取相应的教学实践。

古德和韦恩斯坦(Good and Weinstein,1986)观察到,尽管没有直接证据,但是教师对整个班级的低期待在几个方面表现得格外突出。他们在观察一位教师与能力不同的学生互动时,对这位低期待教师的表现感到震惊。这是一个单调且缺乏活力的课堂,这位教师过分强调规则和程序,教学节奏极其缓慢,与学生的互动交流几乎为零,学生显然感到极度无聊。这位教师还认为学生缺乏进步是由于他们自己能力不足。

因此,尽管有一些研究调查了教师对特定学生群体的期待以及在特定情况下教师对学生的低期待产生的影响,但关于高期待教师如何影响学生成绩的研究仍旧很少。库珀和古德(Cooper and Good,1983)的研究是个例外。此外,有关教师对班级抱有低期待的研究更多依据的是具体案例,而不是基于实证的数据(Timperley and Robinson,2001)。

事实上,布罗菲在约30年前就指出,"相比于对个别学生的区别对待,教师对班级的区别对待很可能是一种更普遍且更有力的调节方式,这种方式能影响学生成绩的自我实现预言效应"(Brophy,1985:309)。但从总体上看,很少有研究探讨这个问题:当教师对整个班级抱有统一期待时,这种期待如何影响学生的成绩?这可能是因为以班级为单位的学生与教师在课堂上的互动时间,要多于单个学生与教师单独互动的时间(Pellegrini and Blatchford,2000)。

本章的主要目的是介绍我在一些研究中获得的证据，以对比以下两类学生的成绩：一类是教师对班级的高期待（即高期待教师）对学生成绩的影响，另一类是教师对班级的低期待（即低期待教师）对学生成绩的影响。此外，我还会介绍一项研究的详细情况，在这项研究中，我追踪了一年来高期待教师和低期待教师对学生自我感知的影响。在本章中，我还会介绍一项关于教师如何看待学生态度的调查，以及高期待教师和低期待教师在这些观念上的差异。我还提出，无论在大学还是小学阶段，教师都可能对班级有或高或低的期待，不过，我的大部分研究都基于小学阶段的群体。而且，如果在小学和大学课堂上都能找到高期待教师和低期待教师，那么我可以推测，在中学课堂上也很有可能存在这些教师。然而，这一论断还有待今后的研究来验证。

二、根据期待对教师分类的早期研究

布罗菲和古德（Brophy and Good，1974）从理论上将教师分为三类：积极主动型、被动反应型和过度反应型。这一分类取决于教师在形成和维持教师期待时不同的倾向。他们认为，积极主动型教师会形成自己对学生的看法，并以此选择较适宜的教学方法。他们还认为，这类教师最有可能对学生产生积极的期待效应，因为他们会制订活动计划，为所有学生提供最佳的学习体验。积极主动型教师还可能对学生抱有准确的期待，并根据学生的进步调整这些期待。他们不会因学生的行为而改变为学生设定的目标。

被动反应型教师占多数，他们通常也对学生抱有准确的期待，但容易根据学生的行为调整这些期待。另外，他们提出，被动反应型教师不太可能致力于缩小学生间的成绩差异，因此这类教师的期待效应往往是维持现状，即维持学生之间现有的成绩差异，而非产生自我实现预言效应。

最后一类是过度反应型教师，他们倾向于按照刻板印象对待学生，而非视其为独立的个体，因而形成僵化的期待。这类教师很可能会让自己的期待影响教学。他们不仅会对学生的行为做出反应，还会区别对待学生，扩大差异，从而在学生中产生自我实现预言效应，并可能对某些学生群体产生负面的期待效应。过度反应型教师可能会偏爱成绩优秀和表现良好的学生，而轻易放弃那些学习有困难或捣乱的学生。虽然布罗菲和古德提出了这三种教师类型，但是否真的存在，却未经过实证检验。因此，教师的这些特点在期待传递中发挥的作用仍不明确。

在第四章中，我介绍了巴巴德和韦恩斯坦的研究，他们都对特定类型的教师进行了研究。巴巴德研究了有偏见教师和无偏见教师，韦恩斯坦研究了高区别对待教师和低区别对待教师。这两位研究者都基于教师特定的信念对其进行分类，这些信念推动着教师的教学实践，并调节了期待效应。本章接下来将集中介绍我的研究，侧重探讨对整个班级抱有高期待和低期待的教师之间有何不同。

三、高期待教师与低期待教师

我将高期待教师和低期待教师简单地定义为分别对班级所有学生的成绩抱有高期待和低期待的教师。我特意使用了"高期待教师"和"低期待教师"这两个术语，因为我认为这样可以把重点放在教师身上，若称学生为"高期待学生"或"低期待学生"（见第三章），则会分散对教师的关注。在我早期的研究中，我提出的问题是"教师对所有学生的期待是高还是低"，而不是"学生认为教师对他们的期待是高还是低"，但我注意到该领域的其他研究经常提出后者这样的问题。在我看来，这个问题是一种"赤字理论"，即学生的某些方面让教师产生了一种特殊的期待。当然，我承认这是对一个复杂问题的简化表述；显然，正如我已经说明的那样，有些教师比其他教师更容易受学生因素的影响。此外，与学生互动等因素对教师信念来说显然也很重要。尽管如此，我认为"高期待教师"和"低期待教师"这两个术语是我工作的精髓。

（一）识别高期待教师和低期待教师的研究成果

为了识别高期待教师和低期待教师，我采用了一种基于班级平均教师期待的方法。教师被要求对班级的每一个学生进行期待打分，用7分制来表示他们期待该学生在学年末时与全国平均水平的差距。分数设置为1至7，其中1代表远低于平均水平，2为中等偏下，3为略低于平均水平，4为中等水平，5代表略高于平均水平，以此类推。在新西兰，学生每个学段的课程学习时间通常为两年，因此教师很清楚学生的水平。例如，五年级的学生在学年初的期待平均水平应在三级，五年级末和六年级初他们的水平大约达到三级半，在六年级结束时达到三级水平。

我将用高期待教师的实例来说明如何界定和衡量这类教师，读者可以以此反推低期待教师的特征。高期待教师是指那些对班级全体学生的平均成绩的期待远高于学生目前成绩的教师。这意味着教师对于该班级在学年末成绩的期待和对学年初成绩的期待存在显著差异。例如，如果一个班级的学生在学年初的成绩整体处于平均水平，而教师期待该班的平均成绩在学年结束时能略高于平均水平，那这位教师就是高期待教师。通常情况下，我们预期处于平均水平的学生会继续保持该水平。要改变学生的成绩轨迹，需要在一年内付出巨大的努力。也就是说，让所有学生从平均水平提高到哪怕略高于平均水平都是一个巨大的转变，而大多数高期待教师预期会有更大的转变。当然，在现实中，有些学生会从平均水平上升到略高于平均水平，有些学生会从略高于平均水平上升到中等偏上水平，还有些学生会从远低于平均水平上升到中等偏下水平，等等。问题的关键在于，这种成绩的变化幅度对于所有学生来说都是重大的。因为在大多数班级中，学生的成绩一般会在学年末达到与学年初相似的水平。有些学生的成绩会稍微变化，而大多数学生的成绩没有变化。所有学生的成绩都有较大变化的情况并不常见。因此，当教师对所有学生都抱有高期待，并让他们达到目标时，我认为这些教师就是高期待教师。

有人问我，平均期待过高是否意味着教师对某一群体（如成绩优秀的学生）的期待特别高，从而提高了班级的整体平均值。我的研究发现，情况并非如此。分析表明，当教师对班级的平均期待较高时，他们对所有学生的期待也较高。在微观层面上，当这个问题首次出现时，我曾坐在电脑前打开电子表格，逐个检查教师对每个学生的期待，以确认他们对所有学生的期待都很高。

图 5.1 反映了学生阅读成绩的变化。图中横轴显示的是班级层面的教师期待，纵轴显示的是每个班级学生阅读成绩提高的效应值。因此，该图代表了 6 位高期待教师所教班级的平均阅读成绩提高的效应值，我将这一数据和我的一项博士研究（Rubie，2004）中的数据进行了比较，后者的数据确认了 3 位低期待教师所教班级的平均阅读成绩提高的效应值。

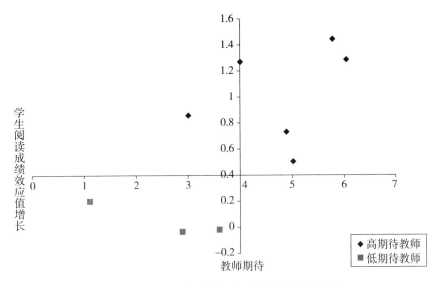

图 5.1　教师影响学生阅读成绩的效应值情况

　　如图 5.1 所示，高期待教师所教班级的学生进步显著，而低期待教师所教班级的学生进步微乎其微。根据哈蒂（Hattie，2009）的观点，0.4 的效应值是所有教育干预的平均效果，因此任何高于 0.4 的干预效果都值得考虑。在这种情况下，培养出更多的高期待教师似乎很值得考虑！

　　一位高期待教师对班级的期待是她所有的学生在学年末取得的成绩都将略低于平均水平，而事实上，图 5.1 表明这个班的学生取得了显著的进步，效应值为 0.86。值得注意的是，这个班级位于社会经济水平较低的地区，学生的学习成绩普遍欠佳。这个例子说明，班级期待的高低是相对于班级的初始成绩而言的。对于这个特殊的班级来说，期待学生在学年末取得的成绩达到略低于平均水平已经是一个非常高的期待。

　　图 5.1 展示了 9 位教师一年来的教师期待对学生阅读成绩的影响。他们从 24 位教师中挑选出来。我的研究还发现，大约四分之一的教师可以被归类为高期待教师，而大约八分之一的教师可以被归类为低期待教师（Rubie-Davies，2007；Rubie-Davies et al.，2012）。这意味着在大多数学校中，你都能找到这两种类型的教师。当然，也有可能在某些学校中，高期待教师的比例更高，而在其他学校中，低期待教师的比例较高。我的研究表明，考虑学校的具体情况很重要，尽管某些学校同时存在高期待教师和低期待教师，但是这些教师往往集中在不同的学校。然而，到目

前为止，我还没有足够大的教师样本来确定一所学校的高期待教师和低期待教师的比例是否与另一所学校的情况相似，因此这个实证问题仍待后续研究来进一步探索。

（二）高期待教师和低期待教师与学生自我感知的关系研究

我探究了高期待教师或低期待教师在与学生相处一年中对学生自我感知的影响（Rubie-Davies，2006）。例如，阅读方面的自我感知包括学生认为自己的表现如何、对阅读的重视程度以及他们认为阅读的难易程度。为此，我使用《自我描述问卷》（Marsh，1990）对学生进行了测量，该问卷包括阅读和数学的子量表。学生的回答分为5级，其中1代表"非常不同意"，5代表"非常同意"，以此类推。学生对教师期待的自我感知与他们认为教师期待自己做得多好有关。为此，我最初用了两个量表，分别是《老师认为我阅读能力强的量表》和《老师认为我数学能力强的量表》。每个量表均有8道题目，因此每个量表的总得分范围为8至40分。从图5.2中我们可以看出，在学年初，高期待教师和低期待教师班级的学生在阅读和数学方面的自我感知在统计学上没有显著差异，但到了学年末，两者之间的差异变得显著。这主要是因为低期待教师的学生在阅读和数学方面的自我感知都大幅下降。起初，他们与高期待教师班级的学生一样自信。但在一年的时间里，似乎发生了一

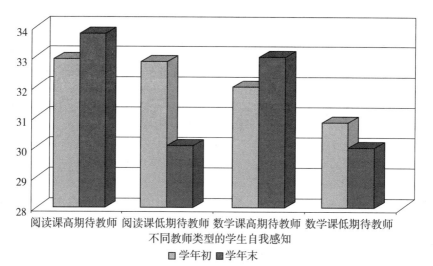

图 5.2　教师一年内对学生在阅读和数学方面的自我感知

些事情，使他们的自我感知出现了下降。学生对教师期待的看法也有类似的趋势。在学年初，学生对教师期待的自我感知没有差异（高期待教师和低期待教师班级的学生信念平均值 M 分别为 8.59 和 8.03）。但到了学年末，两者之间出现了显著差异（高期待教师和低期待教师班级的学生信念平均值 M 分别为 8.56 和 7.53）。可见，低期待教师班级的学生信念有所下降。但有趣的是，在学年初，低期待教师班级的学生似乎就察觉到教师对他们的期待不如高期待教师那样高，因为他们的自我感知在学年初就低于高期待教师的学生。到了学年末，这种感知差异进一步扩大。

这些发现表明，在一年的时间里，高期待教师的学生在学业上取得了显著进步，而低期待教师的学生进步较小。此外，高期待教师的学生在一年内保持了相当积极的态度，而低期待教师的学生则对自己产生更消极的看法。这究竟是为什么呢？显然，期待本身并不具有神奇的力量，是教师的所言所行造成了学生间的差异。这促使我进一步研究高期待教师和低期待教师，通过访谈了解他们的教学理念是否存在差异，我还花费数小时观察他们的课堂教学，以了解他们的教学实践与教学理念是否存在差异。下一章我将介绍这些访谈结果以及课堂观察的发现。

（三）高期待教师和低期待教师对学生特征的感知研究

我的研究特别关注高期待教师和低期待教师对学生特征的看法（Rubie-Davies，2010）。显然，高期待教师对学生的潜在成绩进步持非常积极的态度，因此，我认为这些教师可能在其他方面也对学生持有积极的信念。我改编了圣乔治（St George，1983）开发的量表，邀请教师评估学生在以下 15 个方面的表现：毅力、自主性、面对新任务的反应、学业兴趣、认知投入、课堂参与度、学习动机、自信、自尊、课堂行为表现、同伴关系、师生关系、家长对学校的态度、家庭环境和家庭作业完成情况。教师对所有学生的每项特征都按照 7 分制进行评分，与期待的评分一样，分值范围从 1（远低于平均水平）到 7（远高于平均水平）。我之所以将教师对学生特征的看法与学生成绩进行比较，是因为有研究发现，教师总体上倾向于将成绩欠佳与负面的学生特征挂钩，如学习动力不足（Weinstein，2002）、行为不良（Sorhagen，2013）和努力程度下降（Jussim，1989；Jussim and Eccles，1992；Jussim et al.，1996）。在研究中，我将每个学生的成绩换算成教师期待量表的 7 分制后发现，高期待教师对所有学生特征的评价普遍高于学生在阅读方面的初始成绩，而低期待教师对学生特征的评价有一半多低于学生的成绩，仅在学业兴趣、学习动机、课堂行为表现、师生关系和家庭作业完成情况等特征上的评分高于平均水平。此外，与低期待教师相比，高期待教师对所有学生的每项特征都给予了更积极的评价，且他们测量的每项学生特征均有显著性差异。

我还探究了教师对学生特征的感知是否与他们对学生的期待有关（Rubie-Davies，2010）。结果显示，高期待教师对班级的期待与他们对学生特征的看法之间存在中度或高度的正相关，即高期待教师不仅对所有学生抱有高期待，他们对学生特征也有非常积极的看法。低期待教师的情况则大相径庭，他们对班级的期待与对学生特征的看法之间存在较弱的负相关，相关系数 $r \leqslant -0.39$。低期待教师对学生的学业兴趣、学习动机、课堂行为表现、同伴关系、师生关系和家庭作业完成情况的评价比他们对学生在一年中的成绩进步的期待要更积极。比如，他们认为学生学习努力，这从学生的学业兴趣、学习动机和家庭作业完成情况可以看出；他们认为学生在课堂上表现良好，这从学生的课堂行为表现可以看出；他们认为学生与教师和同学关系融洽，这从同伴关系、师生关系的维度中体现出来。在学生成绩与教师对学生特征的看法之间也发现了类似的相关性。

同样，高期待教师对学生各项特征的感知和学生成绩之间均存在显著的正相关。然而，对低期待教师而言，仅发现学生成绩与教师感知的学生认知投入之间存在正相关。

这项研究揭示了高期待教师和低期待教师具有不同的特点。教师期待效应受到重要调节因素的影响。教师期待与对学生特征的看法之间存在着不同的关系，而这取决于教师是高期待教师还是低期待教师。有研究发现，高期待教师会对学生特征做出积极的评价，因为学生的积极态度往往与学业成功相关（Patrick et al.，2002）。当教师意识到学生的这些特征时，他们更有可能培养学生的积极态度和社会关系，从而提高学生的学习动机、投入度和学业成功的概率（Ryan and Patrick，2001）。在高期待教师的班级中，学生通过一年的学习，成绩进步显著，同时他们的自我感知也有所提升（Rubie-Davies，2006）。这种学业进步，可能是因为教师对学生特征的看法较积极，并对学生抱有很高的期待。

而在低期待教师的班级中，教师期待和教师感知的学生特征之间的关联较弱且多呈负相关。这表明低期待教师对学生成绩的期待与对学生特征的看法并不相同。

他们对学生的进步抱有低期待，但这并不意味着他们对学生特征持消极态度。实际上，学生可能会因此接收到混乱的信号：一方面，教师可能对学生的某些态度做出积极的反应；另一方面，他们对学生成绩的期待确实很消极。比如，虽然教师对学生的期待不高，但他们确实肯定了学生的努力、课堂的良好表现以及与他人融洽的相处。

这些数据显示，高期待教师对学生特征的看法绝大多数是积极的。他们对学生的学习态度、人际关系以及学生家庭的支持给予了肯定。诸多研究发现，教师的关爱对学生成绩有促进作用（Wentzel，1997，2009；Patrick et al.，2002；Pianta and Stuhlman，2004）。由此看来，高期待教师对学生的看法是乐观的，这反映了他们对学生的充分关爱和尊重。

另一方面，低期待教师对学生的成绩期待不高，但对学生的努力程度持积极态度，如他们对学生的学习兴趣、学习动机、课堂行为表现和家庭作业完成情况的评价。由此表明，虽然低期待教师对学生成绩期待较低，但他们仍然肯定了学生在学习上的努力。这说明低期待教师可能持有"智力天成观"。越来越多的研究发现，这种观点不利于学生的学习和成就（Dweck，2006；Dweck et al.，2004）。持有"智力天成观"的教师认为智力是固定的、与生俱来的，从而认为自己对学生的学习几乎没有影响，他们认为学生的学习成果是先天注定的。持有"智力增长观"的教师认为，只要给学生适当的支持和学习机会，所有学生都有学习的潜力（Dweck，1999）。

我前文提到，学生似乎非常清楚教师对他们的期待和态度，因为他们能提供具体的例子和关键事件来说明对教师信息的解读（Weinstein，1993）。因此，高期待教师班级中的学生可能会意识到教师不仅对他们的成绩期待高，对他们的课堂行为表现、学业兴趣和学习动机也有积极的看法。此外，这些教师认为学生的家庭背景有助于他们的学习。正如前文所述，高期待教师班级中的学生在一年内自我感知得到提升，一个可能的解释是他们持续从教师那里获得鼓励（Rubie-Davies，2006）。而低期待教师班级中的学生可能会察觉到来自教师的截然不同的信息，从而对他们的自我感知产生消极的影响。

总之，有证据表明，高期待教师和低期待教师是可以识别的，学生的成绩和自我感知会受到他们所在班级的影响。高期待教师对学生的态度和特征也持积极态度。这些都表明，研究教师期待时，我们应将注意力转移到教师的差异上，而非仅关注学生的差异。不同教师的态度会影响教学和社会心理环境，进而影响学生的成绩。因此，研究期待效应还需要考虑教师期待的情境因素。教师期待究竟意味着什么？与教师特点有关的问题，实质上是关于教育平等以及如何提升学生学习成效的重要争论。努力揭示高期待教师的特征，为学生带来积极的变化，是为了确保为所有学生提供高质量的教学。

（四）高等院校中的高期待教师和低期待教师研究

我的研究聚焦于探究小学教育中高期待教师和低期待教师的概念。据我所知，这项研究相对较新，还没有在中学环境中应用过。不过，我的一位博士生李政在两所中国大学中对这一理论进行了研究。她通过层级聚类分析，识别了大学外语课堂中的高期待教师和低期待教师。聚类分析是一种将具有共同数据特征的个体聚为一类的统计方法。李政研究中的聚类也是基于教师在班级层面上的期待的同质性。该研究在大学中进行，意味着参与研究的 50 名教师每人不止教一个班级。事实上，他们平均每人负责四个班。这项研究有一个特别有趣的发现，教师如果对自己教的某个班级（每班约 30 名学生）的所有学生抱有或高或低的班级期待，那么他们对所有其他班级的学生也抱有同样或高或低的班级期待。这表明，教师期待确实可被视为一个教师层面的变量。不管是在高期待教师还是低期待教师的班级，这些本科一年级学生入学考试（高考）的英语平均成绩分别为 116.84 分和 115.53 分（满分 150 分），均无显著差异。该研究采用 9 分制问卷收集数据，李政邀请教师填写所教学生在期末标准化考试（大学英语四级考试）中可能取得的成绩等级。这项测试学生取得的分数范围是 220—710 分，430 分代表及格分数。220—710 分被分为九个等级，等级一为低于 430 分（及格线），等级二为 430—450 分，等级三为 451—470 分……以此类推，等级九为 571 分以上。分析发现高期待教师和低期待教师对这些新生的英语成绩的期待平均值分别为 4.69 和 2.17。学年结束时，高期待教师班级的学生平均分（452.19 分）明显高于低期待教师班级的学生（428.21 分）。

李政还使用改编版的《大学课堂环境问卷》(the College and University Classroom Environment Inventory)(Nair and Fisher，1999，2000) 测量了学生对课堂氛围的看法。她发现，学生对师生关系、班级创新、班级凝聚力、任务导向、合作和自主性的看法在很大程度上调节了教师期待对学生日后成绩的影响。在高期待教师的班级中，学生与教师积极的关系、新颖的课堂教学方法、明确的任务导向都正向调节了教师期待对学生成绩的影响。在低期待教师的班级中，学生对班级凝聚力、合作性和自主性的看法负向调节了教师期待对学生成绩的影响。如我之前的研究结果（Rubie-Davies，2006），在这项研究中，教师期待似乎可以预测学生的社会心理信念。李政的研究还发现对教师期待产生积极调节作用（增强期待对学生成绩的影响）的因素是教师因素，而对教师期待产生消极调节作用的因素是学生因素。研究表明，在高期待教师的班级中，学生与教师关系融洽，他们似乎喜欢教师的课，认为教师的课有创新性、有条理，因此他们更倾向于接受教师的期待并取得好成绩。在低期待教师的班级中，学生可能会认可教师的期待，从而与同学建立更密切的关系，但与教师保持一定的距离。教师期待越低，学生越能感受到紧密的同学关系和合作，学生的学习自主性越强。这些社会心理信念调节了教师期待效应。换句话说，学生与同学的关系越积极，学习自主性越强，低期待教师对学生成绩的影响就越小。在高等教育阶段，学生对教师提供的学习机会的依赖减少，因此他们可以在一定程度上拥有学习的主动权。

教师对班级学生的整体期待差异是教师期待领域一个值得深入研究、有前景的新方向。它扩展了巴巴德和韦恩斯坦的研究，证明了教师的信念对教师期待效应的调节作用。此外，我和李政的研究都显示，当教师对所有学生的期待或高或低时，对班级整体的期待似乎会影响学生的成绩和社会心理信念。因此，在研究教师期待时，考虑课堂环境这一情境因素至关重要。令人振奋的是，在学校教育中，小学和大学阶段都能观察到类似的教师期待效应，这表明以教师为中心的期待效应可能存在于整个教育体系，包括中学阶段。尽管这一假设尚未得到实证检验，但所有的工作都为这一领域的未来研究铺平了道路。

在本章中，我重点探讨了高期待教师和低期待教师与学生成绩和自我感知之间的关系，以及这些教师对学生特征所持的态度。下一章我将深入探讨高期待教师和低期待教师，并特别关注与之相关的教师信念和教学实践。正是这些信念和实践构成了本章呈现的教师期待效应的潜在机制。

第六章　高期待教师与低期待教师的信念和实践 ^①

　　第五章表明，在班级范围内可以发现教师期待的存在，而且教师对班级的期待与学生的成绩之间似乎存在关联。教师对整个班级抱有高期待，他们的学生在成绩和社会心理发展方面较多取得积极的进步；教师对整个班级抱有低期待，他们的学生在成绩和社会心理发展方面较少取得积极的进步。然而，要使特定课堂产生不同的结果，那么一定有一些机制在某个班级对学生的成绩和社会心理发展产生了积极影响，而在另一个班级中的影响则不够积极。为了确定这些可能的机制，我采访了教师（Rubie-Davies，2008），并花时间观察了高期待教师和低期待教师的课堂（Rubie-Davies，2007）。在本章中，我会讨论这些访谈和观察得出的结果，这些发现与教师信念、教师教学实践和班级氛围有关。我还会对教师期待领域的干预研究进行综述，为下一章讨论我的干预研究奠定基础。

一、高期待教师和低期待教师的信念

　　对教师信念的研究有助于深入了解教师的教学实践，主要因为这些信念影响了教师对学生信息的编码和记忆方式，以及如何利用这些信息做出教学决策（Dusek，

---

① 本章的部分信息摘自文章：鲁比-戴维斯：《课堂互动：探索高期待教师和低期待教师的实践》，载《英国教育心理学》，2007（77）：289—306，经英国心理学会许可。

1985）。当教师对学生抱有特别的期待时，这些期待会引导他们根据自己的教学理念，提供他们认为合适的教学方法。因此，他们的教学理念将推动他们的教学决策。如前所述，当教师认为成绩欠佳的学生不具备高阶思维能力时，他们就会为成绩优秀和成绩欠佳的学生提供截然不同的学习体验（Arabsolghar and Elkins，2001；Zohar et al.，2001）。

教学计划是每个学生成功的基石，因为教师在安排学生学习机会时所做的计划和决策会直接影响到学生随后能接触到的学习体验。此外，教师信念通常会决定学生的学习机会，所以它们与学生成绩有重要关系。

事实上，教学计划是教师将其对于学习的信念和对学生抱有的期待转化为学习机会的起点。一种方法就是通过能力分组让教师可以计划和为学生提供不同的学习机会。任何形式的分组都有一个重要特点——导致为学生提供不同的学习机会。教师通常认为，如果他们选择按能力对学生分组，可以更有效地满足学生的需求，也可以保护成绩欠佳学生的自尊心。然而，有些研究人员认为，如果把成绩欠佳的学生分在一组，他们就会被公然贴上标签并被归为一类，反倒不会增强他们的自尊心（Oakes，1988；Gamoran，1992）。分组是一种为学生提供不同学习机会的有力手段，但也可能对成绩欠佳的学生造成伤害。还有研究发现，相比和同一成绩水平的学生（同质群体）相处，成绩一般的学生和不同成绩水平的学生（异质群体）相处更容易受益（Fuligni et al.，1995）。

接下来我将探讨与分组相关的教师信念。第五章识别了高期待教师和低期待教师，并围绕教师应该如何为成绩优秀和成绩欠佳的学生提供学习机会提出了一些问题。这些问题主要集中在教师如何帮助不同成绩水平的学生取得成功。具体包括：教师如何对学生进行分组教学；如何对待成绩优秀和成绩欠佳的学生；哪些策略对一个班级内成绩水平不等的学生更有效；教师如何促进学生参与并取得成功。

在计划访谈的前一周，受访教师就收到了采访日程表，以便他们对其中的问题深思熟虑后再回答。受访教师核对了所有访谈的转录内容，以确保准确无误。为了了解受访教师的共同观点，我最初通读了两遍转录内容，然后根据与共同主题相关的每组问题，对转录的定性数据进行了初步人工编码。下一步是对数据进行编码、聚类和汇总，筛选出基于研究目的的标准数据信息。基于代伊（Dey，1993）的分析流程，我研究了参与者的回答。该流程包括：生成一份包含核心观点、关键词、关键词组和逐字引述的清单；利用核心观点来分类，并将观点和引述归入合适的类别；检查每个类别的子主题内容；为各种观点筛选出常见且有用的引述和阐释。NVivo① 软件能够交叉检验初始编码的有效性，可将数据导入该软件。同时，一位同事对数据的一个子集随机编码，以便进一步检验结果的可靠性。将数据导入 NVivo 软件后，我可以在软件中进行模式检索，以检验某一组教师比另一组教师更频繁地使用哪些特定词汇或短语。例如，我通过模式检索发现，高期待教师提及了为成绩欠佳的学生提供具有"挑战性"和"鼓舞性"的活动，而低期待教师则根本没有提及这两种表达。将数据导入 NVivo 后，我还可以使用该软件搜索与我建立的主题相关的正反面证据。

教师访谈揭示了高期待教师和低期待教师之间一些有趣的差异，主要与分组以及为成绩优秀和成绩欠佳的学生提供的活动类型有关。高期待教师似乎更了解如何构建他们的课堂环境，尽力让成绩优秀和成绩欠佳的学生在学习过程中获得更一致的学习体验，从而最大限度缩小学生之间的差异。高期待教师还经常提及学生需要自己设定目标并努力实现它们，教师是实现这些目标的指导者和促进者。这可能是因为高期待教师让学生自主选择阅读和数学活动，因此，他们会为学生提供一定的学习自主权并赋予他们学习使命感。高期待教师认为成绩欠佳的学生不是能力不足，而是缺乏动力。他们认为所有学生都需要接受挑战并享受学习，因此实现这一目标的一种方法是他们让学生自己选择想参与的学习体验。高期待教师还认为，为学生提供一系列激励性的、有意义的活动可以激发他们的学习动机，确保他们参与学习过程。高期待教师还关注学生的兴趣，并将其融入现有的活动，从而确保学生在学习体验中动力十足且参与度高。相反，低期待教师会为每组学生单独设计学习体验，并认为有必要将学习过程分解成渐进的或可实现的步骤，以适应每组学生的情况。低期待教师似乎更多地控制学生接触到的学习机会，因此，他们会感到有更多的责任确保学习任务按照一种逐步推进、有条不紊的方式进行。可能鉴于教师需要对学生的学习体验做出决定，低期待教师还认为可以花更多时间在成绩欠佳的学生身上，让成绩优秀的学生独立学习。这与韦恩斯坦（Weinstein，2002）的研究结

---

① NVivo 是一款专业的质性数据分析软件，它能够帮助研究人员处理和分析非结构化数据，如文本、图片、音频和视频等。

果相同，其研究表明，成绩欠佳的学生受到教师密切关注且被教师指导的频率较高。总体而言，高期待教师似乎在教学中更能发挥促进作用，而低期待教师则更能发挥指导作用。

由于高期待教师能发挥更多的促进作用，他们比低期待教师更频繁地监督学生的进步情况也不足为奇。高期待教师不会为不同组别的学生安排特定的活动，而会从中仔细观察学生的表现，这很可能是因为他们给予学生自主权。他们还与学生一起设定个人目标，因此，学生进步很快（如第五章所述，他们取得的巨大进步就是有力证明），并且他们可以按照自己的节奏学习。低期待教师则在教学以及为每组学生分配不同任务方面表现得更显著。然而，由于学习机会受限，学生在个人进步上缺乏自主性。因此，相比于高期待教师，低期待教师对学生监督的频率较低，而且他们的监督方式包括同时对整个小组进行测试，以确定该组何时可以晋升到新的等级。这些班级里各个小组之间的转移很少见。

高期待教师和低期待教师的课堂差异还体现在班级氛围上。虽然我没有直接询问受访教师有关班级氛围的问题，但高期待教师的确有所提及，例如鼓励所有学生一起合作。根据接下来将要介绍的课堂观察，我得出一个结论：在高期待教师和低期待教师的课堂中，他们的班级气氛似乎非常不同。由于这部分发现来自访谈和课堂观察，这些不同值得在本章单列一节。第八章、第十章和第十二章还会详细介绍高期待教师和低期待教师在信念上的差异，并附有说明性的引文。在这些章节中，我将详细介绍高期待教师和低期待教师是如何将他们的信念付诸实践，以及在我看来他们做出这些选择的原因。我认为，高期待教师和低期待教师在以下三个方面存在差异：分组和设置学习活动；提高学生动机、参与度、自主性，促进教师评价与反馈；改善班级氛围。这些差异为第七章讨论干预研究奠定了基础。

我想从课堂观察中提出一些证据来说明高期待教师和低期待教师在教学实践中的差异。其中一些策略包含干预措施，这些策略是高期待教师的做法，但它们也是经过了充分研究并被证实有效的教学实践（Taylor et al.，2000；Hall and Harding，2003；Bohn et al.，2004；Topping and Ferguson，2005），因此，在进行干预研究期间，这些策略对教师指导学生学习具有重要意义。

二、高期待教师和低期待教师的教学实践

我在每个实验班级分别听了 6 节阅读课和 6 节数学课。课程前期，对学生的指导可能是教师花费时间最多的部分，所以我对每一次课的前 30 分钟进行了观察和编码。每个班级所有听课时间累计 6 个小时。观察的安排借鉴了邦德等人（Bond et al.，2000）的流程方法。经过培训，研究助理对每节课教师与学生的互动以及教师在课堂上所说的一切进行编码，这些研究助理并不知道哪些教师被识别为高期待教师或低期待教师，也不知道该研究的目的，我只告诉他们我感兴趣的是教师如何教授阅读和数学。每节课都有两名研究助理在场，其中一名负责编码，另一名负责录音并记录每节课发生的所有重要事情。我还转录了每位教师在每节课上说的话，这使我能够回顾每节课的编码，以确保每次互动都经过正确的编码。在正式观察之前，研究助理会利用未参与项目的教师的课堂视频来培训，所有师生互动的内容经过编码后，再与我的编码核对。出现分歧双方就展开讨论，最后要确保双方对培训视频的编码一致率达到大约 95%。在研究助理完成了他们所有的正式课堂观察后，他们的编码就会与我对转录内容的编码进行比较；双方的一致率仍然很高（超过 90%）。针对所有分歧，双方再次讨论，这样我就能理解为什么研究助理对某一特定互动的编码与我不同。观察表明，高期待教师和低期待教师在教学陈述、教师反馈、提问方式、学生行为管理和步骤性指导方面存在主要差异。

（一）教学陈述

总体而言，高期待教师在新知识教学方面的陈述远远多于低期待教师。这主要体现在如何引导学生上好课以及如何将新旧知识进行关联。例如，在一节阅读课上，一位高期待教师在引导学生集中注意力时说："这个故事叫《家常菜》，听到这个题目，你觉得它是关于什么的？"这样，教师可以了解学生已有的知识，同时也能让他们专注于当前的任务。教师花了大量时间向学生介绍故事，并确保学生理解他们将要阅读的书中涉及的知识。与此形成鲜明对比的是，在一节阅读课上，一位低期待教师在开场的时候说："这是今天的阅读篇目和练习册。你们去读一读，然后完成练习。"这本书是关于虎皮鹦鹉的，书名就是《虎皮鹦鹉》，有几个学生显然看不懂书名，也不知道虎皮鹦鹉是什么，这可能导致他们在学习课文时感到很

吃力。

　　高期待教师通常会将新旧知识联系起来。例如，他们会说："还记得我们前几天学习的对称和旋转吗？"教师继续讨论了学生之前学到的与主题相关的知识，然后引入一个与对称有关的新知识。诸如此类的做法已经得到相关文献的肯定（Berliner，2004；Topping and Ferguson，2005），它们一般来自专业教师的教学实践。此类教学陈述会为学生提供一个学习框架，将新知识与之联系起来。高期待教师会花时间引导学生了解本节课的主题，并将其与之前的课程和学生已有的知识联系起来。研究发现，这些做法可以提高学生学习新知识的效率（Berliner，2004；Topping and Ferguson，2005；Wray et al.，2000）。低期待教师没有采取这些做法，也较少使用这些教学陈述。高期待教师则为学生提供了此类学习支持，在学生开始学习活动前，高期待教师会确保学生准确理解将要介绍的知识。由于低期待教师的教学陈述少得多，所以他们的学生在学习上获得的支持很有限。

（二）教师反馈

　　高期待教师向学生提供的反馈也比低期待教师多。此外，低期待教师给予的反馈要么是"干得好"之类的表扬，要么是批评。例如，教师会对没有认真听讲的学生说："瞧，你的注意力不在这儿，你根本没在听讲。"或者说："不行，你不能这样，你必须现在搞清楚。"高期待教师通常会向学生提供反馈以强化他们的学习效果。例如，他们会说："你做得好，这是一个相当长的故事，但你听得很认真，已经弄明白了'一个傻瓜'可能是什么样子。"他们也会说："他说'尖叫'这个词的方式很可爱，听起来他就像在尖叫但没有大声喊叫。"同样，高期待教师的反馈可以为学生提供学习指导。例如，他们会说："很不错的加法算术，我喜欢你把所有数字都排成一整行，这样就不会把十位和百位弄混了。"如此，高期待教师的学生会定期获得教师的反馈，了解自己已取得的成绩，随后他们需要为获得新技能做准备，或去提高已经取得的成绩。对这些学生而言，这可能会产生各种影响：学生会意识到他们正在取得进步，并了解下一步应该学习什么。可以进一步推论：学生为自己设定的是任务目标，而不是成绩目标，因此，他们更关注自己的学习，而不是与其他人比较成绩。来自其他领域的研究人员也有类似的发现。哈蒂（Hattie，2003a）发现，反馈是教师为改善学生学习采取的最重要的教学方法，其效应值

$d=0.73$。其他研究（Bohn et al., 2004；Topping and Ferguson, 2005）也证实了教师反馈是一种促进学生进步的重要工具。

（三）提问方式

高期待教师向学生提问远远多于低期待教师，且更多地提出开放式问题。我将开放式问题定义为没有正确或错误答案的问题，此类问题旨在发散或提高学生的思维，促进他们更深入的思考。相比之下，封闭式问题通常以事实为基础。事实上，所有低期待教师提出的问题都是这样，例如"什么是银河"和"求面积的公式是什么"。相比之下，高期待教师更可能提出开放式问题，例如"你觉得老太太为什么提前离开生日派对"和"你认为接下来的章节里两兄弟可能会发生什么事"。

由于低期待教师很少提问，他们的学生在课堂上也就很少有机会回忆信息或思考课堂内容以外的信息。高期待教师为了测试学生的理解水平，有时也会提出封闭式问题，但他们会经常要求学生进行推理，鼓励学生思考已学知识以外的信息。例如："告诉我这个图的对称轴在哪里？"因此，与低期待教师的班级相比，高期待教师的班级更能培养学生提问、讨论和整合信息的能力。教师期待领域的研究一般没有对教师的提问进行如此深入的分析，但一些研究已经发现，教师更多地使用开放式问题是为了提高学生的认知水平（Taylor et al., 2000；NICHD Early Child Care Research Network, 2005；Topping and Ferguson, 2005）。

我还对学生回答问题后教师的做法很感兴趣。比如，大多数情况下，学生给出了正确的回答。在这些情况下，高期待教师比低期待教师更有可能表扬学生。高期待教师还经常追问学生，这往往会促使学生深入思考自己的回答。例如："你为什么这么说？故事中有哪些线索？"另外，高期待教师也会对学生思考后的回答给予反馈。例如："回答得非常好，你显然仔细思考了农夫为什么要砍他的树。"相反，当学生回答错误或无法回答低期待教师的问题时，教师通常会简单地告知正确答案，或立即转问另一个学生，以此打发前一个提问的学生。例如："不，这是错的。这位同学，你能回答吗？这个数字是什么？"因此，和高期待教师的做法不同，低期待教师未能为学生提供课堂上的学习支持。

（四）学生行为管理

　　教师就学生行为管理所做的陈述被编码为预防性陈述和反应性陈述。预防性陈述能防止学生不良行为的发生，而反应性陈述则是教师对学生现有行为的反应。不管哪种情况，陈述既可以是积极的，也可以是消极的。总体而言，高期待教师比低期待教师更倾向于使用预防性陈述而不是反应性陈述来管理学生的行为，而且他们在管理学生行为方面也比低期待教师表现得更积极。然而，两组教师在管理学生行为方面的消极陈述比例相近。高期待教师的积极预防性陈述有："那边安静下来的女生真可爱，这边坐下来的男生也很棒！"教师说完，学生立即坐回了自己的位置。然后教师接着说："我要看看谁是最棒的小组。"然而，低期待教师的消极预防性陈述是："你们如果再吵，午餐时间就待在教室。"这又不同于以下反应性陈述的例子。当几个学生吵闹时，高期待教师的积极反应性陈述是："还记得你们在红桌子那儿是多么安静吗？你们那时候的表现真好！"但是高期待教师的消极反应性陈述是："我真的一点儿也不满意！"而低期待教师的消极反应性陈述则是："好吧，你中午没饭吃了。"以往研究发现，高效教师比低效教师更常使用积极的方法来管理学生的行为（Bohn et al.，2004；NICHD Early Child Care Research Network，2005；Topping and Ferguson，2005）。在我的研究中，高期待教师的学生比低期待教师的学生更有可能处在更积极的课堂环境中。即使课堂上出现了扰乱课堂秩序的行为，高期待教师也更可能做出积极的反应，而不是对学生发表消极的言论。低期待教师则不然，由于他们对其认为不合适的学生行为会做出更多消极回应而非积极回应，他们的学生会处于一个更消极的课堂环境中。在第十章中，我将深入讨论积极和消极的课堂管理可能对班级氛围造成的影响。

（五）步骤性指导

　　低期待教师比高期待教师使用更多的步骤性指导。有文献指出，高效教师会在学年初就制定明确的班级常规，然后学生会自觉地遵守这些常规，而无须教师提醒（Berliner，2004；Bohn et al.，2004；Topping and Ferguson，2005）。尽管观察研究是在学年的后半段，低期待教师仍然在不断提醒学生注意遵守常规。例如，"我在找举手的学生"和"做完数学作业后别忘了画一条横线表示作业已经完成"。另一个发现是，整体上低期待教师在课堂上的步骤性陈述多于他们自己的教学陈述，而高期待教师的情况并非如此。布罗菲和古德（Brophy and Good，1986）的研究表明，低效教师比高效教师在组织学生方面会花更多的课堂时间。

总之，高期待教师和低期待教师的教学方式截然不同，这也许是高期待教师的学生在一年的学习中取得巨大进步的原因之一。然而，从上述例子中可以看出，影响教学的一个重要因素在于，相比低期待教师，高期待教师在课堂上营造的社会心理环境更积极且更具有关怀性。访谈和课堂观察都表明高期待教师非常重视营造积极的课堂环境。在本章的下一部分，我整合教师访谈和课堂观察的数据来探讨高期待教师和低期待教师在班级氛围上的差异。

三、高期待教师和低期待教师的班级氛围

相比大量有关课堂教学环境的文献，有关社会心理环境的文献要少得多，研究也不够完善。在教师期待的研究领域中，甚至很少有研究人员调查教师期待与班级氛围之间的联系（Babad and Weinstein，2009）。这很可能是因为教师期待的研究重点一直是教师对个别学生的期待以及与学生的互动，而不是探索教师的差异可能导致不同的班级氛围。我用社会心理环境来表示班级氛围。巴巴德（Babad，2009）将班级氛围概述为班级的整体社会心理、情感和管理等方面的内容。我的研究主要关注社会心理和情感因素。研究表明，班级中的人际关系主要是师生之间，也包括学生与学生之间的关系，它们有助于激发学生的学习动机，从而提高学习成绩（Noddings，1992）。所以，研究班级氛围非常重要。温策尔（Wentzel，1997）在一项研究中跟踪调查了小升初的学生，试图了解教师关爱是否会影响初中生的学业成果。研究发现，当学生能感到教师的关爱时，他们会表现得更有动力，也更有可能全身心地投入课堂活动中。学生对教师的支持和重视的感知，能预测学生的学习动机、学习努力程度、对积极社会目标的追求以及对自身责任的接受度。学生对教师关爱的感知也能预测学生的成绩。

在我的研究中，根据上述的教师信念和教学实践也可以识别高期待教师和低期待教师的班级氛围的差异。这些内容将在第十章进一步阐述，我在此先简要介绍。

　　由于高期待教师没有对学生进行严格的能力分组，这让所有学生没有被局限在各自所处的能力组里，而在整个班级里都有机会相互合作，并建立起友谊。这意味着高期待教师的班级集体感更强，学生之间的协同合作程度看起来很高。同时，相比于低期待教师的班级，高期待教师班级的学生没有被严格地按能力分组，学生之间的能力差异并不太明显，这有助于提高学生的自信心。

　　我还认为，高期待教师班级的学生比低期待教师班级的学生更喜欢上学，因为前者在完成自己的活动后有一定的自主权，他们有明确的学习目标，教师会根据他们的目标提供明确的反馈，而且这些活动往往围绕他们的兴趣展开。在课堂上，学生的学习动机强且热衷于学习。同时，高期待教师比低期待教师营造了更和谐有益的社会心理环境。与经常告诫学生的低期待教师相比，在高期待教师的课堂上，学生的不当行为得到了更恰当的处理。

　　总之，与低期待教师相比，对所有学生学习抱有高期待的教师在如何向学生传授知识方面有不同的信念，他们与学生的互动方式也不同。学生在这两种不同类型的教师的班级中可能受益也可能受损，结果取决于学生被安排在哪一类教师的班级中。我在本章对比了高期待教师和低期待教师的不同教学环境，这为教师实践和信念提供了线索，这些实践和信念在高期待教师的课堂上大幅度提高了学生成绩。也就是说，它们很可能反映了教师期待的效应机制。

　　与高期待教师相比，低期待教师指导学生的时间更少，向学生提出的问题更少，为学生提供的学习框架也更少。除此之外，教师的自我报告表明，低期待教师似乎为成绩优秀和成绩欠佳的学生分别提供了不同的学习机会，而高期待教师却没有这样做。

　　高期待教师和低期待教师在课堂上营造的社会心理环境也有所不同。低期待教师对学生行为的管理不如高期待教师积极，事实上，他们对学生的态度有时相当消极。相反，高期待教师对学生的支持多于低期待教师，他们向学生提供了大量的学习反馈，很少批评学生，当学生对问题的答案不确定时，他们也会给予支持。因为高期待教师会更关心学生，在课堂上也营造了一种更有益的社会心理环境。此外，从教师的自我报告中发现，高期待教师似乎为成绩优秀和成绩欠佳的学生提供了更多在一起学习的机会，而低期待教师则倾向于将成绩优秀和成绩欠佳的学生分成两组，让他们各自学习。这也可能促成了这两类教师所在课堂的不同社会心理环境：

高期待教师班级中的学生更习惯于与一群学习水平不同的同伴一起学习，且他们倾向于作为一个整体合作；而低期待教师班级中的学生则根据能力被分组，且更频繁地以不同的分组进行学习。

前文提及，高期待教师提供的教学方法更注重促进性，而低期待教师的教学方法更注重指导性。由于教师的教学实践不同，学生得到的学习机会也不同，这最终对学生的成绩产生了重要影响。教师创造的不同教学环境似乎与他们的控制需求有关。低期待教师更直接地控制学生和课堂环境，而高期待教师给予学生更多的学习选择。在以往的文献中，教师控制和学生选择被证明有助于提高学生成绩（Cooper and Good，1983；Flowerday and Schraw，2000；Reeve and Jang，2006），但以前并未发现这与教师对班级的期待有关。因此，作为一种提高学生成绩的方式，高期待教师如何营造和促进有利的课堂环境，值得进一步研究。

四、教师期待领域的干预研究

高期待教师表现的行为和信念为第七章"教师期待项目"的干预研究奠定了基础。我在这里对教师期待领域的干预研究做一个简单回顾，以便读者了解"教师期待干预项目"与其他研究的不同之处，有助于读者了解这些文献的独特贡献。

如第一章所述，"皮格马利翁实验"（Rosenthal and Jacobson，1968）是第一个教师期待的干预研究。该实验在第一章中有详细介绍，这里不再赘述，但它确实有必要被提及，毕竟它是该领域的基础性实验研究。正如我之前所述，"皮格马利翁实验"引起了后期各种模仿尝试（Claiborn，1969；Jose and Cody，1971），由于后期研究在方法设计上与原始研究非常相似，我将集中介绍那些试图改变教师期待和学生期待的研究，这些研究使用的方法与原始研究有所不同。

拉帕波特（Rappaport，1975）进行了一项旨在改变教师期待和学生期待的早期干预研究。研究对象是 45 名 5—6 岁来自社会经济水平较低的非裔家庭学生，他们在标准化阅读测试中的得分都很低。学生被随机分配到三个实验组和两个对照组，其中一组根本没有参与接下来描述的互动。其他所有组（一个对照组和三个实验组）与该研究的第一作者每周单独会面两次，每次 30 分钟，持续 12 周，共计 12

小时。对照组学生与第一作者会面并完成了一项感知运动任务，但没有收到类似三个实验组收到的那种反馈（如下所述）。三个实验组学生完成了一系列感知运动问题，这些问题与对照组完成的相同，但是每个实验组会收到不同的反馈。在第一个实验组中（针对教师期待），教师每周都会收到实验人员提供的非常积极的反馈，内容包括该组学生的动机、能力和任务完成情况。在第二个实验组中（针对学生期待），当学生完成任务时，实验人员会表扬他们的突出成就，并试图让他们认为自己极具天赋，但这些表现没有向教师提及。在第三个实验组中（针对学生期待和教师期待），学生和教师同时收到了实验人员提供的关于学生的动机、能力和任务完成情况的反馈，并且在 12 周内，每位学生每周至少有一次机会亲耳听到实验人员在课堂上向教师表扬自己。

三个实验组的后测得分均明显高于两个对照组，这表明分数的提高不仅仅是因为学生有机会与实验者互动。实验组在三种实验条件下的分数均有所提高，这三种实验条件分别为：实验人员向教师表扬学生（学生不在场），即第一实验组；实验人员表扬学生（教师不在场），即第二实验组；实验人员向教师表扬学生（该学生在场），即第三实验组。然而，相比第一实验组（实验性干预的教师期待），第二实验组（实验性干预的学生期待）对学生阅读成绩的提升更显著。在第三实验组中，学生也有所进步。在这个组里，实验人员当着学生的面向教师表扬该学生，并且分别给予学生和教师反馈。研究表明，控制学生的期待可能比试图改变教师的期待更能成功地提高学生的成绩，在这个实验中，教师期待经常是难以改变的。

克尔曼（Kerman，1979）提出，由于教师在互动中偏爱成绩优秀的学生，成绩欠佳的学生会随着时间推移而不受重视，也觉得自己不会被要求参与讨论，因此放弃了尝试。基于其他研究人员（Brophy and Good，1970a）发现的有利于成绩优秀学生的 15 种行为，克尔曼制订了一个为期三年的计划。在该计划中，教师需要接受培训，以便在回应机会、反馈、个人关怀等方面与学生平等互动。三年计划中第一年的重点是不同类型的回应机会，第二年的重点是反馈，第三年的重点是个人关怀。700 多名教师参与了这个项目，他们被随机分配到对照组和干预组。干预组接受了与学生平等互动的培训（在公平分配、表扬、个人兴趣和赞美等方面），每次集中培训一种技能。然后，教师互相观察当时技能培养的过程，并记录下他们与成绩优秀和成绩欠佳学生的互动情况，供被观察的教师查看。通过这种方式，教师可以看到自己在改变互动方面的进步。三年来，该项目显示，与对照组相比，成绩欠佳的学生在学业上取得了很大的进步，不良的行为问题也有所减少。

古德和布罗菲（Good and Brophy，1974）提出，如果向参与研究的教师提供他们自己课堂的观察数据，并就观察结果采访这些教师，教师就会改变他们的互动模式。研究人员认为教师在互动中不会刻意区别对待高期待学生和低期待学生。实际上，教师没有意识到他们的行为存在歧视，他们只是陷入了与部分学生之间不恰当的互动模式中，没有意识到自己行为的不当。观察主要集中在两类学生身上：一类是低参与组（教师基本上不理会他们，他们也很少参与课堂讨论）；另一类是拓展组（学生回答错误后，教师很少给他们第二次回答问题的机会，即他们没有拓展学习的机会）。总的来说，参与研究的8个班级中，每个班级有三四个学生属于低参与组或拓展组。在记录教师互动时，研究人员确定了低参与组和拓展组的对比组，并记录了教师与所有四个组的互动。通过这种方式，研究人员能够发现教师与一些学生的正常互动，以及教师和低参与组与拓展组的明显不同的互动。当教师根据自己的数据接受采访时，他们最初无法明白为什么学生被分到特定的小组。当他们意识到这一点时，他们同意与低参与组进行更多的互动，并在学生第一次回答不正确时，为拓展组学生提供额外的答题机会。三个月后，数据显示教师与这两组学生的针对性互动发生了实质性变化。尽管教师并没有因为互动的变化而改变对学生的期待，但他们对低参与组表现得更积极，也更频繁地向他们提问。当拓展组的学生回答不出问题时，教师尽管没有轻易放弃，但依然会更频繁地批评他们。

巴巴德（Babad，1990）进一步研究，在七年级的班级里采用教师反馈作为干预手段，并就教师对高期待学生和低期待学生提供不同的学习和情绪支持，在同一班级中收集了数据。教师和学生都同意，与成绩优秀的学生相比，教师应该对成绩欠佳的学生提供更多的学习支持。学生也接受了这种区别对待，因为他们认为成绩欠佳的学生需要额外的支持。虽然教师认为他们对成绩欠佳的学生提供了更多的情感支持，但是学生却认为教师在情感支持方面更倾向于高期待学生。最初的研究只有12名教师参与，其中4名由于非常抵触反馈，在干预实施之前就退出了。只有4名教师愿意接受在情感支持方面教师与学生的评分会存在差异。接着，这些教师接受了采访并参与了一次咨询会。三个月后，研究人员再次收集学生和教师的测量数据。数据显示，教师对高期待学生和低期待学生的学习支持无显著差异。然而，在情感支持方面，教师和学生对此都做了评分，结果反映教师对低期待学生的情感支持有增加的趋势，但这种变化对教师和学生都影响不大。总之，大多数教师不认为他们为成绩优秀的学生提供了更多情感支持，而认为自己更支持成绩欠佳的学生。在少数愿意改变的教师中，他们认为很难给成绩欠佳的学生更多情感支持，因为在干预之前，他们已经为低期待学生提供了高水平的支持，因此再提供更多支持是有争议的。三个月后，教师表示他们增加了对高期待学生而非低期待学生的情感支持。在一项类似的后续研究中，巴巴德（Babad，1995）也发现，向教师提供关于他们对学生不同情感支持的反馈并未造成变化。

普罗克特（Proctor，1984）提出了一个教师期待模型，该模型从学校层面进行了概念化改进，因为他认为学校氛围对教师期待和教师行为有很大影响。他还在模型中将教师期待和教师效能这两个高度相关的变量做了结合。他假设教师期待会影响教学输入、教学反馈和师生交流，进而影响学生的学习机会、学习时间、课程内容和学生的自我期待。最终，学校和教师效应会影响学生的成绩。他还认为，学生特征会影响教师期待和学校氛围，但这种情况在某些学校更常见，因为最终影响学生成绩的不是学生特征本身，而是学校对学生特征的回应。

教师期待模型同时关注学校层面和班级层面，并以期待为中心，它是一个非常有用且能改善学校的工具。普罗克特还认为，该模型对学校的评估、规划、教学以及教师的专业发展是非常有用的。在美国，康涅狄格州的学校将其作为提高学校和教师工作效率的框架，但在论文里它只是一个理论模型，普罗克特尚未提供实证数据来支持该模型。

另一个干预研究（Weinstein et al.，1991）是向教师提供教学反馈和测量教师行为的后续变化。韦恩斯坦和她的同事从一所高中招募了6名九年级教师，该项目关注的是九年级的后进生。参与项目的所有学生成绩都处于学校的最低水平，这158名参与者被认为是无法达到足够上大学水平的学生，他们因干预而产生的任何变化，均会与前两年两批、共154名类似情况的学生做比较。干预的关键是改变课堂和学校环境以提高教师期待，从而提高学生学习动机。干预聚焦于向学生提供的课程、学生的分组方式、教师评估学生的方式、教师激励学生的方式、学生自主性的提升以及班级、家长和学校关系的改善等。教师、学校管理者和研究人员每周举行一次全员或小组规划会议。他们在会议上安排干预措施，并评估教师课堂上做的改变。由于上述确定的八个层面的变革十分复杂，教师的改变需要循序渐进。虽然没有任何人报告他们在所有方面都实施了变革，但有些人认为自己在推动变革的过程中取得的成效超过了其他人。

在干预的第一年末，积极的教师期待行为有增加的趋势，但统计结果并不显著。然而，在项目伊始，教师更多地关注学生的缺点，但在干预的第一年末，他们更多地谈论了学生的才能。教师似乎也相信他们可以对学生的成绩和社会成就产生积极影响。在项目的第二年，学校管理者同意取消分轨制①，并允许成绩欠佳的学生与其他学生一起上课。学校还向所有学生提供了一门选修课——高级英语课程，条件是学生需要每天参加并完成指定的学习任务。在干预的第一年末，与早期的学生（对照组）相比，干预组的英语和历史成绩均有所提高，平均绩点也有所提高。此外，与前几年的非参与者组相比，干预组因纪律问题被转介的成员要少得多。遗憾的是，这些学生在第二年被转到非项目组教师的班级后，他们就没有保持前一年的成绩优势。尽管如此，这项研究是将期待领域的理论研究成果转化为学校实践变革的首次尝试。

我的干预研究"教师期待项目"也是一个非常复杂的设计。它侧重于三个主要方面：分组和学习体验；班级氛围；动机、参与度、学生自主性、评价和教师反馈。如前所述，这些也是干预组教师重点要改变的。该项目涉及 12 所学校和 83 名教师，比韦恩斯坦及其同事的项目大得多。事实上，"教师期待项目"是第一个旨在提高教师对所有学生期待的大规模干预项目。我将在下一章中详细论述。

---

① 分轨制（Non-college-bound Tracks）指在制度上分别对不同教育对象采取不同的教育措施。它是教育体系中一项重要的制度安排，依据学生的学业考试成绩和学术取向测试，将学生分层、分类，使之进入不同的学校和课程轨道，并按照不同的要求和标准，采用不同方法，教授不同的内容，使之成为不同规格和类型的人才。

第七章　教师期待项目的研究

第六章介绍了高期待教师和低期待教师在教学信念和实践上的差异，为本章干预研究的讨论奠定了基础。当学生与高期待教师一起学习，他们的学习成绩在一年后有了很大的进步，因此，是否可以向教师传授高期待教师的教学信念和实践，使他们也能提高班级学生的学习成绩，这是一个值得研究的问题。这个想法也是启动"教师期待项目"的初衷。

高期待教师和低期待教师的重要差别之一是高期待教师采用促进性方法，营造一个令人振奋且具有挑战性的学习环境，同时也赋予所有学生自主权，并通过设定目标促进学生发展为自主学习者。相反，低期待教师对学生的监督更严格，更多地采用指令性方法，他们替学生决定将要与谁合作、开展什么活动、何时完成每项任务、如何完成任务等，学生几乎没有选择的余地，成绩优秀的学生和成绩欠佳的学生参加的学习活动也大相径庭。低期待教师的这些做法会扩大这两类学生的差异。正如我在第四章中的概述，韦恩斯坦（Weinstein，2002）有关高区别对待教师和低区别对待教师的研究也证实了这一结果。因此，在美国和新西兰这两个截然不同的国家背景下，两种类型教师的信念和实践都调节了期待效应，从而为美国的低区别对待教师和新西兰的高期待教师班级的学习者带来了积极的结果——并且，这两种类型教师的信念和实践也非常相似。

"教师期待项目"涉及四到八年级的学生，他们的年龄在8—12岁。尽管我以前的许多研究涉及了更低年级的学生（5—7岁），但年龄太小，无法进行有意义的测试，因为测量干预效果的主要标准是学生的学习成绩和社会心理信念。在新西兰，低年级学生没有标准化测试。此外，已有研究发现低年级学生对问卷的回答不如高年级学生的可靠（Rubie-Davies and Hattie，2012）。虽然我只通过教师的变化来测量干预效果，但除非教师干预会对学生的成绩产生积极影响，否则，对我而言，干预就不算成功。越来越多的人认识到，教师专业发展的效果需要根据学生的成绩来衡量（Timperley，2008）。

"教师期待项目"为期三年，设计精细。我将在本书中描述整个项目，也能为我们提供有用的信息，帮助整合项目的各个部分。但是，本书仅能给出项目第一年的结果，因为在撰写本书时，项目的第三年也是最后一年刚刚结束，而项目第二年的结果刚开始进行数据分析。问题的关键在于我们的数据量巨大，以至于实际完成时间比原计划要长得多。该项目团队由 10 名研究人员组成，他们在项目中担当不同的职责，我是项目负责人，此外还有 1 名首席研究员、1 名项目经理、4 名高级研究员、1 名数据管理员和 2 名研究助理。我们还请来了一位统计专家做一些初步分析。显然这是一个团队项目，我诚挚感谢团队的同事对我以下报告的所有内容所做的工作。

一、"教师期待项目"的研究设计

参与该项目的学校大多来自新西兰某城市的一个郊区。之所以选择该地区，是因为它是该城市社会经济水平覆盖面最广的地区，我希望本项目能涵盖低、中、高社会经济水平的学校。我与校长们取得了联系，并获得了 12 所学校参与的批准。最初，有 90 名教师自愿参与这项研究，不过，纵向研究[①] 不可避免地会有一些教师因退休、离开目前的学校或个人原因而退出项目，甚至有的教师在项目的第一年就离开了。这样就剩下 84 名教师和他们的学生，学生大约有 2500 人，我将在本章后半部分汇报初步研究结果。这些教师在各自学校内被随机分配到对照组或干预组，最后干预组有 43 名教师，对照组有 41 名教师。虽然在学校内部实施随机分配有可能因为教师之间彼此传递造成收集的数据被污染，但这影响不大。第一，我认

---

① 纵向研究（Longitudinal Study）：一种研究设计，在很长一段时间内对相同的变量（例如，人）进行重复观察（使用纵向数据）。它通常是一种观察性研究，也可以构建为纵向随机实验。

为这项干预很复杂，不容易由干预组的教师教给对照组的教师；第二，教师参加干预的一个条件是他们同意在项目第一年不传递有关干预的信息；第三，在项目的第二年，对照组教师也将学习干预；第四，如果我们无法为学校教师带来一些立竿见影的好处，我不相信校长会轻易同意参与项目；第五，对照组教师都参与了学校的常规专业发展计划。关于最后一点，新西兰的所有小学教师每年都会参加某种形式的专业培训，因此，对照组的所有教师都持续参加了培训。例如，一些对照组教师参加了学习评估的强化课程，还有一些教师参加了新西兰的扫盲课程①。

学年开始两周后，正是新西兰的二月，我们收集了干预前的基准数据。之所以选择开学两周后的这段时间，是因为劳登布什（Raudenbush，1984）的元分析发现，教师在开学两周内就形成了自己的期待，而在这之后，他们的期待就无法通过实验干预而改变。换句话说，实验者无法暗示教师可以期待随机选择的学生取得好成绩，并让教师相信他们，毕竟在这一阶段教师已经形成了自己对学生的期待。因此，我可以预见，在开学两周内，教师已经有足够的时间对学生形成初步印象，并形成自己对学生的期待。据预测，干预将使学生的成绩发生变化，并可能使学生和教师的社会心理信念发生一些变化。如此，我将在下文介绍测量这些变化的工具。

（一）教师的测量

我们在学年初收集的数据包括教师对每个学生在学年末的阅读和数学成绩的期待，以及教师的社会心理信念。第五章所述的量表用于测量本项目的教师期待。根据该量表，教师对每个学生在学年末的成绩水平进行期待评分，成绩水平范围从远低于平均水平到远高于平均水平不等。社会心理信念方面的问卷旨在测量教师的教学动机、教学效能和目标导向，目标导向是教师对学生的目标倾向于提高成绩还是掌握技能。采用的量表有《动机和参与量表》（Martin，2010a）、《教师自我效能感量表》（Tschannen-Moran and Woolfolk Hoy，2001）和《适应性学习模式量表》（Midgley et al.，2000）。《动机和参与量表》用于测量工作中高水平动机和参与的行为，测量因素分别是自我信念、学习专注度、重视程度、坚持、计划和任务管理。

---

① 扫盲课程（Literacy Programme）：旨在提高学生读写能力的教育计划，涵盖阅读、写作、语言理解等内容。该课程重视教师的持续专业发展，确保教师能有效支持学生的读写能力发展。

该量表还用于测量可能抑制动机和参与的因素，分别是游离、自我懈怠、失控、逃避失败和焦虑。《教师自我效能感量表》用于测量教师效能的三个方面，分别是能够吸引学生参与、能够提供各种教学策略以满足学生需求以及能够有效管理扰乱课堂的行为。《适应性学习模式量表》用于测量教师掌握目标或成绩目标所反映的程度，也就是说，教师认为学生是应该通过与掌握技能相关的目标来获得学习动力，还是应该通过相互比较来获得学习动力。

每一位干预教师在参与研讨会之前，都录制了 20 分钟的教学视频。视频中，教师可以选择教授任何内容，但必须是教授学生的活动，而不是监督学生完成作业或参与其他非教学活动。我们会告诉教师录制视频的目的是在干预之前了解他们的教学方式。事实上，录制的真正目的是评估教师言语行为和非言语行为在干预期间的变化。

（二）学生成绩的测量

在教师填写上述调查问卷（《动机和参与量表》《教师自我效能感量表》和《适应性学习模式量表》）并且完成针对学生成绩的期待量表的同时，我们还收集了学生的基准数据，包括标准化阅读和数学测试以及社会心理信念测试。我们使用新西兰教育部开发的评估系统——电子学习测评工具①（简称 e-asTTle）测试学生的阅读和数学成绩（新西兰教育部，2010）。这些 e-asTTle 测试是在线创建的，学生可以在线测试，也可使用纸笔完成，或两者同时使用。e-asTTle 测试可以评估学生阅读、数学和写作的课程成绩，课程基于英语或毛利语背景。阅读和数学测试主要用于五至十年级的学生。不过，本项目测验的是二级水平技能（相当于三、四年级学生将达到的平均水平）和六级水平技能（相当于十二、十三年级学生将达到的平均水平），e-asTTle 测试正好适用于五年级以下和十年级以上的年龄组。教师在线创建的 e-asTTle 测试时间从 12 到 60 分钟不等。本项目的 e-asTTle 测试时间均为 40 分钟，这样我们就能创建一个完整的阅读和数学综合测试，包含课程的不同内容。我

---

① 电子学习测评工具（e-asTTle）：新西兰学校普遍使用的一种在线评价工具，主要用于测量学生在数学、阅读和写作方面的成就和进步。该工具允许教师根据特定的课程标准和目标创建测试，并根据测试结果生成详细的报告，帮助教师了解学生的学习状况，制订个性化的教学计划，并监控学生的进步。官方网站参见 http://e-asttle.tki.org.nz。

们还可以选择每次测试的难度级别，在特定的难度水平上选择数量不同的试题（大部分、许多、一些或少量），甚至不选也可以。最后，对于每个测试的难度级别，我们选择将大多数（约80%）的试题设置在特定的难度水平，选择少数（约10%）的试题高于这个难度水平，另外少数试题低于这个难度水平。一旦在每级的难度水平（2级、2/3级、3级、3/4级、4级、4/5级、5级和5/6级）上创建了测试，接下来的每一轮测试我们可以选择一个按钮（"创建相似测试"），确保所有测试都具有可比性。

项目反应理论[①] 对 e-asTTle 中的所有试题进行了标准化统一，因此每个试题都具有心理测量特性，这意味着任何测试的难度都可以被计算出来。同一组学生参加不同的测试，或不同组学生参加不同的测试，他们的测试结果都可以进行比较。由于测试题都是经过校准的，学生参加一次测试所得的分数，与他们参加其他任何 e-asTTle 测试所得的分数都会非常相似。为了避免重复练习，随后的测试都被设置为内容不同但是难度相似。由于使用了项目反应理论来确定每个试题的特性，因此，在比较学生两次测试的进步和成绩时，虽然测试内容不同，但我们确信他们的分数可以进行比较。

在阅读测试中，我选择了过程与策略、目的与受众以及观点这三个课程领域进行考核；在数学测试中，我选择了数字知识、数字运算和代数这三个课程领域进行考核。以上是每次学校测试的课程范围。创建测试的下一步是选择所需的封闭式问题数量（很少、一些、很多、大多数）。对于阅读和数学测试，为了便于批改大量的测试，我都选择了"大多数"数量的封闭式试题。封闭式试题中也有测试较高思维水平的题目。每个题目都根据 SOLO 分类法（Biggs and Collis, 1982）进行编码，因此题目类型广泛，既有唯一正确答案的基本事实题，例如单选题："请问《格尔尼卡》是谁的作品？"也有多项正确答案的基本事实题，例如多选题："请写出毕加索在《格尔尼卡》作品中使用的至少两种构图原则。"还有学生需要将一个方面与另一个方面联系起来的问题，例如关联题："请将《格尔尼卡》的主题与当前事件联系起来。"有涉及抽象思维的高水平的题目，例如思维发散题："你认为毕加索通

---

① 项目反应理论（Item Response Theory，简称 IRT）是一系列心理统计学模型的总称，是用来分析考试成绩或者问卷调查数据的数学模型。

过《格尔尼卡》这幅画表达了什么？"

至此，我可以创建并审阅每一个测试。我把第一套测试发给了三位副校长，他们分别来自高、中、低社会经济水平的学校，由他们确定测试是否适合他们学校的学生。其中两位副校长认为有一篇阅读文章和随附的试题不合适，因为他们认为学生不熟悉故事中涉及的美国的内容，同时他们对我创建的 e-asTTle 数学测试无异议。因为 e-asTTle 系统能替换两篇阅读文章和相关的试题（或替换最多 20% 的数学问题），因此我能更改一篇有问题的阅读文章。我将测试题再次发给之前的三位副校长和另外两位副校长，他们没有提出异议。随后的测试也经过了仔细的审查，然后才被接纳并实施。学生完成测试后，就进入线上批改流程。对于纸质测试，每一份试题都需要输入学生的回答。这些答案由一名研究助理输入并校对。对于在线测试，由于封闭式题目已由 e-asTTle 系统自动批改，我们只须对开放式题目进行人工批改。e-asTTle 系统为所有开放式题目提供了可能的回答和分数标准，由研究助理打分，通常正确回答得 1 分，错误回答得 0 分。一旦 e-asTTle 系统完成打分，我就可以获得学生在个人、班级或学校层面的分数报告。

（三）学生的社会心理测量

学生问卷旨在测量学生的自我概念、学习动机、自我期待和对教师期待以及班级氛围的看法。我们选择了马什的《自我描述问卷》（Marsh，1990），测量了同伴关系、阅读、数学、一般自我概念和一般学校情况。马什认为，自我概念、自尊和自我效能感只在理论上被学者们区分开来，缺乏实际意义。《自我描述问卷》会基于这三个概念对测量项目加以分类。

问卷中占比最大的部分是学生学习动机的测试项目，该类测试项目反映了不同的动机理论观点。在所有情况下，都有与阅读和数学相关的平行测试项目。通过改编既定量表 [Eccles（Parsons）et al.，1983；Wigfield and Eccles，2000，2002] 中的测试项目，我创建了本研究的《阅读和数学感知能力量表》。量表经过改编，每道题都有五种答案供选择，即完全不符合、多数不符合、有的符合或有的不符合、多数符合、完全符合，分别记为 1、2、3、4、5（每个测试者的总分就是他或她对每道题回答所得分数的加总）。例如，原量表的测试项目是"你的数学有多好"，改编后为"我的数学很好"；而"与你的大多数其他活动相比，你的数学有多好"，改编后为"与大多数其他科目相比,我的数学更好"。自我效能感量表还包括阅读和数学这两个因素。例如,"我确信即使是今年最难的数学题,我也能完成"[Eccles(Parsons)et al.,1983;Wigfield and Eccles,2000,2002]和"我确信今年数学老师教的所有知识我都能学会"(Fast et al.,2010)。学生量表还包括平行测试项目,它们是来自教师问卷中与目标导向相关的测试题,能测量学生在阅读和数学学习中是受教师的掌握目标还是成绩目标激励(Midgley et al.,2000)。基于期待价值理论[①],我在《阅读和数学感知能力量表》中加入了一些测量内在价值和效用价值的测试项目。如果学生对一项活动越感兴趣(内在价值),并认为活动有价值(效用价值),那么他们就越有可能有动力完成这项活动(期待价值)[Eccles(Parsons)et al.,1983;Wigfield and Eccles,2000,2002]。同样,其中一些测试项目是基于埃克尔斯及其同事[Eccles(Parsons)et al.,1983]以及威格菲尔德和埃克尔斯(Wigfield and Eccles,2000,2002)的量表略加修改而成的。例如,原量表测试项目是"你有多喜欢做数学题",改编后为"我非常喜欢做数学题"。我们还从芬尼玛-谢尔曼(Fennema-Sherman)的《数学态度量表》(Fennema and Sherman,1976)中选取了一个测试项目来测量数学和阅读的效用价值。原测试项目是"数学是一门有价值的、必要的学科",改编后为"数学是一门重要的、真正有用的学科"。动机子量表中的最后一个测试项目被用来测量学生对智力是固定的还是可塑的信念(Dweck,2009,2012),我们根据德韦克的理论和实证研究创建了这一测试项目,这在我参与的一项早期研究(Dixon et al.,2008)中也曾使用。

关于学生自我期待的测试项目,例如,"我希望今年学好数学";关于学生如何看待高期待教师的测试项目,例如,"我的老师认为我数学学得好"(Rubie-Davies,2006);关于学生认为教师期待过高的测试项目,例如,"我的老师对我期待过高"(Dixon et al.,2008),这些都被纳入了学生量表,并且大多是专门为本研究开发或改编的。

最后一个量表测量的是学生对班级氛围的个人感知,所有测试项目均直接取自

① 期待价值理论(Expectancy-value Theory):该理论已在教育、卫生、通信、营销和经济学等许多领域得到发展,虽然该模型的含义和对每个领域的影响各不相同,但总体思路是存在影响后续行为的期待以及价值观或信念。

罗韦等人（Rowe et al.，2010）的研究。该量表用来测量学生对教师支持、同伴支持、学业能力和学校满意度等方面的看法。

（四）教师研讨会

项目的下一阶段涉及干预教师参加的为期四天的研讨会。每次研讨会的时间间隔约为两周，从三月份开始，到五月份结束，且围绕一个特定的主题展开。我每周同时举办两场小型的并行研讨会，每场研讨会的教师约有 20 人，以便最大限度地加强教师之间的互动和支持。一周两次的研讨会也便于教师调换日期，以防教师偶尔无法在给定的日期参加。每次研讨会都由我主持，至少有两名研究人员陪同出席，为教师提供额外支持并回答问题。

第一次研讨会的目的是向干预组教师介绍教师期待的研究领域，使他们了解"教师期待项目"的背景，理解他们参与的项目与研究的关系，以及项目是如何发展的。第一次研讨会的另一项内容是让干预组教师知道需要提供包含非言语行为的录制视频。巴巴德（Babad，2009）描述的教师非言语行为反映了教师的期待。录制视频里的非言语行为包括语音语调、面部表情和肢体语言，它们揭示了教师对学生的真实感受。介绍结束后，每位教师拿到了自己的 DVD，观看了自己的教学视频，并根据所学知识分析了自己的行为。未来三年，他们还会收到干预期间录制的视频，以便监测自己在控制非言语行为方面的进展情况。按照计划，在第一次研讨会上，每位教师将坐下来观看自己的录像，并反思自己的言语和非言语行为。出乎意料的是，他们对这一环节表现出了极大的热情，很快就相互分享了自己的视频，并对各种视频发表了评论。这使每位教师的言语和非言语行为得到了充分的分析。他们都能很好地了解与学生互动时传递的信息。

第二次研讨会的重点是分组和学习活动，第三次研讨会的重点是班级氛围，最后一次研讨会的重点是促进学生动机、参与度和自主性，以及教师的评价和反馈，所有这些都归入了目标设定的概念。每次研讨会的上午时段，我都会介绍高期待教师的理念和实践。我将它们与其他教育研究联系起来，解释高期待教师的做法为什么最有可能有效地提高学生的成绩和促进学生产生积极的态度。下午，干预组教师共同计划如何将新的教学方法引入课堂，这不仅保障了教师对其课堂计划的自主权，也使我们这些与教师并肩工作的研究人员能够监督干预计划的完整性。每次研讨会结束时，我们都会收集各位教师将在他们课堂上做出改变的有关想法，然后由项目经理和我将这些想法汇总在一起，在下一次研讨会上将其分发给大家。最后一次研讨会结束后，我们将所有的想法汇总成册，并通过电子邮件发给了所有干预组教师，这样他们就有了一个庞大的想法数据库，以便他们实施干预时加以借鉴。此外，我们还在每次研讨会结束后对教师进行调查，让他们对研讨会的效果以及他们认为自己会在多大程度上开展新实践进行评分并发表意见。我们利用这些意见来改善研讨会，并评估研讨会对教师习得的作用有多大。

研讨会结束后，干预组教师以适合自己的方式在课堂上开展新的教学实践。这有助于确保教师在课堂上拥有引入新实践的自主选择权，并提高他们做出改变的概率（Timperley，2008）。特别是在新西兰，教师通常在课程中拥有很大的自主权，因此，让他们自己选择新的教学实践是常规操作。大多数干预组教师选择在一年中逐步引入干预变革：在第二学期的四月至六月，重点改革分组和学习体验；在第三学期的七月至九月，重点改革班级氛围；直到最后一个学期的十月至十二月，大多数教师才引入与目标设定相关的变革，目标设定包括学生动机、参与度、自主性、教师评价和反馈。

在最后一次研讨会结束后约一个月，我们又分别于八月和十月访问了干预组教师所在的学校，让教师分享成功的经验，并提供他们所需的任何支持。大多数情况下，这些会面都是以学校结对的方式进行的。虽然学校结对不是设计中刻意为之的环节，但这种方式非常奏效，来自不同学校的教师都急于展示和比较他们所做的工作。许多教师带来了他们在课堂上做出改变的实例，我们也拍摄了一些实例[①]在网站上分享（见图 7.1—图 7.4）。他们还从其他人那里获得了更多的想法，以便将其引入自己的课堂，并且讨论了在哪些方面干预取得了成效。

年中，所有教师再次对学生的年末成绩进行期待预测，又一次对学生进行了阅读和数学测试。我们再次对干预组教师进行了录像，并将录像的 DVD 寄给他们以便他们分析和反思。学年结束时，我们对所有教师和学生重新进行了社会心理测量，学生再次完成了学年末的阅读和数学测试，干预组教师也完成了干预评估。评估包括对干预的各个方面进行一至五级评分，以测量教师在多大程度上实施了评估

---

① 实例来自哈蒂和布朗于 2004 年发表的文章。

图 7.1 课堂中的促进关系

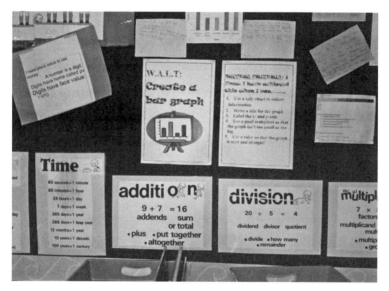

图 7.2 确保学生理解所学知识以及如何取得成功

的各个方面，以及教师认为干预在多大程度上改善了课堂学习和人际关系。学年即将结束时，我们举行了一次活动，庆祝干预组教师取得的成就。有意愿的教师介绍了他们做的特别成功的事情，并再次分享了想法。这次活动也取得了巨大的成功，因为他们都非常积极地分享了自己在课堂上做的工作。如果说活动有什么缺点的话，那就是太多的教师想分享太多的成功故事！这导致活动的实际时间比计划的要长，但是大家都很愉快。

在项目实施的第二年，干预组教师按照计划向对照组教师传授实践经验。我们与干预组教师举行了为期一天的研讨会，我向他们解释了他们需要做什么。大家集思广益，讨论如何与对照组教师合作。许多干预组教师反映自己没有做好充分的准备，既无法与对照组教师谈论项目的背景（理论基础），也无法将该背景与他们对教学所做的特定改变联系起来，但是他们更有信心向对照组教师展示他们课堂实施的改变。根据这些反馈意见，我又为对照组举办了为期一天的研讨会，介绍了该项目的理论背景，并简要介绍在第一年给干预组教师开展四次研讨会所涉及的内容。所有对照组教师都获得了一本《良好实践手册》，其中包括第一年从干预组教师那里收集到的想法，其实就是我们前一年汇编的小册子。在干预组或对照组教师参加研讨会之前，我们再次对学生的阅读和数学成绩、教师的期待以及教师和学生的社会心理信念进行了测量。在第二年年末、第三年年初和年末，我们重复进行了这些测量。在项目实施的第二年和第三年的年中，我们再次对干预组教师进行了教学录像。所有对照组和干预组教师都在第二年和第三年结束时对项目进行了评估，同时，我们在这两个时间点举行了晚会，邀请所有参与项目的教师及校长参加，一起讨论他们参与项目的情况，分享成功经验。项目第三年的主要目的是确定干预组教

图 7.3　解锁阅读的乐趣：学生的简短书评

图 7.4 混合能力组的学生创作的报纸

师和对照组教师是否坚持了新的实践，这是检验项目是否成功的关键。

在"教师期待项目"的第二年和第三年，对学生的测量变得更加复杂，因为我们要跟踪从第一年、第二年一直到第三年都在被干预的教师班级的学生。在项目实施的第二年，一些学生从一名被干预教师的班级转到另一名被干预教师的班级，一些学生转到对照组教师的班级，还有一些学生转到没有参与项目的教师班级，这还包括一些学生转到没有参与项目的学校。在项目的第三年，我们再次跟踪调查了第一年和第二年干预组教师的学生，直到年底项目结束。我们还想测量学生成绩变化和社会心理信念变化的稳定性。然而，所有这些问题的可能性以及参与该项目学生的庞大数量表明了我们为什么直到项目第三年结束时，仍在输入第二年的数据。的确，这些堆积如山的数据将使人们对教师的培训程度以及能够有效实施高期待教师的实践有一些令人兴奋和深入的理解。这是"教师期待项目"特别有意思的地方，因为研究大多试图改变教师的信念，以期改变其实践，但在"教师期待项目"中，我们试图改变教师的实践，希望新实践能给学生成绩和社会心理信念带来显著的变化，从而改变教师对学生成就和教师期待的信念。

二、第一年的研究成果

（一）教师期待

年初，对照组和干预组教师对学生阅读和数学成绩的期待都高于中间分数。换言之，在 7 分制的教师期待量表中，教师期待的学生成绩在 4.5 左右，并且干预组教师对学生的成绩期待从年初到年中一直保持在这一水平。然而，对照组教师对学生阅读和数学成绩的期待在短短四个月后就显著下降。这种差异可能是干预对受培训的干预组教师起到了缓冲效果，也可能是一种自然发生的循环。教师在学年初对学生和他们将取得的进步持乐观态度，但随着时间推移，当发现有些学生难以取得进步时，教师可能会变得消极。鲜有研究通过实验改变教师对全班学生的期待，也少有大规模的研究对这一现象进行调查。在一项规模较小的研究中（Weinstein et al.，1991），研究人员与一所高中的教师合作实施了教师期待干预，可惜他们并没有测量教师期待的变化。

有两项关于教师期待稳定性的自然研究。第一项是马丁内克（Martinek，1980）的研究，六位体育教师对二年级、四年级和六年级所有班级的学生在体育课上的整体表现、社交关系、合作和认知推理能力进行期待评级，级别从第一级非常低的期待到第七级非常高的期待不等。八周后，研究人员收集了同样的期待数据并发现，对比前后两次测量，教师期待在学生社交关系方面的相关系数高达 0.96；而在认知推理能力方面的相关性并不高，系数低至 0.68。他认为，随着时间的推移，教师期待是稳定的。不过，两次测量的时间间隔相当短。此外，教师期待在学生整体表现和社交关系方面的相关性很高，在合作和认知推理能力方面的相关性均不高。

第二项是库克林斯基和韦恩斯坦（Kuklinski and Weinstein，2000）的研究。他们采用两种不同的方法并分别用两个不同的样本来研究教师期待的稳定性。在第一个样本中，48 位教师对一、三、五年级共 464 名学生进行期待评级，每个班级约有 10 名学生参与。首先，在学年初，教师会根据对学生阅读成绩的期待，将学生从最低到最高进行排名。到了学年末，这些教师按照同样的方法再次对学生进行排名，并通过比较学年初和学年末的排名来分析期待的稳定性。他们的研究发现，教师对 46% 的学生期待排名在学年初和学年末保持高度一致，对 42% 的学生的期待排名表现基本稳定，而对剩下大约 13% 的学生，其期待排名则显示出较大的不一致。另外，这些教师在学年初和学年末，为每位学生分别设定了一个阅读成绩期待等级，从 1（成绩欠佳）到 5（成绩优秀）共五个等级。结果显示，54.3% 的一年级学生、49.7% 的三年级学生和 52.5% 的五年级学生，教师在他们学年初和学年末评估的阅读成绩期待等级并没有发生变化。然而，仅有 6% 的学生的阅读成绩期待至少上升或下降了一个等级。第二个样本包含 138 名学生和 12 名教师，研究结果与第一个样本类似。教师分别在学年初和学年末按照对学生的期待进行排名，发现对 67% 的学生的教师期待两次排名基本保持稳定，对另外 33% 的学生的两次排名则非常稳定。他们认为，两个样本的成绩排名和成绩水平的分配都表明了教师期待的稳定性。然而，调查结果表明，收集教师期待数据的方法不同，教师期待从学年初到学年末还是存在一定差异。

在本项目中，分析干预组和对照组第二年和第三年的教师期待是很有意义的。针对干预组教师，需要检测他们是否仍维持高期待。针对对照组教师，需要检测他们的期待是否在实施干预过程中受到影响。干预包括改善分组和学习活动，改善班级氛围，以及提高学生动机、参与度、自主性和教师反馈。在项目实施的第一年，尽管干预组教师努力探索新的教学方法，改善课堂设计和人际关系，但他们对学生仍然抱有很高的期待。可能在项目的第二年，这些干预变革一旦逐步落实，干预组教师的期待就会进一步提高。我们希望，在同一年，对照组教师也能实现高期待。

（二）学生的数学和阅读成绩

我们（Rubie-Davies et al., 2015）使用贝叶斯潜在增长曲线模型，测量了干预组和对照组教师班级的学生在项目第一年的数学和阅读成绩变化。这一年有三次考试，分别在学年初、学年中和学年末。与最常见的频率统计方法（如最大似然估计）相比，贝叶斯统计法的使用频率不高，同时也不那么依赖正态分布，允许出现数据倾斜的情况。此统计法能分析非常复杂的统计模型，完成复杂的数据分析以及纵向数据分析。有关贝叶斯统计法的综述，请参见克鲁施克等人（Kruschke et al., 2012）的文章。通过将学生数据嵌套在学校数据中，我们采用了多层次分组法来估算潜在增长曲线模型。我们的模型考虑了不同学校的学生可能存在差异，但由于模型的复杂性，我们没有在嵌套设计中考虑班级的差异性。此外，我们本可以在一个模型中同时测量数学和阅读的成绩变化，但考虑到我们的模型已经非常复杂，因此我们选用数学模型和阅读模型单独分析数据。

我们使用基准模型来研究学生第一年在三个时间点的数学和阅读成绩变化率，以便于确定对照组和干预组的初始成绩水平，从而确定全年的变化率，并评估某些学生的变化率是否与其他学生不同。然后，我们测试了干预是否影响成绩的变化率。如果干预能预测变化率，这表明干预组和对照组在这一年中的学生成绩存在差异。在我们创建的模型中，我们还能预测干预组与对照组学生的数学和阅读的年终平均成绩。在 e-asTTle 测试中，干预组的数学平均分在学年初为 1426 分，标准差为 97.51；学年中为 1451 分，标准差为 97.58；学年末为 1473 分，标准差为 92.92。对照组的数学平均分在学年初为 1421 分，标准差为 98.44；学年中为 1442 分，标准差为 99.27；学年末为 1451 分，标准差为 90.45。

数学基准模型显示，一年来，所有学生的数学成绩大幅提高了约 37 分（回归系数是 37.129，后测标准差为 1.883，p 值小于 0.001 表示差异性显著，95% 置信区间在 33.449 到 40.819 之间），总体表明所有学生都取得了进步。此外，不同学生的数学成绩变化率不同（克隆巴赫系数为 2197.723，后测标准差为 268.462，p 值小于 0.001 表示差异性显著，95% 置信区间在 1667.501 到 2719.526 之间）。这说明，虽然学生的数学成绩在这一年中有所提高，但学生之间的提高速度存在差异，有些学生的分数提高速度比其他学生快。

阅读基准模型显示，一年来，所有学生的阅读成绩大幅提高了约 35 分（回归系数是 34.738，后测标准差为 1.714，p 值小于 0.001 表示差异性显著，95% 置信区间在 31.405 到 38.113 之间）。此外，阅读成绩变化率也存在差异（克隆巴赫系数为 2409.305，后测标准差为 580.279，p 值小于 0.001 表示差异性显著，95% 置信区间在 1240.076 到 3502.710 之间），表明有些学生阅读分数的提高速度比其他学生更快。

图 7.5 是我们测试模型的示意图，用来确定干预是否对成绩有影响。通过模型我们可以检验那些被随机分配到干预组学生的数学和阅读成绩是否会比对照组班级的学生有更大程度的提高。结果确实如此，因为我们发现干预组教师显著预测了他们学生数学成绩的变化率（回归系数是 8.781，后测标准差是 3.765，p 值小于 0.001 表示差异性显著，95% 置信区间在 1.291 到 16.035 之间）。值得注意的是，对照组和干预组学生在学年初的分数没有差异（回归系数是 2.964，后测标准差是 4.286，p 值为 0.245 表示差异性不显著，95% 置信区间在 −5.255 到 11.530 之间）。此外，对照组教师对学生的学年初数学成绩的预测分数也很显著（截距的回归系数是 1422.300，后测标准差是 3.122，p 值小于 0.001 表示差异性显著，95% 置信区间在 1416.211 到 1428.453 之间）。最后，对照组学生的 e-asTTle 数学成绩全年普遍提高了约 32 分（回归系数是 32.472，后测标准差是 2.720，p 值小于 0.001 表示差异性显著，95% 置信区间在 27.129 到 37.797 之间），相较之下，干预组学生的数学成绩提高了约 41 分（干预前回归系数是 32.472，干预后回归系数是 8.781）。

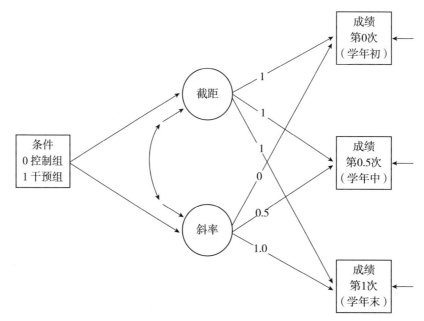

图 7.5　干预影响测试成绩的贝叶斯潜在增长曲线模型示意图

关于预测分数，模型显示对照组学生的学年末数学平均分为 1454.769（后测标准差是 2.986，p 值小于 0.001 表示差异性显著，95% 置信区间在 1448.883 到 1460.592 之间），而干预组教师预测学生的学年末数学平均分要比对照组高出约 12 分，为 1466.514 分（后测标准差是 2.821，p 值小于 0.001 表示差异性显著，95% 置信区间范围是 1460，1460.949，1471.982）。显而易见，这两组对数学预测分数的差异也很显著（回归系数是 11.748，后测标准差是 4.111，p 值小于 0.001 表示差异性显著，95% 置信区间在 3.740 到 19.867 之间）。

总之，我们的模型显示，干预组和对照组的学生在学年初的数学成绩相当。一年来，所有学生的数学成绩都有所提高。然而，干预组的学生比对照组的学生进步更大，数学成绩高出约 9 分，这意味着干预组的额外成果约为 28%。换言之，与对照组在同年里学到的知识相比，接受了干预组教师指导的学生多学了三个月的数学知识。

同上，我们使用阅读模型来检验学生阅读成绩以及干预对阅读成绩的影响。这一次干预组无法预测全年的阅读成绩变化率（回归系数是 −3.969，后测标准差是 3.398，p 值是 0.121 表示差异性不显著，95% 置信区间在 −10.535 到 2.774 之间），干预组也不能预测学年初的学生阅读成绩（回归系数是 4.037，后测标准差是 4.698，p 值为 0.195 表示差异性不显著，95% 置信区间在 −5.222 到 13.213 之间）。总体而言，一年来学生的阅读成绩提高了约 37 分（回归系数是 36.822，后测标准差是 2.473，p 值小于 0.001 表示差异性显著，95% 置信区间在 31.924 到 41.610 之间），说明对照组和干预组的学生阅读提高程度没有差别。因此，干预在阅读方面似乎没有影响成绩。为什么会这样？

目前，我们只分析了项目第一年的数据，因此尚不清楚项目第二年学生的阅读成绩是否发生了变化。我只能猜测是以下原因导致干预组在数学方面比对照组有显著提高，而在阅读方面却没有。首先，我认为教师在数学课堂实施分组和目标设定的变革要比在阅读课堂容易得多。与阅读教学相比，更多教师表示在数学教学中实施了灵活分组的教学变革。采用班级内能力分组的做法已经根深蒂固。在新西兰的小学中，比起其他学科，这种做法在阅读课上使用更加广泛。此外，有几位教师也反映，在对阅读教学进行任何变革之前，他们先对数学教学进行了变革。其次，数学是一门线性学科，相比于阅读，教师更容易和学生一起设定数学方面的目标。有意思的是，罗森塔尔和雅各布森（Rosenthal and Jacobson，1968）在研究中也发现推理型的智商会比言语型的智商有更大程度的提高。鉴于在项目第一年之后，大多数教师将全面实施干预，我们希望在随后的几年里，数学方面显现的积极效益也能在阅读方面显现出来。最后，一个有意思的发现是，据在阅读课堂中实施了灵活分组的教师报告，教师注意到他们的学生在进步。例如，一位教师报告称，他通常会在测试后按阅读年龄将学生提高一个阅读级别，但他发现自己现在每次测试中都会将学生提高三个阅读级别。这可能是那些在阅读课中实施灵活分组的教师取得的个别成功，但这些成功还不够大，不足以在整个样本中产生具有统计意义的差异。

由于学生和教师的问卷都包含许多因素，在接下来的章节中，我将仅报告其中的一些因素。通过重复测量方差进行初步分析，我选择了研究中一些特别值得关注的内容，以及在第一年结束时对照组和干预组之间存在显著统计学差异的内容。我在下文中没有报告统计结果，因为这些分析是在没有任何控制或数据嵌套的情况下进行的，在解释这些结果时需要谨慎。接下来的几个月，我们计划逐步完成更高层次的统计分析，使用更精密的数据分析工具，提供更可靠的分析结果。

三、学生对教师期待的看法

随着时间的推移，干预组和对照组的学生对教师期待的看法发生了变化。干预组的学生似乎比对照组的学生更能意识到教师对他们抱有很高的期待，因为到学年末时，干预组和对照组的学生在对教师期待的看法方面存在着统计学上的显著差异。其结果显示，对照组的平均值在这一年中保持稳定，而干预组的平均值则有所上升。这可能是干预组的教师向学生发出了更明确的信息，让学生知道教师的期待是什么。无论这种变化是如何发生的，学生似乎都明白教师期待他们做得好。其他研究人员报告了学生的洞察力以及学生如何感知教师对他们的期待（Weinstein，2002；Babad，2009）。随着我们分析的逐步完成，了解原始干预组的学生是否会改变他们对教师期待的看法，将是一件很有趣的事。原始干预组的学生是否有不同的看法取决于他们后来是否转向另一位干预组教师、对照组教师或未参与项目的教师。

四、教师和学生的信念

总体而言，在项目实施的第一年里，在学生参与、教学策略和班级管理这三个方面，两组教师的自我效能感都有所提高。不过，与对照组相比，干预组教师的自我效能感在一年里有更大幅度的提高，特别是在教学策略方面。自我效能感量表可测量教师认为他们能够实施一系列教学方法以促进学生学习的程度。我们还测量了学生的自我信念，即自我概念。与对照组相比，干预组教师班级的学生在数学方面的自我概念在一年内有了显著提高。量表测试包含诸如"我学数学很快"和"做数学题对我来说很容易"之类的项目。干预组学生的测量结果非常喜人，与对照组学生相比，干预组学生的数学成绩也有所提高。然而，同样与对照组相比，干预组学生在阅读方面的自我概念和成绩都没有类似的提高。这与我在第四章中提到的一项早期研究（Rubie-Davies，2006）的结果相似，对比低期待教师，高期待教师的学生的自我感知在一年内有所提高，他们的成绩也大幅提高。

在"教师期待项目"的第一年，我们还测量了教师和学生的目标导向。同样，教师和学生的信念也有一定的一致性。与对照组教师相比，干预组教师在这一年中对成绩的重视程度明显降低，他们对学生竞争的重视程度也有所降低。同样，与对照组学生相比，干预组学生对成绩导向的重视程度也有所降低。该项目的目标之一是将对学生成绩的关注从群体竞争转移到通过个人学习和设定目标来发展技能。这也是最后一次研讨会的重点内容，第十三章将对此进行更全面的概述。在这一年中，干预组教师比对照组教师更注重掌握技能目标，这也达到了本项目的目的。然而，此现象并没有反映在学生的信念中。在这一年中，干预组和对照组学生都不太重视掌握技能的目标。原因可能是，虽然干预组教师在这一年中较少强调竞争，但他们在教学中没有充分纳入目标设定的内容，以至于没有改变学生关注的重心。据干预组教师报告，实施目标设定是教学变革之一，但是在项目的第一年结束时，此变革不太可能被引入他们的班级。这可能是因为目标设定是最后一次研讨会的重点，因此教师在学年前期主要集中改善分组和学习活动以及班级氛围。有几位教师表示，他们只有在获得了分组和学习经验，以及将良好的课堂氛围融入正常教学实践之后，才会在项目的第二年更加专注于目标设定的变革。不过，更加重视目标设定是否会导致学生重视掌握技能，这一观点还需要进一步调查才能得到证实。

接受干预组教师指导的学生也认为数学是一门他们在校外或长大后都会用到的实用学科，持这种观点的由干预组教师指导的学生比那些由对照组教师教授的学生更为普遍。到学年底，学生的观点差异在统计学上非常显著。当学生认为某个课程领域有用且有价值时，这已被证明会影响学习动机（Wigfield and Cambria, 2010），而学习动机反过来又会影响学习成绩。正如上述所证，在干预组教师班级中的学生的数学成绩确实比对照组有更显著的提高。

总之，在干预组教师的班级中，学生的数学成绩在一年中有所提高，学生的自我概念和数学实用性的信念也相应增强，而与数学有关的成绩导向信念有所减弱。可见，干预组教师班级的学生成绩提高似乎也对他们的信念产生了积极影响。

另一个发现是，在学校里，干预组和对照组教师在焦虑程度和掌控感方面存在明显差异。与对照组相比，干预组教师的焦虑程度更低，掌控感更强。这可能是由于干预组教师的课堂气氛更加轻松，课堂关系更加融洽，培养的态度更加积极，从而使干预组教师的焦虑程度低于对照组教师。同样，与继续以传统方式教学的对照组教师相比，干预组教师在教学实践中进行了与该项目相关的实质性变革，使他们更有可能掌控自己的教学内容和教学方式。干预组教师在何时以及如何实施干预方面也获得了相当大的自主权，这也能使他们感到能够控制自己的教学。

但有意思的是，对照组和干预组学生对班级氛围的感知随着时间的推移均有所下降，其感知具体体现在教师个人支持、同伴个人支持和同伴学术支持方面。然而，在对照组学生的班级中，其下降幅度更大。和教师期待相似，学生对班级氛围的感知可能会随着时间的推移而下降。据我所知，以前的文献还没有对此进行过研究。当改善班级氛围的教学实践逐渐落实后，干预组教师的学生对班级氛围的感知或许会有所改善。还有个关键发现是，与对照组教师的学生相比，干预组教师的学生的感知幅度下降较小。

五、定性数据

从教师评价中获得定性数据得出的结论在很大程度上支持了依据定量数据得出的结论。教师认为在数学课堂中使用灵活分组的情况多于在阅读课堂中。不过，据那些在阅读课堂中全面实施灵活分组的教师反映，这种方法效果很好，学生明显受益。例如，教师意识到能力分组限制了成绩欠佳的学生的学习机会，而灵活分组则让学生有选择的余地，并激发他们的学习动机和热情，教师也注意到成绩欠佳的学生的学习动机和参与度都有所提高。灵活分组与高期待教师的教学实践是一致的，下一章将对此进行详细说明。教师还认为，灵活分组便于在班级中开展更广泛的活动，而学生显然乐在其中，并且这些学生在阅读和数学方面的进步速度在一年中都有所加快。

教师进一步报告说，他们为改善课堂氛围所做的努力是有益的。他们表示学生变得更自信、更振奋、更有动力，也不太在意他人的成绩，课堂上的人际关系也得到了改善。总体而言，教师非常积极地参与该项目，而且非常开心地看到学生获益。探究学生信念随时间的变化以及与班级氛围的关系会很有意思，因为在项目第一年引入的实践会在随后的几年中更多地落实到教师实践中。

提高学生动机、参与度、自主性，改善教师评价和反馈都被纳入目标设定的范畴中。与干预的其他措施相比，目标设定的实施程度较低，可能导致学生掌握导向的信念不发生变化。此外，第十三章将介绍如何利用形成性评估来设定目标，这实际上是将学生的注意力从与他人成绩的比较转向关注自身的目标上，也是干预组教师能帮助学生减少对成绩导向目标的重视的原因之一。

纵观整个结果，该项目反映出干预组与对照组教师和学生之间都存在一些实质性差异。因为这项研究是实验性的，所以我推测这些变化是干预的原因。变化令人振奋，也预示未来研究的光明前景。在项目实施的第一年，干预对学生的成绩、教师期待以及教师和学生的信念都产生了积极的影响，这是非常令人鼓舞的。其实研究教师和学生的变化是很难的，本项目随机分配教师进行干预是做实验性研究的关键。如果发现有变化，就可以认为是干预造成的，而不是其他因素造成的。这与其他形式的专业发展计划不同，它们可以引入并积极实施新实践，但没有真正衡量对学生或教师的影响。该项目能测量学生或教师的变化都归功于干预组教师的担当和热情，他们非常乐意尝试在研讨会上确定的一系列活动。

第二部分（第五至第七章）介绍了我的许多研究，特别是一个大型干预项目，该项目有望在未来取得更多令人振奋的成果。接下来的第三部分，即第八至第十三章，我将围绕分组和学习体验、班级氛围和目标设定深入介绍高期待教师的重要教学实践，其中目标设定包括学生动机、参与度、自主性、教师评价和教师反馈。这六章被分成三组，每两章为一组。每组中的第一章将详细介绍高期待教师的实践案例及其决策背后可能的理论依据；每组的第二章则提出一些实用的建议，帮助普通教师在课堂上应用这些理念。本书的最后一章，即第十四章，将专门介绍各地的校长。有了他们的支持，每所学校都能成为高期待学校，各地的学生都将从中受益。

第三部分

教师期待的干预研究：
理论与实践

第八章　高期待教师和灵活分组
——理论讨论

第七章概述了"教师期待项目"，接下来对高期待教师的探讨将把重点放在三大关键实践应用：灵活分组、班级氛围、目标设定。本章作为探讨高期待实践应用的序章，重点探讨灵活分组这一实践，分析高期待教师为何偏好使用灵活分组而非能力分组。接下来，我会从理论角度探讨各种能力分组方式的有效性，意在揭示高期待教师选择在课堂中使用灵活分组开展教学的原因。

一、教师对学生分组教学的看法

学生的多样性让教师面临着持续的挑战。每年初，他们会获取学生的大量信息。根据学生以往的成绩以及初步印象，教师形成了对学生学业成就以及进步的期待，并据此设计出他们认为最能满足学生课堂需求的教学方案。受信念驱使，教师可能会决定对学生进行班内能力分组①。

在多数西方国家，尤其是在学生成绩参差不齐的小学，班内能力分组是一种常见的做法。这种做法使教师能够管理不同成绩水平的学生，尤其在数学、阅读等核

---

① 班内能力分组（Within-class Ability Grouping）是一种教学策略，根据同一个班级学生的学业能力或学习进度将他们分在不同的小组。每个小组的学生在某一特定科目或学习任务上的能力水平相近，这样教师可以根据不同小组的需要进行有针对性的教学。

心科目上。因此，将能力差不多的学生分在一起学习，这种做法在管理学上是有用的。新西兰是采用班内能力分组来组织学生的国家之一。事实上，新西兰大多数的小学都根据学生的阅读和数学能力进行同质分组①。许多教师还会对拼读课、写作课，有时甚至对书法课和体育课进行分组教学。在师范教育课程中，教授师范生如何进行分组教学被认为是"正确"的教学方式。在新西兰，班内能力分组是一种根深蒂固、无处不在且不容置疑的做法。实际上，在所有经济合作与发展组织（OECD）国家中，新西兰是使用班内能力分组最普遍的（Wagemaker，1993），其学生的成绩差距也是最大的（Tunmer et al.，2004）。我怀疑分组教学和学生成绩之间存在某种潜在关联。芬兰的情况就不一样，芬兰在教育系统中实行异质分组②的政策。在国际学生能力评估项目③（Programme for International Student Assessment，简称 PISA）和促进国际阅读素养研究④（Progress in International Reading Literacy Study，简称 PIRLS）中，芬兰学生的数学、科学和文学成绩经常在 OECD 国家中名列前茅，而且学生的成绩差距较小。我认为这不是巧合。

在开始探讨高期待教师和低期待教师的概念时，我已经识别出这些教师，开始与他们交谈并观察他们。最让我感到惊讶的是，虽然一些教师使用分组教学，但没有任何一个教师会让学生分组参加学习活动。结果，这些教师的学生成绩每年都有巨大的进步（Rubie-Davies，2007，2008）。这促使我进一步了解这些教师是如何组织学生的。如果没有进行班内能力分组教学，那他们的课堂是如何组织的？他们在课堂中又设计了哪些类型的学习活动？通过与这些高期待教师和低期待教师的访

① 同质分组（Homogeneous Ability Grouping）是按照学生的智力或知识程度分校、分班或分组。这样，同一组的学生具有相似的能力水平。重点学校和非重点学校、同一年级的快慢班之分都属于同质分组。

② 异质分组（Heterogeneous Ability Grouping）指在教育中将不同能力水平的学生分在同一个小组中进行学习。这种分组方法旨在通过学生间的互相帮助和合作，促进所有学生的学习和发展。异质分组可以利用高能力学生的知识和技能来帮助低能力学生，同时也能培养高能力学生的领导能力和耐心。

③ 国际学生能力评估项目是一个由经济合作与发展组织筹划的对全世界十五岁学生学习水平的测试计划，最早开始于 2000 年，每三年进行一次。该计划旨在发展教育方法与成果，是目前世界上最具影响力的国际学生学习评价项目之一。

④ 促进国际阅读素养研究是由国际教育成就评鉴协会（IEA）主导，针对儿童（九岁至十岁）的阅读能力进行国际性评量的项目，希望借由评比结果，作为改善阅读教学及促进儿童阅读能力的参考。

谈，我发现他们的教学理念存在明显的差异。以下是摘取出来的部分教师访谈。低期待教师所用化名的首字母均为 L，高期待教师所用的化名均以 H 开头。

　　大多数参加访谈的教师在上阅读课和数学课时会进行能力分组教学。然而，低期待教师和高期待教师之间存在一些差别。就算在教学中使用能力分组，高期待教师也不会让学生采用这种方式参与学习活动。有些高期待教师允许学生自主选择，有些采用全班活动，还有一些则根据社交关系将学生分组来完成任务，并避免将表现不佳的学生组合在一起。我访谈的几位教师采取了个性化的教学方法，同时也会设置一些全班性的学习活动。此外，还有一位教师将她的学生按照成绩从高到低平均分成四个等级：成绩最好的前四分之一的学生为第一等级，成绩在前四分之一到二分之一的学生为第二等级，以此类推。然后，她将第一等级和第三等级、第二等级和第四等级的学生分别配对组合成新的小组，让他们共同参与各项活动。不同的是，低期待教师不仅在教学中使用能力分组教学，也会在组织学习活动时使用这种分组方法，这一做法在新西兰屡见不鲜。拉娜（Lana）阐述了她认为需要进行班内能力分组教学完成学习活动的原因："能力较低的学生无法完成我为能力高的学生设定的任务，我这样做是为了迎合他们的实际水平。"然而，一位高期待教师霍莉（Holly）表达了与此不同的看法："学生可以自由选择他们想参与的活动，而不是基于活动的内容被分组。"

　　当被问及给成绩欠佳的学生设计的活动类型时，他们表达了类似的看法。卢克（Luke）重申了拉娜的说法："每天就是做大量的重复……"高期待教师表达了截然不同的想法。正如汉娜（Hannah）所说："学生需要参加有挑战性的活动来保持学习动力。如果我不让他们像成绩优秀的学生一样自主，他们就学不会独立，将总会需要教师指导。"我之前注意到，一些高期待教师谈到为成绩欠佳的学生设计富有挑战性、激励人心的活动，或让学生自行研究感兴趣的话题，而我从未听任何一个低期待教师说过这样的想法。劳伦（Lauren）说："课堂上，我为高能力组和低能力组学生设计的活动有很大差别。高能力组学生做的是更高难度的任务，低能力组学生日常做巩固基础练习，高能力组不做这些。"

　　高期待教师和低期待教师都为他们成绩优秀的学生安排了更多引人深思的活动。不同之处在于，在高期待教师的班级中，所有学生都可以参加这些活动；而在低期待教师的班级中，这些活动只限于成绩优秀的学生。比如，汉娜解释说："对于能力高的学生……为了培养学习的自主性，他们可以去学习中心，制作问题解决图，深入思考他们阅读的内容及其他类似的事情。所有学生都可以去做问题解决图，但主要是能力高的学生在做。"因此，汉娜并没有仅让成绩优秀的学生参加此类活动。

相比之下，劳伦则说："相比成绩欠佳的学生，我会考虑给能力高的学生安排更多自主活动。我确实会给高能力组安排一些更复杂的任务，他们需要以更自主的方式来完成。"

海蒂（Heidi）实施过一个个性化教学计划，她把需要学习特定技能的学生抽调出来，这样就没法进行分组教学。她通过让学生完成相同但内容略有差异的学习任务来应对班级的成绩差异。以制作一本小册子为例，所有学生都在做这个任务，但有些学生是自己制作，有些学生教其他人制作，诸如此类。她尽量让所有学生都参与类型大致相同的活动，同时尽量避免他们明显地察觉到自己在做的具体任务。也就是说，她尝试在同一活动中为每个小组安排不同的事情，而不是让学生去做完全不同的事情。

班内能力分组教学反映了一种观念，即学生具有某种"固定的能力"。这与"我们每个人天生具有一定的智力水平"的观念密切相关，即认为智力是天生的、固定不变的，而不是认为"只要给予适当的学习机会，所有学生都可以学习并提高他们的智力"，即智力是渐进发展的、可以增长的（Dweck，2009）。不出所料，相比低期待教师，高期待教师更相信学生通常只需要适当的激励或重新引导就能取得成功。如希瑟（Heather）所说："学生进步的速度可能不同，因为他们将精力投入不同的事情中，但你不得不谈谈目标设定和目标重设的问题，重新出发，再回顾反思。"

也许是由于高期待教师认为能力是可以提高的，对于将学生划分为"高能力生"或"低能力生"，几位教师持批判态度。海伦（Helen）说："正如我最开始说的，我不是特别在意'低能力生'这个标签，我更愿意理解为这些学生有更大的需求。"然而，低期待教师经常将学生划分为"高能力生"或"低能力生"，他们认为那些成绩欠佳的学生需要在教师的大力支持下慢慢地学习课程，而那些成绩较好的学生可以更自主地学习。正如劳伦所述："成绩好的学生通常有良好的独立学习习惯，所以只要你能在一节课中抽出五到十分钟与他们简短交流，在那之后，你基本上就可以放手让他们自己去学了。"

　　高期待教师似乎意识到，班内能力分组可能会伤害学生的自尊，尤其是成绩欠佳的学生，也会限制他们潜在的进步。希瑟说："我认为每个人都应该接触更高阶思维的活动，否则我就是在差别对待。尽管这对那些可能还没完全准备好的孩子来说很难，但你知道，他们仍在听讲，仍在学习知识。"

　　班内能力分组会伤害学生的自尊，尤其是对那些被分到低能力组的学生（Weinstein，2002；Hornby et al.，2011）。韦恩斯坦（Weinstein，2002）在书中引用了学生的话，生动地描绘了被分入低能力组、并被贴上这个标签的学生的感受。他们清楚地感知到教师认为能力越强越好，相比被认为更有能力的学生，如果一个学生被认为能力不够，他们就不会受到教师同等的重视。

　　虽然新西兰普遍采用班内能力分组教学，但在核心课程领域的学习中，高期待教师决定不对学生进行能力分组。他们能清楚地解释做出这一决定的原因。在教师期待研究领域，韦恩斯坦（Weinstein，2002）特别提倡混合能力分组。她发现，有些教师在对待学生的态度、与学生的互动方式以及对学生需求的满足方面并没有什么差别。但是，分组教学的研究结果是怎样的呢？将学生按照某种方式分组进行教学真的有效吗？有没有相关证据支持这种做法？在本章的余下部分，我会介绍与分组教学相关的研究证据，以帮助读者更全面地了解能力分组教学的利弊。

二、研究启示

（一）不同的学习机会

　　研究有一个重要发现：不管是何种分组方式，都会导致教师提供差异化的学习机会，不同的学习经历可能导致学生掌握的知识和技能有所不同。库克林斯基和韦恩斯坦（Kuklinski and Weinstein，2001）的研究指出，被认为成绩欠佳的学生，如果始终没有机会挑战更高认知要求的任务，他们的成绩很可能会更不好。实际上，豪特温和范·德·格里夫（Houtveen and Van de Grift，2001）的研究表明，成绩优秀的学生在分组教学中获得的任何微弱优势都会被其他学生受到的不利影响抵消。马什（Marsh，1987）和艾瑞森等人（Ireson et al.，2005）的研究发现，成绩优秀的学生并不会因为被分入能力更高的小组而获得优势。

教师为成绩较好的学生提供的学习体验以自主学习为特色，重点在于培养他们多元化的认知处理技巧。相比之下，很多研究显示，成绩欠佳的学生接受的课程通常比较有限，承担的任务对认知要求不高，任务类型较为单一，教学节奏更缓慢，学习体验的选择有限，多为重复性的基础练习（Hacker et al., 1992；Marcon, 1992；Timperley et al., 2002）。加莫兰（Gamoran, 1992）发现，与成绩优秀的学生相比，能力中等和能力偏低的学生更可能觉得教师布置的任务过于简单。差异化的教学方法虽出于教师的好意，他们觉得这种方法能帮助学生、满足学生的需求，却导致了不公平的学习机会。使用差异化教学策略也可能是因为教师降低了对成绩欠佳的学生的期待。

此外，对学生进行能力分组意味着承认"学生的智力是天生的"这一观点，因此教师的教学需要适应学生的能力水平。这也意味着，一旦学生被分入特定的组别，他们的分组将很难改变。古德（Good, 1987）和里斯特（Rist, 2000）的研究均显示，学生一旦被分入某个特定的能力小组，就很难再更改。能力是天生不变的观念，为教师提供了一个有些学生未能取得进步的理由，同时也削弱了他们对学生成绩负责的使命感（Eccles and Wigfield, 1985；Hattie, 2003b）。当教师认为技能较弱的学生无法学好，他们可能会减少在教学上付出的努力，这可能会引发自我实现的预言效应（Good and Weinstein, 1986；Weinstein, 2002）。

（二）分流制、教师信念和教师期待

在许多学校，学生按能力被分入不同的班级，整个班级可能就被贴上"快班""普通班"和"慢班"的标签。这一章我将使用"分流制"[①]来表示按学生能力进行分班的方法，在一些国家也被称为"分轨制"或"分级制"，与英国的"分层走班制"[②]类似。格雷戈里（Gregory, 1984）的研究指出，教师对成绩欠佳的学生

---

① 分流制（Streaming）通常指的是将学生按能力或水平分组，让他们在几乎所有的课程中都在同一个班级，这样无论教授什么科目，学生都在同一个小组里。

② 分层走班制（Setting）指的是按照学生所在年级将他们分入针对特定学科的班级，例如数学和英语。由于学生在每个科目上的能力可能不一样，这种分组不适用于整个课程设置，这样一来，学生的分组就能随着科目有所变化。

抱有低期待是分流制带来的主要问题。同时,霍恩比等人(Hornby et al.,2011)发现,教师对慢班的期待越来越低。作为分流制的主要研究者及强烈反对者,奥克斯在多个研究中(Oakes,1985,1988,1990a,1990b,1992;Oakes et al.,1992)展示了分流教学不仅会对能力欠佳学生的学习机会造成负面影响,还会影响他们的生活机会。她发现,尤其是少数族裔和来自经济社会水平较低家庭的学生,他们往往分布在普通班中,这很不公平。与能力相当的中产家庭的学生相比,他们接受的课程也更加简单。霍恩比等人(Hornby et al.,2011)的研究发现,校长认为分流制对少数族裔学生来说并无益处。之前,我和一些教师讨论分流制时,有位教师提到学生分流到的班级水平越低,他们的肤色就越深,这反映了分流制造成的难以言喻的不平等现象。

在美国的一些学校中,与分流制相关的另一个不平等问题是,更有经验或优秀的教师通常被分配给快班的学生,而水平较低的教师则教授慢班的学生(Oakes,1990a)。这些慢班的学生最需要高质量的教学,但得到的教学资源却是最少的。更糟糕的是,将能力不足的教师分配给慢班可能导致他们花更多时间在管理学生行为上,而不是在教学上(Oakes,1985)。与此同时,那些快班的学生接受了高质量的教学,长此以往,他们终将比其他同学掌握更多知识。

在分流制下,同一个班级的学生在一起上所有的课程。为了改变这种情况,英国采用了分层走班制,学生根据他们在不同科目上的能力水平被分到不同的小组。这样一来,学生的分组就能随着科目有所变化。分层走班制通常用于数学和科学的教学,有时也可用于外语和英语的教学。分层走班制在其他更倾向于采用异质能力分组的科目中不太常见。史密斯和萨瑟兰(Smith and Sutherland,2006)报告了学生对分层走班制的感受。和美国的情况一样,研究发现分层走班制对学生的生活机会也有影响。有位学生提到,她的朋友因为低于录取线半分,而与两门科学课程无缘。而她的课堂表现并没有被纳入考核,这导致她尽管想学习科学,却不得不选择其他科目。鉴于女生进入科学、技术、工程和数学领域(STEM)的人数偏少(Watt,2010),这样的情况实在是太令人遗憾了。还有学生提到了被分到快班面临的巨大压力,以及虽然考试成绩不错但因行为问题被分到慢班的情况。很多学生对分班制的随意性感到不满,他们认为有些学生虽然被分到快班,但实际上可能并不符合那个水平的要求。同时,他们也觉得这对那些课堂表现出色却因考试成绩欠佳而被分到慢班的学生来说是不公平的。艾瑞森等人（Ireson et al.，2005）的研究强调，班级的形成方式，包括分流制和班内能力分组制，往往带有一定的主观性。他们的研究还发现，在调查的所有学校中，不同班级的学生成绩存在一定程度上的重合。以十一年级的全国英语考试为例，通常成绩优秀的学生主要集中在十二个班的前两个快班中，而成绩中等的学生可能分布在快班、普通班和慢班中。数学考试的情况也类似，几乎各个班级中都有成绩中等的学生。这意味着实际的分班效果并没有和预期的一致。尽管理论上每个班级的所有学生都应该在同一水平，但实际情况是，即便在同一班级内，学生的成绩也存在差异。总体而言，被分在较高等级班级的学生更具有优势，他们在数学、科学和英语的国家考试中成绩更好。研究发现，对成绩优秀的学生而言，学科分流制似乎没带来好处，但控制了学生成绩后，却发现被分到快班里成绩好的学生在生物这一科上反而略显劣势。有意思的是，原本九年级时成绩中等的学生，因为进了快班，在十一年级的国家考试中表现尤为出色。该研究和之前引用的研究均显示，给学生提供接触更高水平学习的机会，他们往往是能达到这些水平的。这可能是因为教师对高能力组的学生抱有更高的期待，或是学生本身动力更足、更自信，当然也可能是其他因素在起作用。作为研究人员的我们和教师都明白，只要给学生机会，他们就有可能达到或超出之前预测的成绩水平。

霍恩比等人（Hornby et al.，2011）发现，有些校长也认识到，对学生采取分流的方式并不一定精准。当学生认为自己未能被安排进精英小组时，他们常感到不满。有趣的是，虽然许多人主张分流制，但研究显示（Hattie，2009），分流制对学习的实际影响微乎其微（效应值 $d=0.12$）。鉴于分流制带来的社会分化等问题，2006 年，美国学校心理学家协会公开反对分流制。

美国一些地区正在尝试摒弃这种历史悠久的分流制。2005 年，伯里斯和韦尔纳（Burris and Welner，2005）报告了纽约一个区结束分流制后的情况。该地区为了缩小白人学生和非裔美国学生之间的成绩差距，开始实施异质分班，并向所有学生提供了以前仅向最高水平班级开设的课程。这是个伟大的计划，他们想要全面提升学生各学科的成绩，包括数学、科学、社会学、英语和外语。为了让学生更好地准备初升高，该区的初中需要提供更难的课程，尤其在数学这一科目上。教师开始面向所有学生开放高级数学课程，这个课程以前只对成绩优秀的学生开放。学校还设立了数学工作坊和课后辅导班，帮助数学学习有困难的学生。在升入高中之前，学生参加了一场包含所有科目的考试，结果令人震惊。以前，大约只有23%的非裔美国学生和拉丁裔学生以及54%的白人学生和亚裔学生能通过中考。而在混合能力班级中，教师教授更高级的课程后，这些比例分别上升到75%和90%。该项目让所有学生受益。随后，该区的高中也开始实施异质分班，教授更高级的课程，也取得了类似的成效。教师还为选择了数学、科学和英语的学生提供了额外的支持。在初中和高中混合能力班级的第一批学生毕业时，82%的非裔美国学生和拉丁裔学生（此前该校采取分流制时为32%）以及97%的白人学生和亚裔学生（此前为88%）通过了州级考试，显著缩小了成绩差距。而且，通过考试的非裔美国学生和拉丁裔学生比例高于该州白人学生和亚裔学生的整体通过率。研究人员得出结论：实施异质分班之所以在提高学生成绩方面取得成功，得益于教师对所有学生都抱有高期待。该学区为改革也提供了足够的资源，且教师也坚信，只要教授高水平课程，所有学生都有能力取得好成绩。这样的研究明确指出，学校分流制导致学生成绩差异的主要原因是缺乏学习机会和课程差异化。一旦学生被分在混合能力班级并被教授高级课程，他们都能取得进步。这也与常见的关于取消分流制引起的担忧矛盾。支持分流制的人经常担心，学生如果在混合能力班级中学习，可能会对成绩优秀学生产生不利影响。因为课程可能会被简化，或者教师可能会花太多时间辅导成绩欠佳的学生。然而，在这项研究中，无论是成绩欠佳还是成绩优秀的学生，都能从高水平的学习机会中获益。

（三）班内能力分组教学

我上文提到，很多国家普遍使用班内能力分组教学。在一项针对新西兰小学优秀教师的班级分组做法的研究中，威尔金森和汤森（Wilkinson and Townsend，2000）发现，这种教学方式似乎没有给低能力学生带来任何负面影响。因为教师通常会花更多时间教导这些学生，而不是那些学习能力更强的学生。也有一些研究者对这种分组教学持保留态度。古德（Good，1987）的研究发现，学生在初中的分班情况往往与他们小学时的班内能力分组情况有关。这说明一旦学生被分到某个特定水平的组里，他们就很难再转到其他组了。1998年，古德和汤普森（Good and Thompson，1998）的研究发现，相比于没有实行能力分组的班级，实行班内能力分组班级的教师期待更高。哈蒂（Hattie，2009）发现，和分流制一样，班内能力分组教学的优势其实微乎其微（效应值 $d=0.16$）。

当询问学生对班内能力分组教学的看法时（Hallam et al., 2004），他们似乎很清楚自己所在小组的水平，以及被分到该组的原因。大多数学生接受了自己被分配的小组。但也有些学生提到，父母的介入帮他们分到水平更高的小组。总的来说，学生更喜欢在混合能力小组中学习，认为这样可以互相帮助，共同进步。他们还感觉，相比于班内能力分组，混合能力分组让他们有机会和更多同学一起学习。在那些实行班内能力分组和班级间能力分组[①]的学校，学生对自己能力的认知往往更准确。而在混合能力分组的学校里，学生对自己能力的认知就没有那么准确。因为在这些学校里，能力差异没有那么显著，学生的自尊得以保护。一些学生反映，被分到低能力组，他们会感到不舒服和沮丧，而几位处在能力分组极端的学生也反映他们遭到了同学的取笑和辱骂。

2002 年，在麦金太尔和艾瑞森（MacIntyre and Ireson, 2002）关于使用班内能力分组开展数学教学的研究中，他们考察了分组的准确性及其对学生自我概念的影响。学生的标准化测试成绩显示，班内能力分组其实是非常不准确的。不论学生在能力最低的组还是能力最高的组，他们的成绩都存在显著的交叉和重叠。教师表示在分组时会把自己的评估和学生的一些社会因素考虑在内，他们也知道可能会有学生被分错组，即便如此，他们还是会为能力高和能力低的组安排完全不同的学习活动。此外，一旦学生被分到某个组，即使有很多明显分错的情况，也很少有学生换组。这项研究还发现，学生的数学成绩和自我概念之间存在微弱的正相关关系。高能力组和低能力组的学生在自我概念上存在显著差异。一些高能力组的学生报告了较低水平的自我概念，而一些低能力组的学生则报告了更积极的自我概念。那些成绩和自我概念不匹配的学生认为自己被分错了组，要么觉得很有压力，要么觉得自己应该被分到能力更高的组。

（四）教师设置能力分组的原因

支持能力分组的教师认为，他们能够准确判断学生的能力，从而将学生分配到

[①] 班级间能力分组（Between-class Ability Groups）是指学校打破按年龄编班的传统习惯，根据学生的能力水平或学习成绩编班教学。

能力相对一致的小组中。教师认为实行同质能力分组的一个好处是，它能更好地帮助教师应对班级中学生差异带来的挑战，让完成教学任务变得更得心应手（Slavin，1987，1993；Hanushek and Woessmann，2005）。研究人员发现，与能力差不多的同学一起学习时，学生的学习效果会更好（Hoffer，1992；Fuligni et al.，1995；Cahan et al.，1996）。2006年，乔尔森帕和格雷厄姆（Chorzempa and Graham，2006）的研究发现，有些教师认为班内能力分组教学能使他们更好地调整教学内容，以适应不同学生的知识储备和需求，尤其是在数学这样的层级式科目[①]上。霍恩比等人（Hornby et al.，2011）发现，班内能力分组的支持者认为这种分组方式可以调整教学进度和难度，从而提高学生的学习效果。另一种教学观点是，同质能力分组有利于保护学生的自尊（Davenport，1993），与自己成绩相当的同学一起学习时，成绩欠佳的学生会对自己及其学习持更积极的态度。

然而，同质能力分组的反对者指出，这样做会影响教师对低能力组学生的教学质量。教师可能对成绩欠佳的学生期待较低，导致放缓教学速度、增加重复性活动、不断复习已学知识点，形成缺乏激励性的学习环境（Oakes，1992；Fuligni et al.，1995；Weinstein，2002）。此外，当成绩欠佳的学生按能力被分到同一个班级，他们可能缺乏优秀的同伴示范（Fuligni et al.，1995；Hornby et al.，2011）。对于行为表现不佳的学生，不管他们的实际能力如何，都可能会被安排在低能力组（Oakes et al.，1992）。这也可能是因为教师对他们的期待较低，但这会让教师耗费大量的教学时间来管理课堂。实际上，古德和韦恩斯坦（Good and Weinstein，1986）的一项观察研究显示，教师对低能力组的学生制定的行为管理指令多达157条，而对高能力组学生只有61条。还有观点认为，随着时间的推移，分组教学可能会使学生对教育产生越来越消极的态度（Obiakor，1999；Hornby et al.，2011）。有些教师观察到，在实行班内能力分组教学时，把能力欠佳的学生分在同一组，非但没有提升他们的自尊，相反会使他们被公开地贴上标签和归类（Oakes，1988）。基于社会重视的标准——能力将学生分组导致了一种地位等级的产生（Gamoran，1992；Ireson et al.，2005）。

---

① 层级式（Hierarchical）科目或层级式课程领域通常涉及一系列学科，每个学科都建立在前一学科的基础之上，形成逐层递进的学习结构。

不过，上面提到的很多观点其实是研究人员的看法。他们很少去问教师实行班内能力分组的原因。乔尔森帕和格雷厄姆（Chorzempa and Graham，2006）发现，实行班内能力分组教学的教师认为这种做法能更有效地促进学生的学习。而那些没有采用这种分组教学的教师，则表达了一些顾虑。比如，担心把学生分到低能力组会伤害他们的自尊，让学生觉得被污名化。有趣的是，相较于资深教师，新教师更倾向于实行班内能力分组教学。教师通常会对所有学生提问以检测学生对知识点的理解，但在教授词汇、语音和语感等方面，他们承认会更关注低能力组的学生。然而，令人担忧的是，相较于高能力组的学生，低能力组的学生花在默读上的时间较少，而大声朗读的时候更多；他们经常回答简单的封闭性问题，缺乏深层次思考；他们较少阅读非虚构类文本，选择阅读材料的机会更少；他们花费大量的时间在非阅读任务上，听教师朗读较多，经常花更多的时间完成练习作业等。这些做法引起了广泛担忧，不仅造成了学习机会的不均等，也是班内能力分组教学及其他分组制面临诸多批评的根源。

三、分组教学：研究小结

本章简单回顾了关于学生分流制和班内能力分组教学的相关文献，结果显示这些做法对学生几乎没有积极效果。这个发现很值得我们关注，因为很多国家会按照某种方式对学生进行分组教学。本章开篇就提到，高期待教师和低期待教师使用的能力分组方式不太一样。尽管高期待教师会进行分组教学，但在安排学生活动的时候就不分组了。这种更加灵活的分组安排，既能针对学生各自的水平实施教学（班内能力分组教学的一大优点），又能避免严格分层和能力分组带来的负面社会心理影响。下一章将会介绍一些灵活分组教学的应用方法，让更多教师像那些高期待教师一样，使用更灵活的分组方式。

第九章　高期待教师和灵活分组
——实践应用

　　第八章提到，高期待教师并未采用传统的班内能力分组教学方式。这种方法通常是将学生按照能力划分为多个同质小组[①]，并为每组设计不同的学习活动。正如我在第八章中解释的那样，班内能力分组有一些缺点，比如造成学习机会不均，可能伤害成绩优秀和成绩欠佳学生的自尊，在学生间形成等级划分，让学生觉得教师偏爱高能力组的学生。需要强调的是，虽然有些高期待教师在教学中采用班内能力分组的方式，但在组织学生参加学习活动时，他们就不会这样做了。一些教师甚至完全不使用分组教学，而是单独辅导学生或根据学生的需求将他们聚集起来教授技能，并根据持续的形成性评价[②]进行教学。决定是否在教学中实行能力分组，并为所有学生提供多样化的学习活动，我称之为灵活分组[③]法。这种做法体现了教师在学生分组安排上的灵活性和包容性。本章我将详述在灵活分组的过程中如何布置教

① 同质小组（Homogenous Ability Groups）指将学术能力或学习水平相似的学生分成同一个小组进行学习。这种分组方式通常用于确保所有组内成员的学习需求和进度相对一致，从而使教学更具针对性和有效性。

② 形成性评价（Formative Assessment）是在教学过程中进行的持续评估，其目的是提供反馈，从而改善教学和学习。教师通过观察、提问、课堂活动、作业反馈等方式了解学生的学习进展，并及时调整教学策略，以帮助学生更好地理解和掌握所学内容。形成性评价强调过程而非结果，目的是支持和促进学生的学习。

③ 灵活分组（Flexible Grouping）是一种动态的教学策略，学生根据具体的学习任务或活动而被分到不同的小组。这种分组方式不是固定的，而是根据学生的需要、兴趣和表现进行调整，旨在促进学生的全面发展和个性化学习。

室，如何组织学生和小组，以及解释学生可以参与的学习活动类型。本书阐述的活动适用于四至八年级学生，其中有些活动更适合年纪较小或较大的学生。教师应根据所教学生的年龄选择或适当调整这些教学活动。虽然灵活分组适用于教师之前使用同质能力分组教学的各个科目，如数学，但在本章我将重点介绍阅读课的相关活动。这些活动大多可轻松调整，适用于其他科目。通过精心挑选各种活动，我们确保每个学生都能投入既有挑战性又有趣味性的活动中，避免让能力水平最低的一组学生仅参加基础的重复性活动。

此外，允许学生自主选择学习伙伴可以促进不同能力水平的学生在一起学习，以便他们从榜样效应 ① 中获益。学生通常会根据他们的分组来选择朋友，灵活分组为他们提供了更多交朋友的选择，也有助于拓宽同伴关系网。

一、灵活分组课堂

灵活分组的一大特点是定期改变学生的分组。我建议至少每月变更一次，但一些参与"教师期待项目"的教师甚至每周都会改变学生的分组。这种定期的小组调整有助于在学生间培养合作精神，让他们相互关心，从而增强班级凝聚力。此外，学生有机会与班上的每位同学合作，促进彼此了解和相互学习。具体的分组方法之一是让学生制作名片，并交给教师。教师随后将名片打乱顺序，并摆放在桌子上。学生根据各自名片摆放的位置就座。另一种分组方式是使用"时钟伙伴"（clock buddies）（见图 9.1）。这种方法能让教师想出多种学生分组方式。每当需要改变分组的时候，教师只须旋转分针，并根据分针停留的位置依次更换学生的分组。对于基于学生兴趣爱好的分组（兴趣分组），教师可以让他们在学年伊始——列出自己的兴趣爱好，然后保留这些信息，以备后用。这样做既能避免学生为了和朋友在一组而干扰教师分组，又能让教师按照特定项目将学生分组。例如，教师创建兴趣小组，让每个小组围绕一个特定主题展开探究，并最终展示他们的团队成果。社交关

---

① 榜样效应（Peer Modelling）指的是学生通过观察和模仿同龄人的行为、态度和技能来学习。这种效应利用同伴之间的影响力，促进学习和行为的改进，尤其在课堂管理和合作学习中效果显著。

系分组 ① 也是一种有效的方式。如果班上有几个学生行为表现不佳，采用社交关系分组通常非常有效。这种方式可以将这些学生分散，与学习习惯良好的伙伴或者小组组队。

图 9.1　"时钟伙伴"学生分组法

（一）准备一个适合灵活分组教学的阅读区

为打造一个适合灵活分组教学的阅读区，教师须准备各类资源，并设计一系列可供学生自主选择的活动。这些活动设计的宗旨是满足不同阅读水平的学生需求。无论是自主阅读还是与同学共读，学生都能选择与自己阅读水平相当或略有难度的阅读材料。关键在于避免对阅读材料分级，确保所有学生都能参与各项阅读活动。虽然以下列表中的内容对许多教师来说可能已经非常熟悉，但我要给你们展示如何轻松地将这些常规教学活动做调整，以适应灵活分组的教学方法。

我从反馈中得知，有些学生可能倾向于选择阅读过于简单或难度过高的图书。但根据我的经验，通常情况并非如此。学生很少会一直选择阅读难度过高的图书，这样阅读时容易产生挫败感；他们也不会总是选择过于简单的图书，以免觉得平淡

---

① 社交关系分组（Social Grouping）是一种教学和管理策略，根据学生之间的社交关系、友谊和互动情况将他们分入不同的小组。这种分组方式的目标是利用学生之间的社交纽带来促进合作学习、团队合作和积极的课堂气氛。让学生与他们熟悉和信任的同伴一起工作，可以增强他们的参与度、自信心和学习效果。

无味。我还想指出，社会上普遍存在一种固有观念，即认为学生必须阅读符合自身水平的图书。但为什么会有这样的观念？成年人对自己读书就没有这样的限制。以我自己为例，有时我会阅读学术文章，其中复杂的统计解释我并不能完全理解。有时我会阅读探讨高阶理论构建的文章，我会慢慢地精读这些文章，有些地方甚至需要反复琢磨，才能深入理解含义，阅读自身专业领域之外的技术类文章或图书时尤其如此。其他时候，如在门诊处或者理发店等候时，我可能会随手翻阅杂志，浏览标题跳读，挑选感兴趣的内容阅读，看看图片，偶尔动动脑子，我并不是从头到尾读这本书。晚上，我可能会在床上舒适地翻阅一本小说、女性流行读物，或是深奥的著作。重点是我从不考虑阅读的内容是否符合我的阅读水平。

我深知自己的阅读技能已经相当不错，而学生还在不断提高他们的阅读技巧，但我们的最终目标是培养学生对阅读的热爱，希望他们成年之后仍能保持阅读的习惯。那么，为何非要强迫学生阅读那些符合他们的阅读水平但他们完全不感兴趣的材料呢？如果学生对某个话题兴趣盎然，他们自然会主动挑战阅读更难的书。在这一过程中，他们不断地学习和成长。即使学生拿起一本杂志浏览，翻看图片，被某张图片吸引，进而深入阅读，这有关系吗？他们只是在模仿成人的阅读方式。重要的是他们的确在阅读。书读得越多，他们的阅读技能就会越精湛。

在阅读教学中使用灵活分组体系，教师需要搜集并整合各类阅读材料。然而，一旦这些材料准备妥当，比起采用传统的班内能力分组，教师在这方面的工作负担并不会太重。接下来，我会介绍一些适合不同阅读水平的材料，并且我还会在后续章节中对日后的阅读活动提供更多的建议。

阅读区应设置多种活动，供学生自主选择参与。教师可以建立一个班级图书馆。其中应提供各类引人入胜的图书，这样总有图书能吸引学生的兴趣。我发现"主题箱"（theme box）是一个有效的阅读装置。每个箱子内装有围绕特定主题的各类图书，涵盖学生不同的阅读水平。这些主题可以是恐龙、野生动物、昆虫、机械、发明、著名运动员、历史上的女性、事物运作的奥秘等，主题清单数不胜数，而且能够适应各个年龄段的阅读活动。主题箱可以定期更新，教师可以花时间在学校图书馆里挑选供班级使用的新主题和新书。"笑话箱"（joke box）也是一个有趣的阅读装置。箱子里面可以装笑话书，也可以装写有一个或多个笑话的卡片。学生乐于创作这些内容并添加到箱子中，从而减少教师的工作量。同样，也可以制作"诗歌箱"（poetry box），在其中放入诗歌集、市售的以及师生自制的诗歌卡片。如果这些卡片由学生亲手制作，他们就可以自行装饰、绘制插图，并将其封塑，以此让学生感受到他们的作品受到了重视。他们也会乐于为班级其他同学的阅读活动创作。制作诗歌卡片、笑话卡片或参与其他班级活动，可以作为学生提前完成作业的奖励。对于那些字迹工整的学生来说，这些活动可以替代他们的书法课。

装阅读材料的其他箱子可以设置成一对或共享箱子，存放各种不同水平的教学阅读书本，供学生选择，并与同学共读。同样，还可以用一些箱子专门放不怎么使用的读本。例如，新西兰的学校有自己的学刊，是包括一系列故事、诗歌、剧本的小册子。它们是分级的，非常适合收集成套，放在箱子内给学生使用。在网站①上，可以找到更多的校刊资料，还有许多为教师准备的教学建议，适用于各类读本和教学情境。

另一套箱子可以放常见的剧本。对于喜欢演戏的学生，教师可以偶尔空出一周，让他们分组选择剧本排练，然后在该周的周五演出。他们也可以制作木偶，给大家表演木偶戏。教师还可以逐渐增加更多种类的阅读活动，包括收集特定主题的杂志（例如体育或汽车）、各种漫画、连载小说等，例如，《哈利·波特》（*Harry Potter*）、《饥饿游戏》（*Hunger Games*）、《39条线索》（*39 Clues*）、《小屁孩日记》（*Diary of a Wimpy Kid*）、《漂亮的南希》（*Fancy Nancy*）、《朱迪·穆迪》（*Judy Moody*），以及苏斯博士（Dr. Seuss）和保罗·詹宁斯（Paul Jennings）写的一系列作品、尤斯伯恩（Usborne）出版的一系列图书。这些可以在学校集市或二手书店中低价购得。师生可以收集如优惠券、节目单、公交或火车时刻表等物品。学生可以用这些物品参与相关的活动，例如，使用公交时刻表规划一天的行程，然后借助旅行手册或上网查询，安排抵达目的地后的活动。

市场上可以买到许多优秀的大开本图书，通常学校也收藏了很多这类图书。这些书按阅读难度进行了分级，内容涵盖了从基础入门到更深奥复杂的文本，可以作为在阅读课上使用的辅助读物。重申一点，为学生建立一套可以选择的大开本图书是非常有益的。教师如果在阅读课程中用到一套大开本图书的话，可能每周都会增加几本新书。

---

① 可参考 http://literacyonline.tki.org.nz/Literacy-Online/Teacher-needs/Instructional-Series/School-Journal。

（二）布置一个阅读区

布置阅读区的关键是足够吸引学生。条件允许的话，可以加入坐垫、豆袋椅或沙发，营造温馨轻松的氛围。再铺上一块地毯，让人感到温暖而友好。同时，在这个区展示各种阅读活动，方便学生选择。当然，还需要提供丰富多样的阅读活动，我们将在后文介绍。我建议限制学生每天能挑选的活动数量。图 9.2 展示了一个供参考的阅读区示例。另外，展示学生的作品也能为阅读区增色不少。

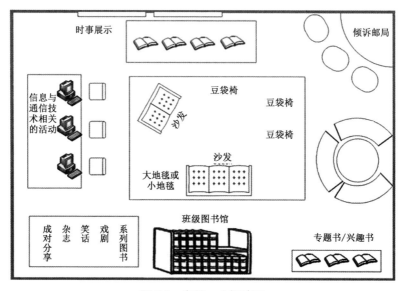

图 9.2　布置一个阅读区

二、组织阅读课程

阅读课程的结构不需要与大多数教师已经习惯的做法有太多的变动。例如，在一个小时的阅读课中，在刚上课的前十分钟为学生朗读一篇小说。大多数学生都喜欢听故事，尤其当故事内容幽默或引人入胜时，他们就会聚精会神、沉浸其中。这时候最适合引导高年级学生走进经典文学作品，带领低年级学生探索短篇小说。大多数教师都有数本曾给学生朗读过且颇受好评的书。我最喜欢的一些书籍有莫迪凯·里奇勒（Mordecai Richler）的《雅各布·两两与蒙面方格相遇》（*Jacob*

Two-Two meets the Hooded Fang），适合 7—10 岁的学生阅读；朱迪·布鲁姆（Judy Blume）的《四年级的无聊故事》（*Tales of a Fourth Grade Nothing*）和米歇尔·麦格里安（Michelle Magorian）的《再见了，汤姆先生》（*Goodbye Mister Tom*）则适合 8—12 岁的学生阅读。另外，一些网站会有教师心目中的前二十五或一百本好书推荐清单，为教学提供丰富的灵感。

　　阅读课的第二个十分钟可以用于集体阅读或热身活动。这段时间一般选择阅读诗歌或者大开本图书。在一些国家，大开本图书适合 5—12 岁（一至八年级）的学生阅读。尽管低年级学生更易获取这些书，但也有为高年级学生准备的优秀的大开本图书套装。围绕一周内阅读的大开本图书，有些高期待教师会设计各种阅读活动，让全班学生都能参与其中。例如，创作壁画或墙报，扮演故事中的各种角色并接受采访，创作新闻故事，或者学生小组根据每周的共读图书创作剧本。活动开展的多样性主要取决于教师的想象力以及他们可用的网络资源。但是，若学校没有这些大开本图书，那教师可以利用这十分钟让学生单独或在小组中分享他们喜欢的图书。这些分享可以围绕正在阅读的小说展开，或者以该小说为基础进行共读活动。例如，《再见了，汤姆先生》的背景设定在第二次世界大战期间的英国，对于高年级学生而言，学生小组可以调查战争中的儿童以及他们在战争中的经历，并以海报等形式展示研究成果，和同学分享。当然，这种活动可能会占用一些教学时间，从而削弱集体阅读活动的主要目的，即培养学生的阅读技能。但是，小说的作者意图、故事背景或中心思想等诸多方面都可以作为课堂讨论的基础，并帮助学生理解作者是如何构建故事和塑造人物的。

　　至于阅读课剩余的四十分钟，我们将专注于进行阅读活动和提供相关的指导。这段时间可以分为四个十分钟或三个十五分钟的小段。每个小段教师专注于对一个小组进行阅读指导，包括面对面讨论，或根据学生的需求，有针对性地辅导他们需要学习的特定阅读技巧。因此，如果教师想要在一天内与多个不同的小组互动，他们可以设计相应数量的活动，让每个小组完成其中之一。然而，我建议每个阅读时段安排三到四个活动为宜。还有其他因素需要考虑，与其每天都与大多数甚至全部小组见面，教师不如在一天或多天里，利用其中十或十五分钟的小段，仅仅坐在学生身边或督促个别学生、小组，与他们一起讨论正在阅读的内容，反思这些学生接下来的学习重点。教师也可以选择一周内四天都上小组阅读课，但每周留出一天的时间给个别学生让他们朗读，借此机会教师可以实时记录或大致了解每个学生的阅读情况，以便更好地满足他们的需求。由于学生的学习进度可能比之前更快，进步速度也更快，高期待教师会定期跟踪他们的学习进度，因此教师有必要及时了解他们阅读和学习的最新进展。在指导个别学生的时间段，其他学生可以在教师当天提前准备好的活动中自主选择三项或更多项进行学习和探索。

在开始进行灵活分组教学时，由于学生之前可能对这些活动不太熟悉，因此，关键的一点是教会他们如何参与新活动。教师最好从学生熟悉的活动开始，然后逐渐引入新活动。教师之前可能也在教学中使用了各式各样的阅读活动，而灵活分组教学的创新之处在于它打破了传统的按能力分组的模式，学生不再受限于与水平相近的同学一起学习，而是有机会与不同能力的学生一起学习。另外，教师在教学中每天给学生提供过多的活动选择会造成教学混乱，我不建议这么做。这些新活动不应该导致课堂比原来更吵闹、组织更混乱。因此，每节阅读课，学生只能选择三至四个活动。教师指导一个小组进行十分钟或者十五分钟的活动，快结束的时候，该组学生再换别的活动。通过在 A3 或 A2 大小的彩色卡片上列出两栏教学活动，并用彩色夹子标记当天学生可选的三至四个活动，教师可以实现这种组织方式。活动可以每天一换，但没这必要。同一栏内标出的四个活动可以用于整周，然后在下周再更换新的活动。或者，我们也可以采取轮换的方式，每天用一个新活动替换前一天的活动。无论安排何种形式的阅读活动，阅读课的大多数时间都应由教师带领学生进行指导性阅读。当教师单独指导一个小组时，其他小组可以选择不同的活动。

教师可以灵活选择学生的活动安排方式。一种方法是让学生自行选择他们每天想参与的活动，另一种更具组织性的方法是将学生分到他们所在小组的不同活动中。这些活动可以是小组活动、双人活动或个人活动。教师可能会选择将不同能力水平的学生放在一组参与活动。以一位高期待教师的做法为例，他将阅读能力第一级和第三级、第二级和第四级的学生配对成新组，让他们一起参与各项活动（见第八章）。对师生来说，重要的是无论如何安排，每个学生都有机会参加所有的活动，并且每个活动都设置了适合不同水平学生阅读的内容。还有一种组织方式是让学生签订一份"阅读协议"，其中包含一份书单，列出了他们需要在一个月内阅读并记录的不同类型的图书。低年级学生的书单比高年级的选择更少、内容更简单。例如，年级较高的学生的书单可以是一个表，列出了 20—25 种不同类型的阅读材料，如科幻小说、历史小说、童话故事、漫画书、菜谱、非虚构作品、自传、新闻报道、连载小说、诗歌等。

与此类似，还有一个基于某个文本设计的"九宫格阅读活动"（tic-tac-toe）。由教师制作一个九宫格（每个格子包含一个阅读任务），学生按照横排、竖排、对角线选择三个可以连成线的格子，但不能随意选择。教师通过在九宫格中精心安排各项活动，确保学生在学习过程中有机会参与各种不同类型的活动，培养不同的阅读技巧。同时，学生还有一定的自主选择权。教师也可以在某三个连成线的格子中设置更简单或更有挑战性的活动。九宫格阅读活动给了学生选择的自由，但是需要得到教师的批准。图 9.3 的九宫格是基于《伊索寓言》中《狮子和老鼠》（*The Lion and the Mouse*）设计的示例。

创建一个流程图或图示新闻板，展示故事情节的发展。	使用数码录音机或平板电脑录下自己向一群五岁孩子复述故事的过程。	写一段话描述你认为老鼠被狮子抓住时的感受。
假如你是作者，改变这个故事，使其有一个不同的结局。	你可以完成一个与你所读故事相关的活动。	围绕以下要素对啮齿动物做一些研究：外形、栖息地、饮食习惯、天敌、其他有趣的信息。
用方格纸或硬纸板，为老鼠设计一个迷宫，并在设计图上记录所有的尺寸。	创作一首诗、一首歌或一段说唱，庆祝狮子从猎人的陷阱中逃脱。	从这个故事中选择三个事件，为每个事件创作一些定格画面。

图 9.3　《狮子和老鼠》的九宫格阅读活动示意图

三、选择阅读活动

阅读时光须是纯粹的文字之旅，不宜安排过多的其他活动。正如我之前提到的，熟能生巧，学生练习得越多，他们的阅读能力就会越强。但有些教师喜欢在阅读课程中融入写作或其他相关活动。因此，接下来我将介绍一些与阅读相关的可行活动，作为拓展更多教学活动的创意源泉。我将在本章的末尾提供一个简明的日常阅读活动表，以便教师快速查找。我会描述其中几项阅读活动，对于一望即知的活动，我就不再赘述。

（一）阅读相关的活动介绍

为了帮助教师进一步丰富他们的阅读课程，这里提出以下十二种与阅读相关的启发性活动。

1. 在阅读角或教室其他地方设置一个每周不一样的"挑战区"。活动内容丰富多彩，如拼图挑战，要求学生在一周内拼完。还可以设置其他挑战活动，如填字游戏、侦探游戏、科学实验、学生自荐活动、发明创造及其原理解释，或是围绕某一主题的特色活动。

2. 在小组内、跨小组或两两之间组建读书俱乐部，学生自主选择一本阅读。读完后，学生在小组中分享所读的内容，激发讨论并鼓励其他同学向其提问。之后还可以在阅读练习本或一张纸上写书摘，或用电脑记录并打印出来，将这些书摘放在读书俱乐部的专用文件夹中，给全班同学做参考。

3. 学生可以通过写阅读日志、日记或感想，记录他们看过的图书。

4. 互惠阅读策略[①]最初由帕林克（Palincsar）和布朗（Brown）于 1984 年提出，它能有效提高学生的阅读理解能力。该方法需要教师先行教授和示范，学生才能自主运用该策略。互惠阅读策略需要 4 名学生分工合作，分别扮演总结者、提问者、澄清者和预测者不同角色。低年级学生可以先阅读几个段落，而高年级学生可以逐步读完整章内容。首先，总结者梳理阅读要点；然后，提问者就文中不清楚或令人困惑的部分提问；接着，澄清者针对这些问题做出解释；最后，预测者猜测接下来会出现什么信息或小说的情节如何发展。学生可以在当天或第二天继续阅读，并且每天轮换角色。随着时间的推移，所有学生都会扮演所有角色。教师会提供一些辅助资料给学生做参考并启发他们思考，起初几天教师可以参与扮演某一角色，直到学生熟悉互惠阅读策略的流程和机制，这对学生也很有帮助。

5. 学生将阅读内容转化为视觉艺术作品，包括绘画创作、制作 PPT、角色扮演、设计以故事主题为中心的墙报和壁画。

---

① 互惠阅读策略（Reciprocal Reading）是一种合作学习方法，通过学生间的对话和互动来提高阅读理解能力。在这种策略中，学生轮流扮演"教师"的角色，提出问题、总结内容、预测接下来的情节，并澄清困惑的地方，从而在交流中加深对文本的理解。

6. 学生带着问题去阅读，如主人公是谁？在何时何地发生了何事？事情是如何发生的？读完整本书后，学生将上述每个问题延展，并——找到这些问题的答案。这些问题也可用作学生之间互相采访的引导问题。他们也可以扮演书中的某个角色，并回答与这个角色相关的问题。

7. 教师制作一个知识网络图（见图9.4），与主题箱配合使用。学生可以通过知识网络图来选择他们想要参与的各种活动。

8. 阅读非虚构作品，学生可以根据书中的资料制作概念图。阅读虚构作品，学生则可以围绕故事主题创作，如编创人物、地点及故事发展的时间线。

9. 学生阅读同一作者的多本作品，简要综述后研究并撰写关于该作者的报告。

10. 学生可以创造一个人物链，挂在教室里。人物链的顶端是人物的脸，学生可以在其下方添加人物标签，一边描述该人物的性格特征，另一边则描述其外貌特征。

11. 根据已经读过的图书，学生可以自行写书，并与班上的其他同学或低年级学生分享。

12. 学生阅读小说时，可以制作一个图来区分小说中的现实与想象。同样，阅读杂志和报道时，学生也应有能力辨别哪些是客观事实，哪些是主观观点。

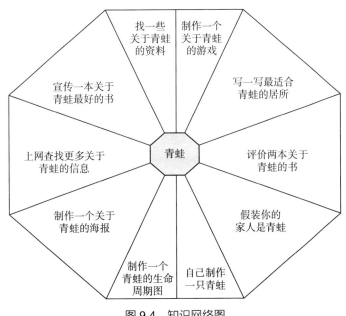

图9.4　知识网络图

（二）混合能力分组教学活动

上面列出的大多数活动既适合个人完成，又适合两人或混合能力小组完成。不过，教师也可以在全年中定期穿插一些其他活动，以替换上面列出的常规活动。例如，教师可围绕一本小说展开教学，让不同水平的学生共读此书，并一起完成一系列活动，如制作时间线、设计封面、构建人物关系链、进行角色扮演、制作卡通漫画、写新闻报道或广播稿、制作图书预告片、创作故事骰子等。或者，教师可以给学生朗诵经典作品，如《霍比特人》(*The Hobbit*)、《银剑》(*The Silver Sword*)、《汤姆·索亚历险记》(*The Adventures of Tom Sawyer*)、《柳林风声》(*The Wind in the Willows*)等。然后让学生用三到五句话简要概括每章内容，学习新词汇、探讨主题，并通过绘画或文字描述书中的人物或情节。

时事新闻同样适合小组活动。学生首先可以分析不同媒体的新闻呈现方式，如广播、电视、网络及报纸。然后，结合教师的偏好，学生分组进行以下活动：准备新闻稿、制作广播或电视新闻。学生可以借助报纸或网络信息标出新闻中提及的国内外地名，针对新闻中提到的国家，创建人口统计图表。学生还可以选择一个政治、教育或环境议题，开展一次包含不同人群和观点的访谈。他们可以创建某一新闻事件的时间线，展示该新闻事件的发展过程，还可以将现有新闻报道改写成适合年轻读者的版本。最后，学生可以创建一份报纸。

同样，学生也可以组成项目团队或以班级为单位，围绕某一主题创造多个作品。在此过程中，学生基于共同兴趣合作，采用多媒体技术展示他们的研究成果。图 9.5 是一个以《洞》(*Holes*)为主题的班级活动，学生制作了与本书及其作者相关的海报或展示作品。在研究莎士比亚的例子中（见图 9.6），学生兴致勃勃地创作莎士比亚式的嘲讽，如"你这个脾气暴躁、被苍蝇咬的怪物""你这个胆小怯懦、到处献媚的无赖""你这个懦弱无力、满身癞蛤蟆斑点的家伙"，并将其装饰后张贴于墙上。在以"行星"为主题的教学案例中（见图 9.7 和图 9.8），学生分组研究并记录了有关行星的资料，创作了与行星对应的罗马诸神的图，并总结相关传说，绘制了行星和宇宙飞船的图，还创作了行星主题的诗歌。

图 9.5　关于某位作家及其作品的全班展示

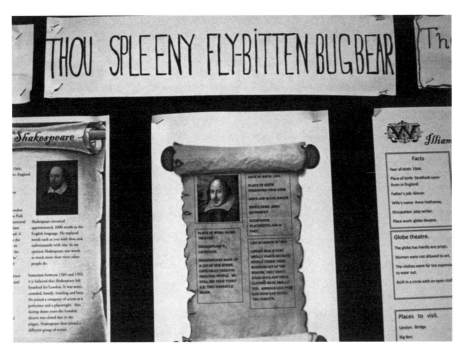

图 9.6　有趣的词语：关于莎士比亚的生活及其语言的班级展示

图 9.7　悬挂的与行星对应的罗马诸神的图

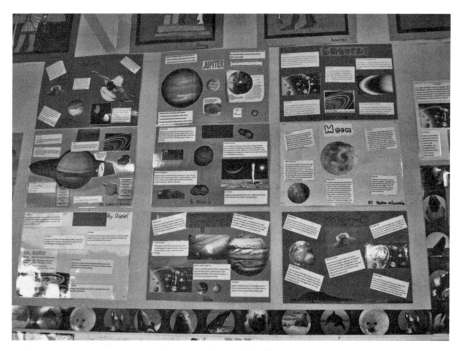

图 9.8　太阳系行星的展示

（三）日常阅读活动

日常阅读活动适合学生单独或两人一组。表 9.1 列出来的很多活动本章已经详细介绍过了。如果教师希望将这些活动列入一张表，可以将表 9.1 中的信息打印出来，使用彩色夹子或回形针来标记学生每天需要完成的活动。对于学生不熟悉的活动，教师需要按照我之前提到的方式提供详细的说明。接下来，我将进一步介绍一些之前没有详细解释过的活动。

其中之一是"迷你阅读箱"（mini-read box），包括学生读过的或者学校中很少有人使用的读本。学生可以从箱子中挑选书或根据卡片上的指示来阅读。比如，折纸类的图书是个不错的选择。另一个叫"书海畅读"（just read），学生可以从任一阅读箱里挑选阅读材料，类似"伙伴共读"（buddy read）活动，不同的是，后者要求学生一起阅读。还有一个叫"创意发明箱"（inventions box），其中的卡片描述了学生能够发明的物品。例如，要求学生设计一辆雨天骑不会被淋湿的自行车、一顶晴雨两用的帽子、一种无痕灭鼠的捕鼠器等。一些"珍道具"（Chindogu）网站上有一些有意思的点子。此外，学生也可以自己构思创意发明，并画出来，解释其工作原理。最后，教师和学生可以在众多网站[①]上查找布置阅读活动和相关任务的灵感，获取一些创意点子。

表 9.1 日常阅读活动示例

日常阅读活动	
成对 / 分享	诗歌卡
大开本图书	班级图书馆
主题箱	倾听邮局
挑战角	戏剧
笑话箱	杂志
系列箱	迷你阅读箱
手工箱	幻灯片
书海畅读	伙伴共读
漫画	电脑阅读
非虚构作品	创意发明箱

① 可以参考 www.readingrockets.org/article/82。

四、实践教师的心声

建立一个使用灵活分组教学的阅读课程需要付出一些努力，但这是非常值得的！在"教师期待项目"中，干预组教师经常告诉我们，他们发现使用灵活分组教学非常有用，而且自从使用灵活分组教学以来，学生的进步也很明显。以下是一些教师的原话：

"使用灵活分组教学使学生更有参与感，这提高了他们的学习水平。"

"在所有科目上使用灵活分组消除了'尖子'或'垫底'小组的概念，也减少了小团体的形成。"

"自从我使用灵活分组后，学生在阅读和数学上更投入了，无所谓自己被分在哪个小组。"

"我清楚地观察到，我的学生现在学习很投入，并在学习过程中取得了显著的进步。"

"我注意到班级的氛围发生了变化，学生变得非常自主。我只须往教室后面一坐，就能详细观察到这些积极的变化。"

最后，一位学生提到了自己在阅读上的进步："我的进步体现在去年我还在最低水平的小组，而现在我到了最高水平的小组，还成了一名小导师。"

第八章介绍了高期待教师不使用能力分组教学的原因，以及相关研究发现的这种做法对教学的一些负面影响。本章着重介绍了教师在实践灵活分组教学时可采用的具体方法。我将在下一章重点探讨"教师期待项目"的另一要素——班级氛围。高期待教师通常营造很积极的班级氛围。在下一章中，我将详细讨论他们这么做的原因，以及介绍营造积极且充满协作精神的班级氛围的相关研究。

第十章 高期待教师和班级氛围
——理论探讨

在第三章中，我概述了哈里斯和罗森塔尔（Harris and Rosenthal，1985）的一项元分析。该研究揭示了课堂的社会心理环境（情感因素）在塑造教师期待中的关键作用。该研究的发表促使学术界开始关注情感行为对教师期待效应的调节作用。班级是学生在童年及青少年时期经历的主要社会组织，而教师肩负着构建班级这个复杂的社会组织的责任。在课堂上，学生学习如何与他人互动和合作，学习社区高效运转所需的行为规范及如何履行义务，学习如何解决社会问题。教师既负责课堂的学业架构，也负责管理课堂的社交，培养学生的社交行为也是他们职责的一部分。因此，教师须在课堂上和学生建立良好的关系，促使学生参与社交和学业学习。有研究强调，营造有成效的班级氛围是教学计划和教学决策的一个重要环节（Pianta et al.，2008）。还有一点也很重要，高期待教师往往重视班级氛围对学生学习的促进作用。

一、班级氛围：教师的观点

2011 年，我和彼得森（Peterson）的研究发现高期待教师的课堂情感氛围与低期待教师的截然不同。在低期待教师的课堂，他们使用班内能力分组，安排差异化的活动，组织成绩差不多的学生一起学习，导致班内学生的能力差距变得显著。这些做法无疑营造了一种让某些学生相信自己比其他人更受重视的氛围。相反，高期待教师采用多种机制以确保学生对学习有兴趣并投入其中，这类教学方式似乎更加强调合作而非竞争。我将在第十二章对此进行更全面的阐述，包括强调设定掌握目标和利用学生兴趣激发学习动机。

另外，在高期待教师的课堂中，学生在定期变换的混合能力小组中学习，所有学生都能相互合作，这有助于培养一个更和谐的班集体，让学生与不同的同学建立关系。这与低期待教师的课堂形成鲜明对比。在后者的课堂中，学生往往更可能与他们所在能力组的同学发展关系。小组成员的变动较少，各小组像孤立的岛屿，彼此间的互动非常有限。高期待教师海伦曾说："我经常将不同水平的学生混合组合，因为这样他们可以取得更大的进步。"由于学生习惯相互帮助和协作，高期待教师的班级似乎形成了一种支持性的氛围。这一点在高期待教师汉娜和海蒂的以下陈述中得到了体现。汉娜说："对于那个仍处于初级阅读水平的女生，他们都想和她成为搭档并帮助她，我猜她因此感到很特别。"海蒂补充："学生似乎非常支持彼此……我认为如果他们知道诸如对方需要帮助这类的事情，他们会有意识地尝试互相帮助。"许多高期待教师认可营造一个积极且富有关怀的社会心理环境的重要性，并努力提升学生的自尊水平。海伦观察后说："有时我们会为学生的艺术天赋或球技喝彩，我特别注意让每个人都有在某个领域闪光的机会……我认为在某些领域表现出色对他们的自尊至关重要。"

相比之下，低期待教师拉娜声称："我的主要目标是提升学生的自尊。"但她未能给出任何教学案例来说明她是如何做的。我在第六章提到，学生回答错误时，高期待教师与低期待教师的反应也不同。高期待教师的课堂环境更积极，即使学生刚开始未能回答正确，教师也会引导学生，帮助他们找到正确答案，从而增强学生的自信。而在低期待教师的课堂上，学生一旦回答错误，便失去了重新尝试找出正确答案的机会。

教师行为管理是区分这两类教师的另一个重要方面，这也在第六章中有所提及。总的来说，无论处理何种问题，高期待教师都比低期待教师表现得更积极。另外，与低期待教师相比，高期待教师更可能发表防止不良行为发生的言论。再次说明，高期待教师通过为学生创造成功的条件，营造了一个更积极的班级氛围。贝克（Baker，1999）的研究发现，学生对学校的满意度与课堂中的关怀和支持性的社会心理环境存在关联。她发现，对学校满意度低的学生被记录的课堂不良行为管理次数是对学校满意度高的学生的两倍。

二、班级中的人际关系研究

班级氛围反映了师生关系、同学关系的亲密与关爱程度。这些关系越积极，班级氛围就越富有情感支持。课堂的社会心理环境在一定程度上取决于教师对学生合作方式以及课堂人际关系的期待。此外，学生对课堂学习体验的反应很可能也与教师对这些学习体验的相关性和兴趣价值的期待相关（Wigfield and Cambria，2010）。韦恩斯坦和麦考恩（Weinstein and McKown，1998）认为，当教师营造的社会心理环境既有挑战性的学习体验，又有明确的学习目标时，学生很可能表现出强烈的内在动机和希望学有所成的决心。当学生获得多样化的学习体验，并能在其中感受到自己的进步时，他们所处的课堂环境将会变得更温暖，更有支持性（Butterworth and Weinstein，1996）。

1992 年，德克斯和斯普金（Dirkx and Spurgin，1992）调查了教师对成年学生阅读学习的看法。研究发现，首先，教师认为学生的社会心理需求是他们学习的绊脚石；其次，教师认为唯有满足学生的这些需求，他们方能取得学业上的成功。威格菲尔德及其同事（Wigfield et al.，1999）发现，比起非裔美国学生，教师描述自己更喜欢与白人学生及拉丁裔学生打交道。所罗门等人（Solomon et al.，1996）同样发现，在社会经济水平较低地区工作的教师普遍觉得学校氛围不够积极、缺乏活力。但研究人员也注意到，参与研究的教师缺少对学生的关心与支持。基奥（Keogh，2000）进一步指出，教师更可能为性格随和、容易相处的学生营造积极的社会心理环境。这或许可以解释不管实际考试成绩如何，不守纪律的学生往往被安排在能力最低的小组（Taylor，1993）。然而，2001 年，哈姆雷与皮安塔（Hamre and Pianta，2001）发现，当学生在一年级的时候与教师关系不佳，即使研究控制了早期的行为因素，仍然可以预测他们之后直到八年级对学业的投入程度和行为适应情况。因此，构建良好的师生关系对学生的学业进步和社会适应尤为重要。

三、班级氛围与教师期待的关系研究

大量研究关注了教师情感与班级氛围之间的关系，发现教师是否对学生区别对待取决于该学生是高期待学生还是低期待学生。这种区别对待主要体现在非言语或情感层面上，而教师可能并没有意识到这种区别对待。例如，巴巴德（Babad，2009）指出，教师倾向于为高期待学生提供更多的情感支持。而韦恩斯坦（Weinstein，2002）发现，低期待学生与教师之间的言语和非言语互动更少且更消极，教师对这些学生的态度通常不够热情和友好。库珀和古德对这种区别对待行为表示强烈反对，称其为"完全不可接受"（Cooper and Good，1983：15）。

然而，教师已经逐渐对期待研究的成果有了清晰的认识，同时也意识到有必要对抱有不同期待的学生提供教学支持。这或许解释了一些研究的发现：教师倾向于关注低期待学生，而非高期待学生（Good and Thompson，1998；Babad，2009）。巴巴德（Babad，1998）提出，教师在低期待学生身上投入的时间似乎增加了，但师生之间社会心理互动的质量似乎并未相应提升。他发现教师在控制言语互动方面较为熟练，但在控制肢体语言和面部表情方面则不然（Babad and Taylor，1992）。另外，佩莱格里尼和布拉奇福德（Pellegrini and Blatchford，2000）指出，由于教师常对低期待学生的行为感到担忧，他们的互动通常与行为管理相关，而与学习无关。

巴巴德的许多研究致力于探究教师提供的细微言语和非言语线索，这些线索反过来被学生解读为教师对他们成绩的期待（Babad and Taylor，1992；Babad，1993，1998）。他的研究显示，虽然教师声称他们为能力低的学生提供了更多情感支持，学生的感受却恰恰相反（Babad，1990，1995）。这并不意味着低期待学生得到的全是消极的情感支持。他（Babad，2009）指出，教师确实努力向低期待学生展示温暖的关怀，并提供情感支持，但学生能感觉到教师表现得不真诚，因为他们很夸张。尽管教师试图控制他们对高期待学生的自然亲近，但这仍能被学生察觉到（Babad，1998）。他还指出，学生对教师提供的差异化情感支持心怀不满。在情感支持差异化更明显的课堂中，学生表达了不想在下一学年继续跟这位教师学习的想法（Babad，1995），这在有"班级宠儿"的课堂中尤其如此（Tal and Babad，1990；Babad，1995）。正如罗森塔尔（Rosenthal，1991）暗示的那样，巴巴德（Babad，1998）也认同高期待学生享有的特权情感环境是教师期待效应中一个重要的组成部分。温策尔（Wentzel，1997）指出，一个支持性的社会心理环境对任何学生的安全感和自我价值感都至关重要。温暖、富有情感的课堂为学生提供了一个必要的安全环境，让他们敢于在学习中冒险，激发他们的学习动机，使他们在自己的水平上取得成功，并希望继续学习下去。

构建课堂的社会心理环境可能基于对班级的整体期待，而不是通过师生之间的双向互动（Eccles and Wigfield，1985；Babad，1998）。事实上，教师在对学生个人表达积极期待时营造的积极人际氛围，可能会因教师对整个班级期待的降低而被减弱（Good and Thompson，1998）。班级氛围向学生传达了对班级内人际关系、学生合作程度以及同伴支持的期待，它还可能影响学生对学习体验的动机和兴趣。一个强调合作、注重个人学习目标的社会心理环境，相较于一个注重竞争、强调个人相对成就的情感环境，会创造出截然不同的班级期待。韦恩斯坦（Weinstein，2002）提供了许多展示学生如何解读班级的社会心理环境的例子。例如，学生报告称，与低期待学生相比，教师对高期待学生表现出更多的信任、责任感和关心。研究还指出，同伴之间的关系好坏往往反映了教师与个别学生的关系好坏。因此，当班级氛围活跃时，学生间的关系也更加融洽，教师由此创造了一个充满合作精神的班集体。

四、班级氛围相关的研究背景

以色列的巴巴德和美国的韦恩斯坦是探究教师对高期待学生和低期待学生在情感反应方面的领军人物，但教师期待领域之外的其他研究人员也调查了教师营造的社会心理环境对学生学习的促进作用。此类研究的结果也提供了有用的线索，说明课堂上的情绪反应在传递教师对学生学习的期待方面的重要性。然而，有意思的是，直到 21 世纪，有关班级氛围的研究才迎来蓬勃发展。相较之下，20 世纪八九十年代探究课堂内关系网的研究人员寥寥无几。数十年来，众多研究致力于揭示有效教学法的秘诀，如今我们已能清晰地界定高效教师的标准。尽管有了这些知识，学生成绩的提高却并不显著。也许正因如此，研究人员开始转向研究班级氛围，以探究提高学生成绩的关键通道。

哈蒂（Hattie，2009）通过一系列元分析发现，班级氛围与学生成绩之间存在强相关。他发现，积极的师生关系对学生成绩影响很大，其效应值 d 高达 0.72。这个值与一些教师教学因素对学生成绩产生的最大影响相当，如教师清晰度 [1] 对学生成绩影响的效应值 d 为 0.75，教师反馈的效应值 d 为 0.73，互惠教学 [2] 的效应值 d 为 0.74。此外，他在该书中提到的所有与班级氛围相关的元分析，例如培养学生自我概念、学习动机、参与度、班级凝聚力、同伴关系、同伴辅导、教师期待和合作学习等，对学生成绩影响的效应值 d 均大于 0.4。相比之下，其他教学实践的效果则逊色许多，如全语言教学的效应值 d 为 0.06，教师学科知识的效应值 d 为 0.09，能力分组的效应值 d 为 0.12，问题导向学习的效应值 d 为 0.15，网络学习的效应值 d 为 0.18。

温策尔（Wentzel，1991，1997，1999）于 20 世纪 90 年代着手研究她声称的"教育关怀"概念。她指出，教师对学生的关怀被感知后，会对学生的内在动机和在学业任务中的努力程度产生影响。在一项涵盖六至八年级学生的纵向研究中，她（Wentzel，1997）解释了学生对亲社会和社会责任目标的追求以及学业上的努力，均与他们感知到的教师关怀存在强相关。学生将拥有"教育关怀"的模范教师定义为对学生展现关怀态度、基于学生个体差异形成期待并提供建设性和支持性反馈的人（Wentzel，1997，1999）。诺丁斯（Noddings，1992）和涅托（Nieto，1996）也强调，教师关怀是学生学业成功的一个关键要素。

默多克（Murdock，1999）研究了中学生如何感知教师对他们的学业表现以及行为态度的期待。他发现学生的动机和他们对教师期待的感知之间存在强相关，而学生感知的教师期待与其课堂行为之间的相关性也最为显著。他进一步指出，这些评估可能反映了教师对学生的兴趣和尊重，学生感知到教师对他们未来学业成就的期待不高时，他们会相应表现出动力不足并出现不良行为。穆勒等人（Muller et al.，1999）通过对三项独立研究的综合分析发现，就自我期待而言，学生感知到的

---

[1] 教师清晰度（Teacher Clarity）指的是教师在课堂教学中表达和传递信息的清晰程度。

[2] 互惠教学（Reciprocal Teaching）是一种以学生为中心的教学方法，通过教师与学生之间的互动对话共同构建理解和知识。这种教学法主要应用于阅读理解的教学，也可扩展到其他学科。互惠教学通常包括四个关键策略：预测、提问、澄清和总结。在互惠教学中，教师和学生轮流扮演教师的角色，通过这些策略进行对话和讨论。互惠教学旨在培养学生的自主学习能力和批判性思维，同时促进合作和提高沟通技巧。

教师关怀是一个中等强度的预测因素。

　　在新西兰的一项研究中，毕晓普和贝里曼（Bishop and Berryman，2006）采访了毛利中学生，探究他们在学校表现不佳的原因。他们普遍提及师生关系不佳、教师对自己的成绩期待低，以及对自己的族群缺乏尊重。基于这些发现而发起的毛利团结项目（Te Kotahitanga）旨在加强师生之间的积极关系，促进相互尊重，提高教师期待，从而提升班级氛围。参加该项目的毛利学生取得的进步令人振奋，因此该试点项目从 12 所中学扩展至 50 所，加拿大也引入并学习了这一项目。

五、建立良好的师生关系

　　若想让学生在课堂上如鱼得水、成绩斐然，建立良好的师生关系显然是关键因素。20 世纪 80 年代起，皮安塔开始研究师生关系，当时他主要关注早期儿童教育环境中的学生。他探讨了这些师生关系对学生顺利从早教过渡到幼儿园阶段的预测作用，幼儿园是美国首个学年。此后，他的研究领域不断拓展，他开发的观察系统——课堂评估系统（CLASS），如今已在美国各地的"启蒙计划"中应用。此外，他创立的"我的教学伙伴"（Teaching Partner）专业发展项目，结合课堂评估系统，目前也已在中小学广泛使用。鉴于他在学校的班级氛围研究领域的卓越成就，本章接下来将重点总结他在小学做的系列研究及发现。他的研究清楚展示了高期待教师如何营造活跃的班级氛围并与学生建立深厚的师生关系。

（一）教师素质和学生社会发展及学业成绩之间的关系

　　2004 年，皮安塔和斯图尔曼（Pianta and Stuhlman，2004）在一项描述性研究中探索了幼儿园（第一学年）到一年级（第二学年）期间师生关系的变化。490 名教师对他们与学生的亲近程度及其经历的冲突程度进行了评分。结果发现，这两年间的教师评分有中等程度的相关性。这说明师生关系发生了一些变化，并非所有教师每次对他们的学生都给予相似的评分。此外，从幼儿园到一年级，教师在亲近程度和冲突上的评分均呈现下降趋势。相比对亲近程度的评分，教师对冲突程度的评分更为稳定，这表明教师对学生亲近程度的感知可能取决于他们与学生个性特征的匹配程度。同时，教师对与学生关系的感知也与一年级学生的几项学习技能有关，这表明教师觉得与表现出色的学生之间的关系更亲密。

虽然探究学生喜欢的师生关系的质量很有趣，但是，研究人员和教师还关注班级氛围是否会影响学生的学习成绩。皮安塔及其同事（Pianta et al.，2008）对 791 名四岁半的孩子进行了单独的阅读和数学标准化测试，并追踪了他们在一年级、三年级和五年级的情况，旨在探讨学生得到的教学支持和课堂情感支持的数量和质量是否与他们的阅读和数学成绩的发展轨迹相关。该研究控制了学生性别、贫困状况、以往成绩等背景因素，以确保学生的任何成绩进步都归功于他们得到的教师支持。不出所料，学生在学习数学上的时间投入与他们五年级的成绩呈正相关。然而，学生五年级时期的课堂富有情感支持，他们取得的数学成绩更好。在阅读课上的发现更复杂。对于 235 名进步飞速的五年级学生，不管是授课次数还是教学质量，均不能预测他们的阅读成绩。对于人数更多的普通学生而言，如果一年级所在班级缺乏情感支持但阅读课多，学生的成绩进步不会很大。到了三年级和五年级，学生得到的情感支持与他们的阅读成绩呈正相关。这项研究表明，学生在感觉舒适和支持性的课堂上的学习效果更佳。如果学校想要提高学生的成绩，需要考虑班级氛围因素。

我之前提到，高期待教师和低期待教师的班级氛围可能有很大的不同。对上述的研究补充一点，他们研究的课堂都是对学生学习提供充分情感支持的课堂。斯图尔曼和皮安塔（Stuhlman and Pianta，2009）运用聚类分析方法，将一系列特征相似的个体分组，识别出四种类型的一年级课堂，并根据以下标准对 820 个课堂进行评分，包括敏感度、积极的班级氛围、有效的课堂管理、优质的识字教学、质量评估反馈、过度控制以及消极的情感氛围等。第一种类型课堂的教师占 31%，其课堂情感氛围积极，但对学生的学业要求很低。这些教师没有对学生的目标学习给予任何的反馈，不注重加强学生的理解能力，且不鼓励学生尝试新的学习策略。第二种类型课堂的教师占 23%，整体课堂质量很高。这些教师的课堂在四个积极因素上的得分均高于平均值，而在消极因素上的得分低于平均值。这些教师关心学生，有效管理学生行为，为学生提供有意义的反馈，很少或从来不对学生进行过度控制，也很少出现负面情绪。第三种类型课堂的教师占 28%，课堂质量中等。他们的班级在各项标准上的得分均低于平均值。因此，这些教师的班级氛围的积极程度中等偏下，课堂管理技能更弱，识字教学质量更低，反馈也较少以学习为中心，班级氛围的积极程度低于平均值，而对学生的控制得分高于平均值。最后一种类型课堂的教师占17%，整体表现较差，他们在积极因素上的得分远低于平均值，而在两项消极因素上的得分远高于平均值。与一些教师期待的研究（Weinstein，2002；Rubie-Davies et al.，2007；Babad，2009）相似，这项研究显示不同类型的教师能被准确识别。身处不同课堂的学生，可能会因为不同教师的差异化表现而体验到完全不同的学习和社会心理环境。鉴于教师对学生学习的重要性（Hattie，2009），反思教师的情感和社会素质至关重要。

威尔森等人（Wilson et al.，2007）在上述研究的基础上进一步评估了这四种类型教师所教班级的学生的社交能力。优秀教师所教班级的学生在同伴关系和自我控制方面比中等水平或教学能力不太好、能力较弱的教师所教班级的学生表现更佳。课堂观察证实了在整体优秀的教师班级中，学生表现出更强的社交能力。相较于所在班级氛围积极但教师反馈不足、课堂质量中等以及班级氛围整体较差的学生，在课堂上得到教师高质量的情感支持和学业支持的学生在社交能力上的评分明显更高。相应地，在情感支持较强但反馈质量较低以及教师水平中等的班级中的学生，其社会能力的评分显著高于整体教学质量较低的班级中的学生。

研究还考察了在幼儿园被认定为有行为问题风险的学生的社交能力，结果在预料之内。这些有行为问题风险的学生处于优秀教师的班级时，其社交关系和自我控制能力明显优于水平中等及以下教师班级中的学生。这些结果是在控制了学生背景和之前影响不良行为的风险因素后发现的，可以清楚地表明教师能够对学生的社交能力产生影响。当教师热情积极、对学生的需求敏感、有效管理班级、对所有学生抱有高期待（如学业要求高）、提供清晰有用的反馈，并鼓励学生自主学习时，学生会变得更加专注、独立、友好和更有安全感。这些特质与高期待教师展示的特征非常相似。

（二）学生关系、社会发展和有校园适应风险的学生之间的关系

哈姆雷和皮安塔（Hamre and Pianta，2001）跟踪探究了179名学生在幼儿园时期与教师的关系（教师汇报的信息）能否预测其在八年级的成绩。他们每年都会收集学生的学业成绩、标准化考试成绩、学习习惯评价以及学生违纪档案等信息。研

究发现，幼儿园时期的师生关系能够显著预测他们在小学低年级的学习习惯和违纪行为，并且这种中介效应（例如，学生以往成绩的影响）会持续至八年级。值得关注的是，若幼儿园教师反映与学生存在冲突，即便控制了学生背景因素，这种不和谐的师生关系还会影响他们在小学低年级的学业成绩、标准化考试成绩和学习习惯。幼儿园时期形成的不和谐的师生关系会持续预测学生在小学高年级乃至中学阶段的不良行为表现，这种预测对男生尤其明显。这项研究强调了学生在学龄早期与教师建立积极关系的重大意义，即使控制了其他可能影响结果的因素，不和谐的师生关系仍然显著影响学生在学习和行为方面的多项表现。

在一项类似的研究中（Jerome et al., 2009），研究人员追踪调查了 878 名学生，从他们的幼儿园阶段一直到小学六年级毕业。研究主要评估了每位连任教师与每个学生的亲近程度，以及教师是否汇报存在师生冲突。研究结果表明，在学习生涯的头七年中，教师对他们与学生的亲近程度的评分保持中等程度的相关性，但教师对他们与学生发生冲突的评分会随着时间的推移越来越相关。这表明在评价亲近程度时，教师层面的因素可能会发挥作用，因为教师更有可能与某些学生建立积极的关系，而与其他学生相比，与教师建立密切关系的学生可能会因教师的个性而有所不同。另一方面，教师对师生冲突的评价较为一致，主要因为这些冲突通常与学生的外显行为[1]相关，而所有教师普遍认为这些外显行为是有问题的。此外，教师会互相谈论自己的问题学生，因此，学生的名声很可能早在教师间传开，从而可能影响新任教师对学生行为的期待。研究还发现，随着时间的推移，师生之间的亲近程度有所下降，而冲突日渐增多。杰罗姆等人（Jerome et al., 2009）推测，这一现象可能是因为课堂环境的变化。随着年级的升高，课堂重心逐渐从师生关系转移到学习成绩。在美国，由于小学生的年级升高，他们会为升入初中做准备，开始接触一些专业课的教师，这也减少了他们与某一位教师建立深厚情感联系的机会。

唐纳等人（Downer et al., 2007）进一步探究了班级氛围（如教学质量和教学环境）对三年级学生参与度的预测作用。这项研究观察了 955 名学生，发现课堂环

---

[1] 外显行为（Externalizing Behaviours），这一术语主要用于心理学和教育领域，指的是那些对外界环境产生影响的行为表现，例如攻击性、反叛、执拗和冲动等。这些行为通常是向外表达情绪和冲突的方式，与内向的或内化的行为（如焦虑和抑郁）形成对比。

境以及学生特征与学生在课堂上的参与度有关。学生在小组中可能比在大班或独自学习时更容易投入。当教师的教学质量较高，尤其是教学涉及分析和推理等高阶思维技能时，学生才有可能更投入地学习。此外，在大多数课堂中，那些之前被认定有校园适应风险的学生，其学习参与度普遍低于其他学生。然而，在高质量的教学环境下，这些有校园适应风险的学生在大班及基础技能教学课堂中更可能投入学习。当教学质量很高，教师采取小组授课并鼓励学生使用高阶思维时，所有学生对学习都更加投入。因此，优质的教学环境对提高学生的学习参与度尤其有用。一个可能的解释是，在这样的环境中，学生能学到更多。雷耶斯等人（Reyes et al.，2012）调查了 1399 名五、六年级的学生，探讨了学生的学习参与度在班级氛围和学生成绩的关系中的重要调节作用。研究表明，学生参与度能调节课堂情感氛围与学生成绩之间的正相关关系。因此，有着良好师生关系的成绩优异的学生，比那些有着较负面的学习经历的学生更能积极地投入学习。

韦恩斯坦（Weinstein，2002）提出，师生关系的质量可能会影响学生与其他同学交往时的积极性。卢克纳和皮安塔（Luckner and Pianta，2011）对这一观点进行了检验，他们调查了来自 834 个不同班级中的 894 名五年级学生间的同伴关系。该研究探讨了师生关系的质量与学生在同伴互动时表现出的社交能力、攻击性行为或者社交回避行为之间的关系。在考虑了学生以往对同伴的行为后，他们发现师生关系的整体质量与学生的亲社会行为和攻击性行为有微弱的相关性。在师生关系融洽且互相尊重、教师对学生的需求反应积极的班级中，学生表现出更强的社交能力。研究还发现，在组织更佳的班级中，即学习时间更充足、行为管理更高效、学生参与度更高的班级，学生与同学的相处更为融洽，这在以往跟同学关系不太融洽的学生身上体现得尤为明显。这可能意味着，在积极的框架内为学生设定清晰的结构和界限有助于促进学生的学习机会，并从整体上创造一个更加积极的环境。因此，他们的研究表明同伴交往的质量不仅与师生关系的质量相关，也会受到班级管理和组织结构的影响。

显然，教师支持学生情感发展的行为和提供高质量学习环境的教学实践，与学生的学习成绩、社会情感发展和同伴关系呈正相关。这些结果凸显了教师角色以及为所有学生提供高质量课堂环境的重要性。我特别欣赏此项研究不但关注问题本身，而且通过专业发展计划，帮助所有教师提供一种能让所有学生茁壮成长的班级氛围。接下来，我将深入介绍他围绕营造高质量课堂环境和促进教师专业发展而进行的一系列研究。

（三）努力打造适合所有学生的高质量课堂环境

已有研究表明，一个良好的课堂环境与学生的学习和社交表现呈正相关。哈姆雷和皮安塔（Hamre and Pianta，2005）进行了一项研究，研究对象是 910 名在幼儿园被认定为有校园适应风险的学生，目的是探究在一年级结束时他们所处的课堂环境是否会减少这些风险。被认为有风险的学生是那些不够专注、行为问题多、社交技能欠佳或学习能力弱的学生。研究中仅有单一问题的学生被视为低风险学生，而有诸多问题的学生则被划分为高风险学生。当把这些学生分到教学质量高且在情感上给予充分支持的班级中时，这种环境能够减轻他们在学校中失败的风险。不过，高风险学生的成绩通常低于低风险学生。相比情感支持较弱的课堂，高风险学生在情感支持较强的课堂中的学习成绩更好。对于高风险学生来说，高质量的教学环境不仅有助于改善他们的状况，但更重要的是教师能积极响应学生需求，有效管理学生行为，并营造积极的班级氛围。这证明了温馨有爱的师生关系可以降低那些之前被认定为存在校园适应风险的学生在学校失败的概率，凸显了积极的班级氛围对学生学习成绩和社交发展的重要性。处于优质学习及情感支持环境中的学生，即使他们的母亲受教育程度不足四年，到一年级期末，他们的成绩也不逊色于那些母亲受教育程度更高的学生。相反，即使控制了学生的初始成绩，那些在质量较差的课堂环境中的学生，其成绩明显不如那些母亲受教育程度更高的学生。该研究建议，当学生受到高质量的读写教学、得到有意义的反馈，并有机会参与高层次的概念讨论时，这种课堂环境能帮助家庭环境资源有限的学生提高成绩。

教师和研究人员研究课堂环境的一个原因是为了给所有学生营造高质量的学习环境，另一个原因是为了探寻缩小学生成绩差距的可行方案，这种差距在所有西方国家均存在，即社会经济地位较低和少数族裔学生与中产阶级及欧裔学生之间存在的成绩差距。上述研究表明，一个富有情感支持的环境可能有助于减少有校园适应风险的学生与其他学生之间的成绩差距。克罗斯诺及其同事（Crosnoe et al.，2010）发现，不论是数学成绩优秀、一般，还是欠佳的学生，他们的学业成绩发展轨迹通常会延续至五年级。这意味着入学时数学成绩优秀的学生在小学毕业时仍然保持着出色的成绩，而入学时数学成绩欠佳的学生六年后仍成绩欠佳。然而，那些成绩欠佳的学生，如果处于富有情感支持的课堂环境中，并接受挑战性思维和逻辑推理的教学要求，他们与成绩优秀的学生之间的差距确实会缩小（尽管没有完全消除）。如果这些成绩欠佳的学生所在的班级与教师有冲突，或者他们反复接受基础技能和死记硬背的教学，这种差距就不会缩小。再次强调，这与高期待教师的做法一致，他们为所有学生提供具有挑战性的学习机会，同时为他们营造一个温馨的社会心理环境。皮安塔的工作表明，虽然做了很多努力来减少贫富背景、黑人和白人学生之间的成绩差距，但这种差距仍然存在，努力降低辍学率也未能取得显著进展。

皮安塔与他的学生、毕晓普等人、巴巴德、韦恩斯坦和我自己的相关研究都表明，如果要提高学生的成绩并缩小学生间的成绩差距，就需要关注师生关系和师生互动。

皮安塔及其同事的众多研究在许多方面都表明了社会心理环境对学生学习的重要性，且得到了高期待教师的认可。然而，正如我在本章前面所说，师生关系对学生学习的重要性是一个相对较新的概念。基于数千次的课堂观察，皮安塔开发了一个课堂观察工具——互动教学指南[①]（Hamre and Pianta，2007），为课堂观察提供了一个经过实证支持的理论框架，不仅提供了思考互动的方式，还为组织观察、概念化及测量提供了方法。互动教学指南的一个显著优势是它适用于不同的年级，因此，它为观察从早期教育到中学课堂的班级氛围提供了一个实用的理论框架（Pianta et al.，2012）。

互动教学指南考虑了师生互动的三个重要因素，即情感支持、课堂组织和教学支持。在情感支持方面，我们观察了教师的课堂情绪氛围、教师对学生的敏感度以及对学生观点的尊重程度。在课堂组织方面，我们收集了促使课堂流畅运行的互动，包括教师如何组织学生行为、有效利用时间以及吸引学生的注意力。借此，我们观察了有效的行为管理、学习效率和学习环境等方面的情况。在教学支持方面，它评估了教师对学生参与的促进及学生学习目标的实现。在互动教学指南中，我们关注了教师帮助学生理解概念、向学生提供反馈，并在与学生互动时采用的交流和

---

① 互动教学指南（Teaching Through Interactions，TTI）是一个课堂观察工具，旨在通过观察和评估教师与学生之间的互动，帮助教师改进教学实践，从而提升班级氛围和教学效果。

对话的方式（Pianta et al., 2012）。

基于这个理论框架，皮安塔开发了一种观察教师的测量工具——课堂评估系统①。后来，他专门为中学课堂观察开发了课堂评估系统-中学版（CLASS-S）。从宏观到微观四个层面测量师生互动。宏观层面包括之前提过的课堂情绪氛围、教师对学生的敏感度、对学生观点的尊重程度这些方面。该层面的每个因素都会在更细化的层面上进行测量。课堂评估系统提供了一组行为指标，根据可以观察到的行为互动来定义。例如，班级氛围包括师生情感互动的数量和质量。这些细分为具体行为，如"对学生微笑""提供积极反馈"。学生喜欢和同学互动的程度也是班级氛围维度的一个重要指标。因此，观察者可以从师生互动的更广泛的概念转向更具体的行为，然后根据互动例子的质量从低到高进行 1—7 的评分（Pianta et al., 2012）。对 4000 多名学生的验证性因素分析验证了互动教学指南的三因素结构，表明该模型的拟合度尚可（Hamre et al., 2010）。因此，课堂评估系统可以作为一个有用的框架，供校长、中高层管理人员及同事之间互相观察，进而为教师专业发展提供讨论的基础。

这个框架被用于开发教师的专业发展计划，即"我的教学伙伴计划"②，旨在帮助教师改善师生关系和师生互动。教师专业发展的重点领域包括师生互动的认识和理解、为教师提供的人际支持、定期为师生互动提供的个性化反馈，以及教师为增强互动而设定的清晰目标（Pianta et al., 2012）。专业发展计划采取合作和咨询的方法。"我的教学伙伴计划"提供网络资源，以便远程提供持续的、个性化的专业发展支持。教师有机会观看自己与学生互动的视频，以及他人互动评价得分高的视频。这些视频构成了提升教师实践的基础。教师每两周定期录制自己的教学视频，然后与教学顾问合作，使用课堂评估系统作为框架，反思自己的进展。教学顾问为教师提供定期的、个性化的反馈，以提高教师互动的技能，加强教师对互动的理

---

① 课堂评估系统（Classroom Assessment Scoring System, CLASS）是一种用于观察教师的测量工具，通过评估教师与学生之间的互动质量，帮助教育者了解和改善教学实践，旨在提升课堂环境和学生的学习成果。

② 我的教学伙伴计划（My Teaching Partner, MTP）是利用 CLASS 系统提供的评估数据，为教师提供个性化的反馈和支持，帮助他们提升教学质量和课堂管理技能，从而改善学生的学习体验和成果的工具。

解。"我的教学伙伴计划"评估显示，该计划对教师互动产生了显著影响，增进了教师对与学生互动的理解，学生社交和成绩表现也得到了很大的改善。

接下来我将介绍一项我特意挑选的中学评估，因为它展示了课堂评估系统和"我的教学伙伴计划"在中学实施的有效性，即使该计划最初是为小学设计的。艾伦等人（Allen et al., 2011）将78名教师随机分配，要么参加"我的教学伙伴计划-中学版"（MTP-S），要么完成常规的专业发展计划。第一年主要是教师学习和辅导他们，因此"我的教学伙伴计划-中学版"预计在第二年才会显示出效果，那时教师已经完成了专业发展辅导，并且能够完全实施和理解新的互动实践。在第一学年结束时，研究人员对学生以往成绩和一些人口统计因素进行了控制，实验组教师班级的学生成绩与对照组教师班级的学生成绩之间没有统计学上的显著差异。然而，在第二学年结束时，当实验组教师能够在课堂上充分运用培训所学内容时，实验组学生在成绩上取得了更大的进步。相当于学生的表现从百分位的第50位提高到第59位。进一步分析显示，教师新掌握的学生互动的质量在提高学生成绩方面发挥了重要的中介作用。无论是在数学、科学、社会研究、英语等各个学科领域，还是在学生背景和班级结构特征都不同的班级中，这种干预方法都表现出同样的有效性。总的来说，这项评估显示"我的教学伙伴计划-中学版"改变了教师的教学行为，提高了学生的成绩。

六、班级氛围：研究小结

本章的开头重点介绍了期待理论的研究成果，强调了研究发现的教师期待与班级氛围之间的关系。本章继续介绍对高期待教师的研究发现。高期待教师营造的班级氛围在情感上是支持性的，包括预防性课堂管理，正如我在前几章中所述，它在教学上也是支持性的。这些方面与皮安塔的研究理论框架高度契合。因此，我在本章专门介绍了皮安塔及其团队的研究成果。鉴于此，下一章将提供增强班级氛围的实用建议，进一步拓展皮安塔的理念，也将借鉴积极心理学和其他学科的智慧，改善学生的课堂环境。

第十一章 高期待教师和班级氛围
——实践应用

    虽然有充分的研究证据显示良好的师生关系在促进学生社交以及学业适应、提升社交技能和学习成绩方面起着关键作用，但仅仅知道这些是不够的。就像教师探究高期待的特点一样，他们也会对积极的班级氛围的具体样态感兴趣。当然，任何班级的访客都能感到那种在空气中弥漫的氛围，但捕捉这种模糊的特质却并不那么容易。本章旨在提供实践指导，帮助读者了解班级的社会结构，测量班级的氛围，并将这些实证研究成果转化为课堂实践。

    我们知道，各种教师特征或人格因素之间似乎存在关系。有些教师对自己提高学生的学习能力更有信心，更坚信自己能有效管理课堂，更相信自己能为所有学生的学习提供有效的帮助。这些特征被称为教师的效能感。高效能教师通常会对学生表现出温暖和关怀。当然，教师不可能一下就获得高的教学效能感。效能感是随着成功经验的积累而增长的。教师越认为自己在课堂上的经验是成功且有效的，就越有可能取得进步。他们更愿意尝试冒险、尝试新思路和进行教学实验——当事情出错时，他们会从失败中汲取经验，而不是认为学生的能力是固定的、无法改变的。认为自己有效能的教师也更可能对学生抱有高期待，因为他们坚信无论学生的背景如何，自己都能够影响学生的成绩，这是高期待教师心中的一种强烈的信念。这类教师还能适应多样化的文化背景，敏锐地洞察学生需求，并尊重他们在当下课堂中展现的不同文化。本章介绍的课堂实践方法易于实施，也能营造更积极的课堂环境。当学生感受到关心和重视时，他们反过来更有可能专注于学习，从而减轻课堂紧张感，促进同伴之间的建设性关系，减少纪律问题。学生在学习氛围积极的课堂中想学习，想取悦他们的教师并获得教师的喜爱。

一、了解班级的社会结构

教师是课堂这个小型社群的领航者，学生则是社群中的一员，学习如何在这个社会结构中表现与互动。随着年级的增加，学生会逐渐学会各种规则，也会发现，在一个教师的班级内期待和接受的规则可能在另一个教师那里会有所不同。学生还需要去适应这些差异。在这个课堂结构中难以进行有效互动的学生，可能无法与他们的教师或同学建立积极的关系。学生会因此感到被孤立，可能假装不在乎，或者在某些时候会逃避课堂活动。正如前文所述，缺乏社交技能可能导致学生动机下降，进而影响学业进步。

教师常常被认为是一项极为复杂的职业。这是唯一一个要求专业人士必须同时与所有客户打交道的职业。教师需要整日身兼数职，既要组织好课堂，还要管理众多学生。此外，在他们领导形成的人际关系网络中，自身拥有巨大的影响力。教师与学生的课堂世界并存，学生地位及其与同学的关系，深受师生关系和课堂组织管理方式的影响。虽然教师对学生的同伴关系有很大的影响力，但他们并不总是了解学生之间的隐秘联系，而这些隐秘联系构成了一个隐蔽的学生世界。更多地了解学生的世界，给教师提供了一个良好的衡量标准，有助于教师评估其课堂成效和师生关系的积极程度。

（一）测量班级氛围：社会关系图

绘制社会关系图是一种深入了解学生隐蔽世界的方式。社会测量 ① 这一概念由莫雷诺（Moreno）于 1943 年提出，后来被应用于班级中。该方法通过询问学生的同伴关系，然后将这些关系做成一张图，向教师详细展示学生关系的质量。简言

---

① 社会测量（Sociometry）是指采用定量方式研究团体心理结构的方法，由精神医学家莫雷诺提出，其特点是用数量表示团体中成员之间人际关系和人际相互作用的模式。

之，该方法是让学生列出他们喜欢或讨厌的同学。例如，教师可能要求学生列出三个想组队的同学和一个不想组队的同学。该方法有多种变体，如仅列出想组队的同学、列出至少两个不想组队的同学、列出希望一起学习或玩耍的同学。我的经验是，教师觉得他们知道学生谁喜欢谁、谁很好相处、谁不愿意与他人合作。然而，当他们试图从学生的视角绘制社会关系图时，总会感到惊讶不已。虽然可能存在一些很明显的同学关系，但在那个隐蔽的学生世界里，仍有许多教师不知道的事。社会关系图的使用让教师对学生之间的同伴关系了解得更加深入。

社会测量曾经盛行多年，一直延续到 20 世纪 80 年代，后来却饱受争议，原因在于使用社会关系图可能引发伦理问题。例如，要求学生列出他们讨厌的人，这本身可能就是一种破坏关系的行为，也可能导致学生对他们列出来的名单说三道四。然而，这些问题可以通过教师的谨慎实施得以解决。一种方法是，教师强调这些信息将被严格保密，不会泄露名单上任何学生的信息，同时禁止学生相互讨论他们名单上的人。教师可以利用获得的信息来组织班级小组，以便在小组变更时重新测量社会关系。因为教师需要重新组织小组，重新编组成为社会测量的必要之举，这样做也为信息保密提供了正当的理由，至少目前在学生看来，这项测量仅仅是出于组织的目的而进行的。以第一种做法为例，每个学生可以得到一张小纸条，在上面首先写上自己的名字，然后写下他们想组队的三个同学，最后写下他们不想组队的一个同学。学生被告知禁止与他人分享纸条上的内容，且教师将对所有纸条上的内容严格保密。学生按照教师的指导写完后，将纸条对折，教师逐一收取。当然，至关重要的是将这些纸条保存在安全的地方，直至教师开始分析社会关系。

下一步是根据学生的小纸条绘制关系图（见图 11.1）。如果学生同时写下想要组队的同学和不想组队的同学名字，依据这些信息可以绘制两张社会关系图。通过仔细分析这些图，教师可以获得许多信息。例如，如果学生被要求列出三个想要组队的同学，理论上每个学生都应平均获得三票。但实际上，一些学生的票数较多，而另一些则较少。绘制社会关系图的第一步是教师——浏览学生写的小纸条，初步了解哪些学生较受欢迎。在大多数班级中，通常会有两三个班级明星学生，他们深受同学喜爱。在绘制时，将会把这些学生放在社会关系图的中心位置。在小学阶段，最好分别对"男明星"学生和"女明星"学生绘制不同的图。因为在这个阶段，学生通常只与同性别的同学建立友谊，男女生之间的交集较少。当然，也可以选择更大的纸张，将男女生的数据合并在同一页面上。此外，在这个阶段需要注意的是，虽然手动绘制社会关系图较为容易，但推荐使用铅笔绘制。也有计算机程序专门用于创建这些图，使整个任务更轻松。

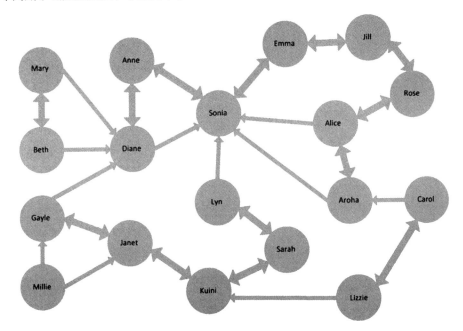

图 11.1　社会关系图中的学生关系图

　　完成绘制后，教师开始解读社会关系，通常会有意外的发现。图 11.1 是女学生间可能相互喜爱的关系简图，每个学生只列出除自己外两个喜欢的同学。如图，为了使相互喜欢的关系更加明显，可以像我做的那样，将双向箭头做得比单向提名的箭头更粗（非必要）。那么，这张特定的社会关系图向我们揭示了什么呢？索尼娅（Sonia）无疑是个明星学生，获得喜欢的票数最多，很可能几乎没有人给她投不喜欢的票。其他学生，如黛安娜（Diane）也颇受同学欢迎。如果教师使用这张社会关系图对学生进行分组，那么像黛安娜和索尼娅这样很受同学喜爱的学生，安排他们照顾未获任何票的米莉（Millie）可能是不错的选择。米莉的地位很难确定，她可能是一个被孤立的人，喜欢独处，也可能不受欢迎。写下讨厌的学生可以提供这些信息，这也是我更喜欢要求学生同时写下自己喜欢和讨厌的同学的原因。如果米莉两种票都没有，那么她只是草率地被班级同学忽视了。虽然她可能觉得这样挺好的，但要记住一点，亚瑟等人（Asher et al.，2001）的研究表明，当学生至少有一个亲密朋友时，可以缓解被孤立带来的潜在危害。若米莉没有被同学排斥，班主任可以帮助她与一个受欢迎的同学建立关系。然而，如果米莉受到排斥，也就是说有多名同学讨厌米莉，那么问题就比较严重了。受到排斥的学生要么表现出攻击行为，要么成为被霸凌的目标。当不受欢迎的学生表现出攻击行为时，同学就不会喜欢他们，因为他们在社交场合表现消极，可能会出现暴力行为，有些学生可能会被霸凌。其他不受欢迎但没有攻击行为的学生通常会被班级其他同学欺凌或嘲笑，他们在学校的经历会非常不愉快。对于不受欢迎的学生，不管是否表现出攻击行为，教师必须努力帮助他们培养合适的社交技能，帮助他们被其他同学接受。道奇及其同事（Dodge et al.，2003）的研究表明，那些在幼儿园期间没能建立积极同伴关系的学生，在一、二年级时社交能力也较差。不幸的是，社交技能较差的学生不受同学欢迎，因此没有像其他学生那样有同样的学习社交技能的机会。早期的不受欢迎可能导致学生社交技能不足，进而难以融入班级群体。因此，教师努力改善这些学生的社交技能至关重要。教师可能觉得这项任务很艰巨，或者觉得需要专业干预，但将不太受欢迎的学生与受许多同学喜爱的学生组对，往往效果很好。

图 11.1 中的许多学生都互相建立了友谊。这很常见，这种双向友谊对学生有益。当一个班级中存在许多这样的友谊时，也表明了班级中存在积极的关系。如果所有学生或大部分学生至少有一个亲密朋友，这表明班级氛围是积极向上的。特别是当不同的友谊相互连接，形成覆盖所有学生的一个关系网络时，这表明班级中的人际关系和谐。虽然图 11.1 中的社会关系图没有包括男同学，但异性友谊的数量有时可以是班级中关系积极的一个指标。此外，学生干部也在社会关系图中有所体现。在我的示例图中，索尼娅很明显是一个学生干部的不错人选，但在有些班级中可能存在一个由 3—4 名学生组成的小团体，他们很可能互相选择成为朋友，还受到其他同学的欢迎。这样的学生可以成为优秀的干部，因为许多同学喜欢他们，继而尊重他们，并愿意被他们领导。偶尔也会出现一个 3 人小团体，他们互相选择成为朋友，但班上其他同学没有一个人喜欢他们。这表明，一个关系紧密的小团体可能不受其他同学欢迎，还会引起其他同学的反感。这一点能从学生讨厌的同学名单上看出来。如果班内存在不与其他小组建立联系的几个小组，这意味着班级不和谐。教师需要努力培养不同小组之间的友谊，频繁更换小组有助于培养关系和打破障碍。因此，通过绘制社会关系图，很多信息就一目了然。正如我之前提到的，从

社会关系图中发现的学生信息，会让教师感到惊讶。

（二）测量班级氛围的问卷

研究人员采用多种工具来测量班级氛围。有趣的是，大部分使用问卷来调查班级氛围的研究是在中学课堂内进行的，而在小学校园内进行的研究则非常少。因此，专门为小学教师设计的班级氛围评估工具并不多。然而，我认为有两套问卷可以直接或适当调整后应用于测量小学的班级氛围。第一套是《我的班级清单》（My Class Inventory），由弗雷泽（Fraser）等人于 1982 年开发，后由弗雷泽和奥布莱恩（O'Brien）于 1985 年改进。第二套为《学生对班级氛围的个人感知》（Student Personal Perception of Classroom Climate，简称 SPPCC），由罗韦（Rowe）等人在 2010 年开发。这两套问卷针对每个测量指标的所有题目都包含在附录中。为了准确测量班级氛围，建议使用教师所选问卷的全部题目。若能由教师助理、信任的同事或学校管理层这样的第三方收集问卷，得到的数据会更佳。此外，采用匿名方式进行调查，有助于获得学生的真实反馈。这两套问卷均适合 8—12 岁的学生。

《我的班级清单》通过五个维度来测量班级氛围，包括凝聚力、摩擦力、满意度、难度和竞争力（见附录）。"凝聚力"是衡量班级中同学关系的一个指标，用来评估学生感觉自己与其他同学的紧密程度；"摩擦力"指班级中存在的紧张氛围和学生间争斗的程度；"满意度"衡量的是学生对班级的满意程度；"难度"反映了学生认为班级活动适合自己的程度；"竞争力"则评估学生希望超过同学而非与其合作的意愿强弱。一个理想的班级应具有高度的凝聚力和满意度，较小的摩擦力和较弱的竞争力，以及适当的课程难度。

学生需要对问卷中的每个题目做出"是"或"否"的选择。大多数学生能在 15—30 分钟内完成问卷，但也要为速度较慢的学生预留充足时间。接着对问卷进行评分，学生答案旁边的一列介绍了如何给各个题目评分（见附录）。那些旁边标加号的题目，学生如果答"是"，则得三分（例如第 13 题）；答"否"，则得一分（例如第 25 题）。旁边标减号的题目则采用反向计分（例如第 16 题）。任何遗漏或无效的回答都记为两分。随后将各维度的得分加总，字母 CH、F、S、D 和 CM 依次表示对凝聚力、摩擦力、满意度、难度和竞争力测量的量表。电子表格记录这些分数，计算出每个维度的班级平均分或总分。例如，弗雷泽及其同事（Fraser et al.,

1982）对 100 个小学课堂进行了问卷调查，得出各个维度的平均值分别为凝聚力 14.01，摩擦力 18.23，满意度 18.87，难度 12.31，竞争力 16.20。

《学生对班级氛围的个人感知》对学生施测的难度与《我的班级清单》相当，但计算过程可能更加复杂。然而，对于喜欢挑战的教师来说，使用电子表格将有助于统计计算结果。《学生对班级氛围的个人感知》采用 4 分制的打分方式，0 分代表"从不"，1 分表示"有时"，2 分表示"经常"，3 分表示"几乎总是"。此问卷包含四个量表，即《教师支持量表》《同伴支持量表》《学业能力量表》和《学校满意度量表》。《教师支持量表》用于衡量学生认为教师在学业上支持他们的程度，以及教师对他们个人的关心程度。《同伴支持量表》也有类似的功能，但它衡量的是学生在学业上相互支持的程度，以及学生感受到的同伴对自己的关心程度。《学业能力量表》是衡量学生自我效能感的一个指标，已被证明与学生的学习成绩相关（Rowe et al., 2010）。如果该量表测得的平均分很低，说明教师需要提高学生对自身能力的信心。《学校满意度量表》与《我的班级清单》类似，但它与学校整体的满意度而非与学生所在的特定班级相关。完成《学生对班级氛围的个人感知》与完成《我的班级清单》的时间大致相同，但教师应保持一定的灵活性，确保学生有足够的时间完成问卷。问卷中有反向措辞的题目，如"我希望我不必去学校"，这些问题需要反向评分，如果学生选择了 0，则得 3 分；若选择了 1，则得 2 分；若选择了 2，则得 1 分；若选择了 3，则得 0 分。

第 1—8 题用来测量"教师支持"（见附录）。对于每个学生来说，根据其选择的选项计算 8 个题目的得分，然后计算班级平均分，即将所有学生的总分加起来，然后除以完成该量表的学生总人数。对于第 9—16 题（《同伴支持量表》），测量采取相同的步骤。第 17—20 题用于测量"学业能力"，同样需要为每个学生计算得分，并计算班级平均分。最后 6 个题目与"学校满意度"有关，须记住对上述反向措辞的题目进行反向评分，其他步骤同上。这意味着《教师支持量表》和《同伴支持量表》的总分为 24 分，因为每个题目的得分在 0—3 分，如果 8 个题目均得满分，则总分为 24 分，记得计算班级平均分。《学业能力量表》总分为 12 分，《学校满意度量表》总分为 18 分。示例中四个维度的平均值分别为教师支持 18.73，同伴支持 11.74，学业能力 9.61，学校满意度 12.04。

二、提高课堂的积极情绪

　　近年来，心理学领域孕育了一个新分支——积极心理学，该分支的核心理念在课堂应用上大放异彩。有网站 ① 专门提供激励人心且方便实施的课堂想法。积极心理学的一个基本出发点是，体验积极情绪不仅对我们的心理健康有益，也有助于身体健康。十种主要的积极情绪包括喜悦、感恩、平静、兴趣、希望、自豪、乐趣、灵感、敬畏和爱。

　　在现代社会，利用大脑图层绘制技术，心理学家进行了各种实验，他们发现沉浸在积极情绪中的人更容易接受新想法或尝试新体验，并在解决问题上显得更有创造力。消极情绪往往限制我们的选择，而积极情绪则激发我们的好奇心和兴趣，为我们探寻新方向或开启探索的大门，让我们看到前所未有的可能性。事实上，积极心理学的开拓者弗雷德里克森（Fredrickson，2009）声称，积极情绪可以让你的寿命延长 10 年，它的力量就是这么强大。她的观点也得到了证实。柳博姆里斯基等人（Lyubomirsky et al.，2005）的一项对 300 多个研究的元分析表明成功与积极情绪相关，积极情绪也是通往成功的关键。

　　这个结论对课堂教学有清晰的启示。增强课堂中的积极氛围不仅可以为教师和学生创造更愉快的环境，而且，积极的班级氛围也有助于学生取得更好的学习成绩。积极心理学的研究人员并不建议你某天早上醒来，突然决定变得更加积极，而是认为积极情绪具有传染性，它会逐渐增长。在日常生活中增加积极情绪的体验能让我们受益良多。寻找生活乐趣、感激所爱之人、敞开心扉尝试新鲜事物、探索未知、关爱所爱之人、对遇见的每个人和善以待、对自己诚实，这些都是积极心态的体现。积极心理学的研究人员并不认为我们应该完全回避负面情绪。这种想法过于天真。确实，他们谈论的是一种过于天真的乐观态度，然而他们倡导总体上保持积极的态度，能让我们更好地应对生活中的挑战。弗雷德里克森（Fredrickson，2009）的研究表明，四分之三的时间情绪是积极的，剩下四分之一的时间情绪是消极的，这个比例似乎能创造出心理韧性，使我们有效应对生活中的逆境。《三比一积极性

---

① 参见 www.teachingexpertise.com/articles/implementing-positivepsychology-3700。

自我测试》[①]提供了一个现成的指南，帮助我们了解每天的情绪状态，也有助于我们更好地照顾自己。教学是一份异常繁忙的工作，因此，对教师来说，花时间享受生活、善待自己很重要。那么，我们如何将高期待教师的做法、班级氛围研究的成果以及积极心理学的研究发现进行转化，营造一个温暖、关爱、值得信赖的课堂环境，使所有学生在其中都能茁壮成长？本章接下来将介绍一系列用来营造这种环境的想法，使学生爱上他们的课堂、共享他们的班集体。

三、营造积极的班级氛围

（一）教学、班级管理与个人关怀的实践

首先，高期待教师在促进积极的班级氛围上的一些做法与他们的课堂教学和管理密切相关。例如，高期待教师期待学生应该并且会相互支持和帮助，以此来促进合作。合作的基本规则可以在学年伊始通过设计一系列需要学生共同完成的活动来建立，如小组或班级壁画、故事墙、基于班级故事制作丛书等活动，都需要学生共同合作来呈现最终成果。这些活动可以是阅读写作课程中的学习活动，也可以是数学、社会学、科学、健康或其他学科的一部分。

教师示范是构建积极环境的关键。教师需要意识到自己的言行举止，即言语行为和非言语行为，这些在传达我们的感受和情绪方面非常重要。偶尔录制与学生的互动视频，然后分析教师的行为，尤其是非言语行为，是检验教师所说内容及其如何将期待传达给学生的一种方法。教师在观看自己的视频时常常感到惊讶，因为他们之前并未意识到自己不高兴时使用的"表情"，话里可能带有讽刺的语气，或者他们在极其紧张的状态下表现出的积极性和支持。如果教师只负责审查自己的视频，就没有"表现"的动力。如果这些视频是教师考核或评价过程的一部分，除非教师在一个有着成熟且高度支持和信任的学校中工作，否则他们可能会丧失自我批评中的坦诚。

在班级管理中密切关注教师使用的教学用语后，我发现使用预防性管理比反应

---

① 参见 www.positivityratio.com。

性管理更好。预防性管理的优势涉及每个教师培训项目，不幸的是，在日常教学中，这些优势往往被忽视。录制和分析教学视频能够重点关注教师希望提升的某个方面，而预防性管理对于积极塑造学生的行为非常有效。我惊讶于高期待教师在课堂管理中频繁且高效地使用预防性管理策略，这与低期待教师形成了鲜明对比。实际上，教师期待的行为一旦建立，就不再需要其他太多的管理策略，因为学生想要取悦自己的老师。虽然高期待教师对学生行为做出的反应有时是积极的，有时是消极的，但总的来说，他们的课堂是积极且充满活力的。

教学中，教师自我反思的另一个关注点是提问的技巧。我指的不全是教师提问的问题类型，虽然这也可以是一次视频分析的重点，我这里指的是要关注被提问的对象，以及学生回答之后会发生什么。确保所有学生时常被问到有挑战性的开放式问题很有必要，这种问题能促使他们更深层次思考。同时，这种问题不应只留给那些教师认为能够回答正确的学生。这一做法非常有用。观察学生回答的后续情况也是一项有趣的练习。例如，我对教师经常重复学生的回答感到惊讶。我不是在评判这种做法的对错，只是说事实就是如此。思考教师重复答案的目的是一个有趣的话题。

最后一个关注点是观察教师对学生回答错误后的反应。我在前面介绍过，出现这种情况时，高期待教师会给学生提示，帮助他们找到正确答案。你会怎么做？改善班级氛围的另一种方式是与学生建立私交，花时间了解学生、喜欢学生，并赞赏他们的能力，这有助于建立牢固的师生关系。学生通常喜欢听教师分享校外的生活，并乐于与教师分享他们自己的生活。仅仅是倾听并在个人层面上了解学生，就能显著影响班级氛围。同时，重视班级学生的多样性，也能让学生感受到教师的关心。我曾经遇到一位当地小学三年级的教师，她班上有 24 名学生，他们的母语一共有 18 种。这位教师能用每个学生的母语向他们问好。这一举动每天都换来了学生灿烂的微笑，这些微笑准确反映了学生真实的感受。这位教师还策划了开斋节、光明节、排灯节、春节等主题的教学单元，让所有学生都了解彼此的文化，从而感受到自己是班级中受重视的一员。

（二）鼓励建立团结温馨的班集体

频繁更换小组有助于建立班集体，并促进所有学生之间的互动。如果教师在使用社会关系图的数据对学生分组时足够谨慎，那么这些分组决策不仅可以基于学生提供的信息，还可以基于教师在过程中做出的执行决策，从而确保学生在一个学年中都有机会与其他同学一起合作。建立一个团结温馨的班集体，还要避免个别学生在某些方面有特权，无论是帮教师传递信息、在集会上发言，还是帮教师的忙。对学生一视同仁很重要，可以避免班级里出现巴巴德（Babad，1998）描述的偏爱现象。

让学生在小组中承担一定的责任是一种有效的做法。例如，允许学生根据某个主题给自己的小组取名。教师采取策略性的分组方法也是有用的。例如，所有小组都应该男女混合，4—6人的小组一般来说最高效（Blatchford et al.，2006），对学生进行社交分组有助于促进同伴之间相互支持的关系。还可以通过小组分工来负责班级的不同区域，以便学生合作完成任务。例如，每天放学后，安排一个小组负责阅读区的整洁，另一个小组负责数学区，等等，每个小组都有一个自己负责保持清洁和整齐的班级区域。以此类推，甚至可以让小组对学校的特定区域负责。例如，一个小组负责学校花园的维护，另一个则负责昆虫农场的管理，还可以负责装饰教室的一个区域。每个小组适合负责什么，将根据教师、班级和学校的不同情况而定。

邀请学生家长或祖父母参与班级活动是进一步培养班集体意识的途径。这个方法得到了集体主义文化背景的少数族裔学生的赞赏，同时也得到了偏个人主义文化背景的学生的支持。除了直接邀请家长与学生一起参与课堂活动，还有许多其他方式可以加强家校合作的伙伴关系。家长拥有的才能常常超出我们的预期。例如，我曾经在一个课堂上看到几本插图精美的手绘丛书。事后我得知，其中一个家长非常有艺术天赋，她利用晚上的时间，根据教师提供的材料为班级制作了这些书。因此，在学年伊始了解学生家长的才能、职业、背景和兴趣，可能会为班级带来意想不到的好处。让家长参与社会学习单元的学习，尤其是在他们了解正在研究的文化的情况下，或者邀请他们走进课堂聊一聊学生喜欢的兴趣爱好，或者让他们分享自己的经历，这些都有助于促进教师、学生和家长之间的关系。同时，当学生表现特别出色或做了值得表扬的事情时，及时告知家长，也可能会得到家长的赞赏。这只需一通简短的电话或电子邮件。我认识一位教师，他经常给家长寄学校明信片。当家长因为他们的孩子在学校表现特别好或做了一件非常出色的事情而被联系时，他们通常会感到非常惊喜，同时也非常感激。我相信他们更愿意接听表扬孩子的电话，而不是经常接到批评孩子的电话。这再次强调了建立良好关系的重要性。如果家长在孩子表现良好时就参与到教育过程中来，那么当他们的孩子在学校出现问题时，他们更有可能与教师合作；如果只在孩子出现问题时才与家长联系，家长很自然会产生防御心理。

（三）增强班级凝聚力

大多数教师都会制定班级规则。与学生一起制定班规是好的，因为这样他们就有一定的自主权。在新西兰，我们在二月初学年开始的时候，庆祝怀唐伊日 ①。怀唐伊日纪念的是毛利人和欧洲人之间签署的《怀唐伊条约》，这是新西兰的基本宪法文件。因此，新西兰许多小学教师会借此机会与学生一起制定班规，并由所有学生签名。这份班规会被张贴在教室显眼的位置，便于提醒学生他们达成的共识。图11.2 是一个很好的例子，取自"教师期待项目"的普罗斯佩克特学校，这是一份由学生制定并签署的班规。该班规包含"己所不欲、勿施于人、言辞友善、坚持不懈、坚定不移、永不放弃、互帮互助"等内容。

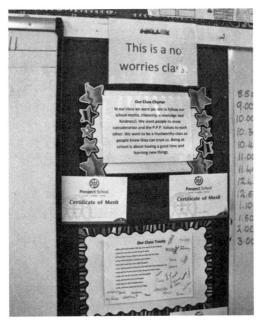

图 11.2 提高班级的氛围：由学生制定和签署的班级宪章和条约

---

① 怀唐伊日（Waitangi Day）是新西兰的一个国家公共假日，在每年 2 月 6 日庆祝，为了纪念 1840 年 2 月 6 日，新西兰毛利族首领和英国政府代表在怀唐伊地区签署了《怀唐伊条约》（*Treaty of Waitangi*）。

每天以班级为单位安排一些集体活动有助于增强班级凝聚力。这可能只是每天集体唱一两次歌，或安排唱跳活动。如果教师想冒险，那就举办一分钟的舞会！此外，全班活动可以是讲故事或讲笑话，也可以是临近放学前的一场快速的合作游戏。偶尔，教师可能会预留一个小时或一个下午的娱乐时间，让学生玩棋盘游戏、表演戏剧、进行时事常识问答、下棋以及玩"二十问"等游戏。无论选择哪种活动，关键是让学生玩得开心。

一旦班级作为一个单位能良好地协作，并且相互信任和尊重，教师就可以与全班学生围绕班级的现状展开讨论。"我们班最棒的是什么？""什么时候你感觉在我们班最开心？""当时发生了什么？""我们怎样才能一直这样？"……这样的讨论适合在学年过半时进行，尤其是班级出现"老生常谈"的问题时，这样的讨论可以重新点燃班级的积极性。促进学生进步的另一个做法是从学生那里获得对教师的匿名反馈，即从学生层面了解教师哪些方面做得好，哪些方面需要改进。再次强调，课堂上需要建立牢固的信任基础，才会得到学生真实的反馈。

很多活动可以作为班级项目的一部分，用来增强班级凝聚力。例如，"优势转盘"可以作为家庭作业或班级活动，让每个学生制作一个转盘，上面包含他们认为自己拥有的优势，还可以贴上插图和照片。由此演变出来的活动叫"名人墙"或"荣誉墙"，每个学生可以在"墙"上贴一块"砖"，"砖"上写着令他们特别自豪的事情。这样的"墙"在班上使用时，学生对自己取得的成就会感到非常自豪和兴奋，连助教们也会想在墙上贴一块自己的"砖"！谁说大人就不能贴自己的"砖"呢？并且这面"名人墙"全年都可以"添砖加瓦"！这个活动还可以玩出其他的花样。例如，学生可以在桌子上贴上个人资料，或者制作个人照片板。图11.3是一个以建立班级关系为中心的活动展示。所有学生都坐在一条独木舟里，朝同一个方向划行。在新西兰，这种小舟被称为"瓦卡"，每个学生的桨上都写着他们的理想职业。独木舟周围的海报介绍了每个学生，而且展示了他们引以为豪的成就。海报上方的云朵上写着学生自己制定的班规，例如"在学习上帮助他人""情绪低落时互相帮助""以礼待人""己所不欲、勿施于人"等。最后，彩虹上写着每个学生的名字。有些信息非常有感染力，而且展示得非常漂亮！

图 11.3　促进班级氛围的活动展示：最上面是学生制定的班规、
学生的个人海报（照片、绘画和简介），独木舟上展示了每个学生的理想

　　还有一个好主意：让学生制作一张他们心目中英雄的海报，或者让教师开设一个关于励志人物的单元学习活动。学生可以收集自己心目中英雄的信息、照片或为之创作插图，并说一说为什么选择这个特别的人物。这个活动可以作为小组或个人任务来完成，这取决于是学生自己选择他们的英雄，还是教师向学生提供研究的励志人物。

　　学生如果按组坐在一起，就能以小组为单位开展活动，如组间游戏或竞赛。也可以为学生分配小伙伴，指导他们对彼此的作业提供积极的反馈意见并写下来。有些教师还喜欢设立一个"伙伴班级"，通常是一个高年级班级，定期照看或给学弟学妹们朗读。增加班级凝聚力的另一种做法是组建班委会。班委会由学生组成，负责组织促进班级氛围的各种活动，例如，"宠物日""午餐共享时刻"或"祖父母日"。学生需要感觉到他们在教室中的主人翁意识。还有一种"班级圆圈"的概念。当班级出现问题时，教师让学生围坐成圆圈，所有学生都有机会发言，说出自己的想法和感受，然后一起探讨改善问题的策略。

（四）促进班级和谐

　　促进班级和谐有很多办法，其核心都是鼓励学生相互关心。我这里仅介绍几种方法。一旦尝试了这些方法，就会有更多的创意涌现。例如，在班级开展"数一数好人好事"或"随机行善"的主题活动。根据需要，这些活动的规模可大可小。学生可以记录他人对自己的善举，也可以汇报自己日常随机的善举，或制作一本包含这些善举的"善行书"，表达对同学的感激。这也是促进班级和谐的一种方式。教师可以鼓励学生给那些有随机善举的人、班级访客或校长写感谢信，也可以让学生在信中表扬自己做得出色的一些好事。提倡礼貌待人体现了同学之间的彼此尊重，这应该被鼓励。礼貌待人还体现在为班级访客准备邀请函，并在事后亲自向他们表达感谢。延续上述有关善意的想法，放学后教师可以给学生机会公开感谢另一名同学一天中做的好事。

还有一些类似的活动，都是促进班级和谐和积极情绪的绝佳方式。例如，先从盒子里抽取一个写有学生名字的小纸条，然后每个人匿名写下被抽中的这名同学的一些优点。这些小纸条可以让被抽中的人带回家，也可以自行做成个人小册子或海报。随着时间的流逝，每个学生的名字都有机会被抽到，从而每个人都有机会感受到自己的独特之处。这个活动的另一个版本是"积极纸盘日"。在每个学生的后背上贴一个纸盘，其他学生会在一天里写下对他们的积极评价。到了这天放学时，每个学生都会得到一个充满积极评论的纸盘，他们可以将盘子带回家，或者作为班级展示的一部分。还有一个版本是使用彩色橡胶丝球代替纸盘，学生挨个传球，传球的人对接球的人说些积极的话。每个人都有机会接到一次球，每个人都有一次被肯定的机会。还有一个简单的做法是鼓励学生互相给予积极反馈或写感谢信，也可以为每个学生制作一个"友谊页"，让他们写下自己喜爱对方的积极信息，或对班级其他同学的一些体贴之举给予反馈。这些可以做成卷轴，让学生卷起来带回家，学生会为记录自己对他人做的好事而感到自豪。

还有一个想法，当学生做出善良或关心他人的行为时，教师准备一些写着学生名字的小奖券放入盒子中。每周结束时，教师抽取一两个小奖券，给被抽到的学生一个小奖品。对于这类活动，教师需要谨慎处理，因为将学生自发的善举转变为外在奖励可能会降低他们做好事的内在动机，学生可能会为了拿奖品而不是出于真心对同学表现出友善或关心。

一旦班级建立了凝聚力、和谐氛围和归属感，维护这种状态便是重心。要经常提醒学生保持积极的人际关系和相互支持，这一点很重要。最后一个建议：教师可以让学生创作一幅班级的墙报，每个学生写下他们特别喜欢所在班级的某个方面，并说明原因。这有助于提醒学生良好的人际关系和积极的环境是他们班级生活的一部分。

（五）鼓励学生个体的积极性

弗雷德里克森在 2009 年出版的著作中建议成年人建立一个与积极情绪体验相关的作品集，在心情低落的时候翻看，让他们想起生活中的美好事物。这个建议在班级里同样适用。班主任可以在一段时间内重点关注每一种情绪，帮助学生建立自己的档案或剪贴簿。学生也可以制作一个百宝箱，里面收集的物品可以让他们回忆一些特殊的时刻：纯粹快乐、对自己做的事情特别自豪或者感觉到真正被爱。他为每种情绪都设计了一系列问题，目的是激发读者收集能代表每种情绪的物品、照片、插图或简介。例如，关于自豪感的问题是你何时感到最自豪；关于喜悦的问题是你何时想笑个不停；关于感恩的问题是何时有人特地为你做了一些好事；关于平静的问题是你何时感到真正的平和或放松。

提升积极性的另一种方法是给学生播放视频网站上一系列有启发性或特别有趣的视频或电影片段，这些内容能让学生感觉良好。学生如果提前完成作业，就可以观看这些片段，也可以把它作为某种奖励。教师还可以安排与积极情绪和消极情绪相关的小组或班级讨论；学生可以制作"情绪魔方"，展示他们何时感到充满希望、受到鼓舞或被爱，何时感到愤怒、尴尬或嫉妒，还可以自主挑选代表三种积极情绪和三种消极情绪的内容制作"情绪魔方"。

四、实践教师的心声

为学生创造一个积极的班级氛围，确实需要教师付出一些努力，但对教师和学生来说，他们都会得到丰厚的回报。在一个积极、支持性的环境下工作，体验要好得多。参与"教师期待项目"的教师兴奋地发现，学生变得更自信、更兴奋、更有动力了，当教师在实施改善班级氛围的想法时，学生的参与意识增强了。教师表示，学生发言更踊跃了，彼此之间的关系比之前更好了。一位参与项目的教师说：

"我观察到变化最大的就是班级氛围。我利用社会关系图改善班级氛围，让学生每两周调换一次座位，现在学生能够相互了解，班级更加和谐了。"

一位男教师利用社会关系图在班里组建"家庭小组"，这一做法成功地使班级的凝聚力更强，学生也相互支持、相互照顾。而且，之前关系不好的学生现在也开始和睦相处。一位参与项目的教师欣喜地发现，她专注于为学生创造一个积极、安全的班级氛围，让她班上有特殊需求的学生受益匪浅。另一位参与项目的教师表示，她对班级的心理氛围很感兴趣，这涉及她自己和学生对课堂中正在发生的事情的看法。她说："我发现学生对班级中的社交评价非常敏感。"

在后续的跟踪调查中，教师给出了许多理由证明他们认可对班级氛围所做的改变。通过分析 DVD 录像，教师改变了他们的非言语行为，这方面的进步让教师感到很满意。许多教师还谈到他们成功地在班级中引入了导师或伙伴计划。许多班级在墙上留出了庆祝成功的空间，还有班级把表扬卡往家里寄。教师还允许学生有更多的时间与更多的同伴交流。正如这位参与者所说："我已经确定通过反馈的方式肯定每个学生的成功和他们下一步的计划。学生表现出的专注和兴趣，意味着他们对学习的积极态度，反过来又有助于改善班级氛围。"

还有一些评论也阐明了成功的原因，包括"让教师讲得更少、学生发言更多""讨论好学生的品质""使用更多积极的言语和非言语提示""给予学生更多自主权，让他们自己制定规则、制度，承担违反规则和制度的后果"。参与项目的教师报告说："学生喜欢与不常接触的同学一起学习，在成绩较好的学生的影响下，成绩欠佳的学生的阅读能力有了很大提高。"此外，教师还报告说："当学生自己选择阅读而不是被告知要读什么时，他们更有热情，在阅读时也更有动力，并能相互支持。"

高期待教师努力为学生营造一个积极的学习环境，他们的学生显然也在这样的环境下茁壮成长。干预组教师很快就发现，他们努力改善的班级氛围明显让学生受益。教学工作虽然充满挑战，但也是回报颇丰的，教师可以对学生的生活产生巨大的积极影响。花时间营造一个身心愉悦的班级环境是值得的。下一章将在"目标设定"的要领下，重点讨论学生学习动机、参与度、自主性、教师评估和反馈，也将呈现高期待教师对目标设定的看法，以及支持这一实践的研究证据。

第十二章 高期待教师和目标设定
——理论探讨

韦恩斯坦（Weinstein，2002）在她的著作中描述了美国低区别对待教师是如何促进学生学习的——他们鼓励学生自主学习，同时又给予学生支持。她还指出，这些教师激发了学生的内在学习动机，为学生提供清晰的反馈，并强调学习是为了促进个人成长。在遥远的新西兰，高期待教师在教学实践中也有相似的侧重点。他们为学生的学习提供选择，密切追踪学生的进展，对学生的学习情况提供有效的反馈，还与学生一起设定明确的掌握目标。反过来讲，这些做法似乎与高期待教师的信念有关，例如学生需要内在动机，需要一个清晰的学习框架确保他们在课堂上有认知和行为上的参与。

本章重点讨论目标设定。目标设定包含学生学习动机、参与度、自主性、教师评价和反馈等要素，因此，目标设定是高期待教师提高学生学习成效的一种方法。目标设定为学生提供了个人的学习目标。教师根据学生的目标，为他们的自主学习提供选择。有了个人学习目标，就意味着学生有了内在的学习动机，并积极参与学习，因为很多学习体验都是围绕学生的兴趣而设计的。高期待教师定期评估学生的进展，给予的反馈重点聚焦在学生的目标和下一步的学习规划。在本章中，我将呈现高期待教师的观点，描述他们用于增强学生的自主性、学习动机和参与度的多种实践方法，以及他们如何追踪学生的进展、给予学生不同的反馈。随后，我将从总体上探索目标设定这一要素，更深入地研究高期待教师选择在课堂中实施目标设定策略的可能原因。

一、教师对目标设定的看法

之前我强调过，高期待教师给学生提供选择的机会。正如接下来展示的，这是教师帮助学生培养自主性和自学能力的方式之一。如高期待教师汉娜所述："我会给他们提供一个范围，说我们可以在这个或者那个方面努力，以及他们想在哪个方面努力，这样他们就必须对此负责。"但低期待教师认为，就算提供选择，也仅提供给学习成绩较好的学生。

高期待教师密切追踪学生的学习情况，他们通常在阅读或数学课程中安排时间对学生进行单独测试。他们采用形成性评估的方法，利用获得的信息调整教学方式以适应学生当前的水平，确定学生下一步的学习目标。低期待教师更关注总结性评估，在他们的课堂中很少有小组变动。他们追踪学生学习进展的频率也远不及高期待教师。

希瑟的这段话典型地反映了高期待教师的信念："我的课程是基于学生需求设计的，我会给学生提供大量的反馈，我在沟通中了解他们的情况，在观察中发现他们学习上的不足，以及他们接下来需要提高的技能，我会把这些信息融入我当前的教学中。"

高期待教师会利用学生的学习过程获得信息，和学生一起设定他们下一步的学习目标。教二年级的希瑟解释说："我认为学生必须知道他们能做什么。我会和他们讨论目标设定，重新设定目标，再推进，然后回顾反思……实际上了解学生正在学习的内容是非常有力和有效的。因此，学生很容易知道他们正在做什么，我总是努力说明我们为什么这样做，我认为这样才有教育的意义，他们需要知道自己取得了进步。"

相反，只有一位低期待教师劳伦谈到了目标设定。她的学生在学年初设定目标，一年期间，她偶尔会询问他们是否实现了目标，如"实现了你的目标的同学请举手"，但她没有定期检查或重新设定学生的目标。学生的目标模糊，并不能指引他们学习。

而在希瑟的班里，学生的目标很具体，她会定期回顾目标，并根据学生的进步调整目标。相比之下，在劳伦的班级里，学生设定的目标较为笼统，而且没有被用作教学和学习的一部分。目标设定是高期待教师明确使用的一种策略，用来培养学生的学习能力和独立性。

　　高期待教师希望保证学生对学习充满动力并积极参与学习。他们认为成绩欠佳的学生需要变得更有动力、参与度更高，这样才能提高成绩。他们认为这些学生缺乏动机，而不是缺乏能力。因此，高期待教师设计了一系列方法。其中的一种方法是挖掘学生的兴趣，甚至在阅读和数学这样的核心课程领域。海伦说："我总是在寻找学生感兴趣的东西。"另一位教师霍莉聊起了她班上的一群五、六年级的男生，他们喜欢打板球，但数学基础不牢。她说："我班上有几个学生数学成绩特别不好，他们对数学不感兴趣，就是不喜欢数学。但他们喜欢板球，所以我们设计了一些计算平均击中率的活动。他们对此非常喜欢，甚至研究了 40 分钟，直至把这个问题解决……有时候，我们需要找到学生感兴趣的活动，而不是只让他们做不喜欢的事情。"

　　与此相反，也许是因为低期待教师认为成绩欠佳的学生需要更多重复性的、低水平的任务，所以他们都没有谈到利用学生的兴趣来吸引他们参与阅读和数学的学习。高期待教师理解培养学生内在动机的重要性，而低期待教师更多谈到给学生提供外在的激励和奖赏。高期待教师希瑟有着截然不同的观点："我认为具有混合能力是非常重要的，这可以让每个学生都做出自己的贡献，他们的技能在这种方式下得到了重视。因为如果班级内部有等级制度，可能会使学生失去学习动机。在我的教室里，你不会看到星级图或类似的东西，我对培养学生的内在动机更感兴趣，所以我不用它们。"

　　因此，高期待教师和低期待教师对目标设定的信念存在差异。韦恩斯坦（Weinstein，2002）研究中的低区别对待教师表达了和我的研究项目中的高期待教师类似的观点。他们也利用学生的兴趣来激励学生，并关注学习过程，如关注成功解决问题的方法。低区别对待教师为学生提供评估自己学习的机会，同时鼓励他们对其他同学的作业提供反馈，这样做有助于激发学生的内在动机而非外在动机。

二、掌握目标 [①] 和成绩目标 [②]

掌握目标跟学生个体的学习和技能发展紧密相关，其核心在于"下一步"，为学生的发展描绘出一条清晰的路径。掌握目标以技能为基础，这样学生就知道他们应该努力掌握哪些技能。这类目标既具有挑战性又是可实现的。由于掌握目标以个体为基础，所以重点完全集中在学生个体及其学习上。出于这些原因，掌握目标不仅能提高学生的自我效能感，还能有效促进他们的内在动机和参与度（Bandura and Schunk，1981）。在文献中，掌握目标通常比成绩目标更受青睐，因为成绩目标意味着必然有赢有输，显然不是每个人都能赢。持有成绩目标的学生，他们的目标是超越他人，他们对任务的兴趣仅限于他们能胜过其他同学、取得胜利的可能性。达到学习目标并不是最重要的。每个人都可以实现符合自己水平的技能目标，但不是每个人都能赢。然而，将掌握目标视为"好"目标，而将成绩目标视为"不好"的目标是有争议的。

研究显示，掌握目标与成绩之间存在正相关（Rolland，2012），而成绩目标与成绩之间的关系则更复杂，并不总是负相关。1996年，埃利奥特和哈拉基维奇（Elliott and Harackiewicz，1996）将成绩目标细分为成绩-接近目标 [③] 和成绩-回避目标 [④]，以此来解释参差不齐的研究发现。他们发现，当学生采用成绩-接近目标时，即学生努力追求好成绩和高级别，这种目标定向会激发学生的内在动机。当学生持有成绩-回避目标时，即他们试图避免失败并掩盖他们认为自身能力不足的一面，

---

① 掌握目标（Mastery Goals）是教育心理学中的一个概念，指学生在学习过程中的主要动机是提高自己的能力和对知识的理解，而不是仅仅为了比较或超越他人。这种目标导向的焦点在于学习本身和个人成长，鼓励学生探索新知识、深化理解，并在学习过程中获得成就感。

② 成绩目标（Performance Goals）是教育心理学中用来描述一种学习动机的术语，其中学生的主要驱动是显示自己的能力或与他人的表现相比较。这种目标导向主要的关注点是超越他人、获得高分或在评估中表现出色。

③ 成绩-接近目标（Performance-approach Goals）是成绩目标的一个子类，指学生在学习和任务执行中主要追求超过他人、展示自己的优势，以及在评价中取得高分的目标。这种目标定向的学生努力在学术或其他表现指标上超越同龄人，希望通过自己的成就获得赞赏和认可。

④ 成绩-回避目标（Performance-avoidance Goals）是成绩目标的另一个子类，它描述了一种学习动机，其中学生的主要目标是避免在学术或其他任务中表现得比他人差，以免受到负面评价或感到羞愧。这种目标定向的学生努力避免失败，以减少或消除失败带来的负面后果。

从而让最终的级别不至于很低，这些态度往往与学生的成绩呈负相关。

施淑慎（Shih，2005）调查了中国台湾地区 242 名 11—12 岁的学生，探究了持有成绩-接近目标和成绩-回避目标的学生之间的区别。研究发现，掌握目标的使用程度与学生的动机、参与度和学校成绩之间存在相关性，这与前人的研究结果一致。该研究还发现了持有成绩-接近目标和持有成绩-回避目标的学生之间的区别。持有高掌握与高成绩-接近目标的学生，他们的内在动机也很强。然而，相比于持有高掌握和高成绩-接近目标的学生，持有低掌握和高成绩-接近目标的学生的内在动机明显更低。因此，她得出结论，只要高度认可掌握目标，成绩目标也并不一定有损学生的学习动机。另一方面，相比不太认可成绩-回避目标的学生，认可成绩-回避目标的学生则更倾向于使用自我设限策略①。该研究说明，尽管持有成绩-接近目标未必对学生的学习动机产生负面影响，但持有成绩-回避目标可能对学生的学习动机和参与度产生消极影响。但是，持有掌握目标的学生，其成绩比那些持有成绩-接近目标或者成绩-回避目标的学生更好。尽管如此，相比那些持有成绩-回避目标的学生，持有成绩-接近目标的学生使用了更多的认知策略。总的来说，大部分研究发现掌握目标与学生学习和情感成果之间存在正相关，但成绩-接近目标比成绩-回避目标对学生成绩的激励作用更有效。

虽然掌握目标和成绩目标常被视为两个对立的概念，但它们更像处在一个连续的过程中。有些学生既注重掌握目标，又注重成绩目标；而有些学生只注重掌握目标，不注重成绩目标；等等。我很容易想到自己的情况，我真的很想学习一些东西，但同时也想要取得好成绩。以我个人的经历为例，在攻读硕士学位时，我喜欢修读的教育心理学课程，并且热切地阅读了各种课题的文章和书籍。同时，我也深知如果我想取得荣誉学位、日后攻读博士学位，取得优异的成绩很重要。因此，我不仅要完全享受学习，也要表现出色。一些学者（Hidi and Harackiewicz，2000；Babad，2009）建议，不应该将这两种目标简单地二元化，而应该考虑它们的多维性。

① 自我设限策略（Self-handicapping）是一种心理策略，个人通过这种策略为潜在的失败制造借口或设置障碍，以此保护自尊和公众形象。这种行为通常涉及在面临重要评估或表现前故意采取会妨碍自己表现的行动。例如，一个人可能在重要考试前熬夜看电影，如果成绩欠佳，他可以归咎于缺乏睡眠而非自己的能力不足。

一项元分析（Rolland，2012）表明，对六年级以下的学生强调成绩目标可能会对他们的成绩产生不利影响。然而，对于七年级及以上的学生，成绩目标定向与成绩存在正相关。这种低年级和高年级学生之间存在的差异可能与学校教育结构相关。传统上，学校采用行为主义方法 ① 来管理学生的成绩，奖励学生学业上取得的成功，同时简单地将学生在学校的低地位归咎于未能取得好成绩。这种做法在中学阶段仍旧普遍，并导致学生之间出现激烈竞争。这种高风险测验 ② 的考试文化给学生带来了取得好成绩的巨大压力。突然从强调内在动机转移到外在动机，对许多学生来说是一次重大转变，这种转变对某些学生可能有益，对其他学生可能产生不利影响。温策尔（Wentzel，1997）指出，这种重心的转移可能会导致学生动机的下降。此外，马什及其同事（Liem et al.，2013）提醒，整合分析不同成绩水平的学生数据存在问题，会掩盖不同群体间的差异。他们还发现，在实行分流制的中学中，快班学生在成绩上的自我概念低于慢班的学生。他们指出，这个发现的重要性在于自我概念与教育成就、学习动机和未来抱负之间有关系。马什（Marsh，1987）提出的"大鱼小池效应" ③ 也证实了这一点。进入实行分流制的大型中学后，原本在小学名列前茅的学生发现他们的表现没那么好了，这些学生一下子体验到"人外有人、山外有山"的感觉，自尊心受到打击。这与奥克斯等人（Oakes et al.，1992）的研究发现一致，将学生分入最慢班会对他们的自尊心产生负面影响。分流制必然强调成绩，会对名列前茅的学生和排名垫底的学生的自我概念产生不利影响。学生自我概念的下降反过来又可能导致成绩回避、动机下降，在某些情况下甚至导致学生最终退学。

因此，考虑到成绩目标可能带来的负面影响，教师关注掌握目标可能是最好的

---

① 行为主义方法（Behaviorist Approach）是心理学中的一个理论观点，主要关注可观察的行为和外部环境因素对行为的影响，而不是内部思想过程或情感。这种方法认为学习是通过条件反射和习得的反应来发生的，即个体的行为是由环境刺激和对这些刺激的反应所塑造的。在教育领域，行为主义方法强调通过强化和惩罚来塑造和调整学生的行为。

② 高风险测验（High Stakes Assessment）指对学生、教师、学校或教育系统产生重大影响的考试。考试结果通常用于评估和决定诸如学生升学、毕业资格、教师绩效评估、学校评级和资源分配等重要事项。

③ 大鱼小池效应（Big-fish-little-pond Effect）是心理学中的一个概念，用来描述一个人在相对较低能力的群体中会觉得自己的能力更强，而在高能力群体中则可能感觉自己的能力较弱。

办法。研究显示,掌握目标通常与积极的成果有关(Morisano,2012)。当然,注重掌握目标非但没有对学生学习产生任何负面影响,反而与诸多方面有关联,这包括学生更深入地思考、更系统地处理课堂信息、在困难面前付出更大的努力和坚持、提高在学业上的动机以及兴趣(Morisano,2012)。我们虽然无法完全摆脱高风险测验的评价环境,但通过形成性评价的方式处理测试结果,引导学生学习,并帮助他们明确学习的下一步行动是可能的,这比单纯关注学习成绩更有效。从这个角度看,目标设定与自我概念密切相关。当学生相信自己能够在学校活动中取得成功,他们更有可能积极参与这些活动,在面对具有挑战性的任务时坚持不懈,从而更有可能获得成功(Wigfield and Cambria,2010)。

三、校园环境中的目标设定

研究一致认为设定目标增强了学生的学习动机,而增强的动机与学业成就相关。这是因为掌握目标能为学生的学习指明方向,尽管这并不足以保证一定成功。如果学生要实现目标、成为有自主性的学习者,他们需要培养有效的学习技能和策略。另外,教师需要提供清晰的指导和形成性反馈,帮助学生实现目标(Hastie,2013)。在这里,动机、参与度、自主性、评价、反馈以及目标设定这几个要素互相交织。

洛克和莱瑟姆(Locke and Latham,1990)提出了目标设定,解释了有些人比其他人在任务中表现得更好的原因。他们的这个理论是在工业组织心理学领域中发展起来的,如今已广泛应用于教育等多个领域。按照他们的理论,目标设定包括目标选择和目标承诺两大部分。目标选择指的是实际选择的目标以及达成目标的预期水平。目标承诺包含一个意志因素,与个体对目标的奉献程度、对目标的热情以及实现目标的决心有关。他们还提出,实现目标必须满足三个条件:首先,个体必须具备实现目标的能力;其次,他们需要对目标做出承诺;最后,目标必须明确且具体(见图12.1)。在实现目标的过程中,个体当前达成的与期待达成的目标之间要存在差距,同时个体认为目标是可达成的。确实,赛伊茨等人(Sieijts et al.,2012)建议,如果个体缺乏完成任务所需的知识和技能,就应该避免设定高水平的目标。

目标承诺保证了个体在实现目标时的持之以恒，只要目标明确且具体，就会激励他们投入目标并为之付出努力。当一个人相信自己能够实现目标，并渴望实现目标时，他的表现和学习能力就有可能得到提高。对目标的承诺可以赋予个体方向感和目标感，促使个体对目标坚持不懈。最后，有了具体的目标，个体就会参与其中，这意味着任务变得更加有趣。目标的实现还能提高个体的自我效能感、自我调节或自我管理能力。

必要条件	涉及过程	结　果
目　　标		
实现目标的能力	创建当前行为或结果与期待行为或结果之间的差距	更好的学习和表现
对目标的承诺	激发与目标相关的坚持行为	目标感和优先级
明确且具体的目标	集中注意力和努力	增强自我效能感和自我管理能力
		增加做任务的乐趣

图 12.1　目标设定的条件、过程及结果

目标设定在提升表现方面被证明有效，因此相关研究层出不穷。不管是掌握目标还是成绩目标，设定目标显然比根本不设目标要好。在莫里萨诺（Morisano，2012）的一项研究中，学业表现欠佳的本科生被随机分到一个目标设定项目或安慰剂干预①项目。该项目是教授目标组学生如何设定个人目标，并制定实现这些目标的步骤。虽然在实验开始时学生间的成绩并无差异，但到学期末，目标组学生的成绩提高了，而且在统计学上是显著的。对目标组学生进行干预后，他们的绩点增长了30%。此外，对照组中20%的学生在下一学期退学或转为兼职学习，而实验组的所有学生均保持全日制学习，没有退学。相比他们之前的信念，实验组学生对课程的喜爱程度和态度也有所改善。这项研究表明，即便对目标设定进行短期的干预，只要其目的是提升学生设定既有挑战性又适当的目标的能力，也能对本科生的学习成果产生显著且积极的影响。

---

① 安慰剂干预（Placebo Intervention）在教育学中通常指一种在研究或实验中使用的对照方法，其目的是测试某一特定教育干预的效果。具体来说，安慰剂干预是一种无实际效果的干预，但它被设计成看起来像是有实际效果的干预，以便排除心理因素对实验结果的影响。

基于洛克和莱瑟姆（Locke and Latham，1990）的研究，研究人员进一步探索了设定有效目标的条件。在教育领域，与设定更容易或"尽力而为"的目标相比，设定具有挑战性的目标包含研究其对学生学习的促进作用（Locke et al.，1981）。目标设定的一个最佳条件是目标必须具体。教育领域的研究人员（例如，Bandura and Schunk，1981）还研究了目标的及时性，即短期目标和长期目标，了解哪种能帮助学生学到东西。正如前文所述，学生对目标投入的一个重要决定因素就是自我效能感，学生必须首先相信他们能实现一个目标。自我效能感是动机和成绩的一个有力的预测因素（Pajares，1996），在教育领域中，自我效能感是与目标设定有关的另一个因素。接下来，我将探讨设定一个成功目标的三个关键条件，即具有挑战性的目标、短期与长期目标以及目标设定与自我效能感之间的关系。

（一）具有挑战性的目标

研究发现，比起简单的目标，具有挑战性的目标让学生更容易投入其中。的确，1000 多项教育和商业领域的研究表明，相比设定简单的目标或仅鼓励学生尽力而为的目标，设定具有挑战性且具体的目标能促进学生取得更好的成绩（Sieijts et al.，2012）。有研究认为，这是因为实现挑战性目标给人带来了高度的满足感，并增强了自我效能感和动机（Mento et al.，1992；Bandura，1997）。在申克（Schunk，1983）的一项研究中，面对有除法学习困难的 40 名小学生，教师给其中一半的学生设定了具有挑战性的目标，给另外一半则设定了更容易的目标。教师鼓励其中一半的学生实现目标并将他们与其他同学进行比较，给另外一半的学生设定了他们成绩目标的具体信息。该研究发现，学生持有的目标具有挑战性时，他们更有可能正确解答出除法问题。当具有挑战性的目标与成绩反馈相结合时，教师能最大限度地提高学生的自我效能感和技能发展水平。比较性反馈在提高自我效能感方面不那么有效。通过形成性反馈，学生可以反思目标达成情况，并在必要时调整学习策略，从而提高实现目标的可能性。上述研究表明，对成绩欠佳的学生设定具有挑战性的目标可以帮助他们取得更高的成绩。根据赛伊茨等人（Sieijts et al.，2012）的研究，教师为学生且与他们一起设定学习目标，可以给学生提供有用的反馈，这样学生就会把出现错误看作学习过程中很自然的事情，从而避免出现那些需要努力展示自己能力的情况。

该研究（Sieijts et al.，2012）还指出，相比实现容易的目标，学生更看重实现具有挑战性的目标，因为学生在获取达成这些目标所需的技能和策略时，会投入更多认知方面的努力。他们意识到自己掌握了新知识和技能时会有一种成就感，特别是这些实现的目标可以被具体衡量时。设定适合学生成绩水平、具有挑战性又可衡量的目标，意味着学生能够知道他们自己的进步。早年的一项研究（Locke，1965）表明，设定具有挑战性的学习目标能使成绩欠佳的学生受益。当给这些学生设定高水平的掌握目标时，他们的成绩能提高到接近高能力学生的水平。目标的实现提高了自我效能感，也加强了对目标的承诺，这些反过来又使得目标更容易被实现。此外，目标能让学生把注意力集中在获得知识和技能上，而不是关注结果，这样学生就会更专注于所学内容。因此，赛伊茨等人（Sieijts et al.，2012）建议，当学生面对新的复杂任务时，要帮他们设置学习目标而不是成绩目标。虽然有关目标设定的文献众多，但在小学环境中进行的研究相对较少。

在米斯和米勒（Meece and Miller，1999）的一项干预研究中，教师为三、四年级学生提供了更多阅读和创作更复杂的散文的机会，同时鼓励他们与同学合作。研究发现，学生的目标方向与教师实施干预的程度是一致的。如果教师在课堂上反复给学生提供参与复杂任务的机会，不论以往的成绩如何，所有学生对成绩目标的关注会显著减少。如果教师更频繁地对课堂实施干预，成绩欠佳的学生的任务—回避行为有所减少，他们变得更加投入学习。

（二）短期与长期目标

设定的目标可以是短期或长期的。以写论文为例，短期目标可能是在限定的时间内写完论文的方法部分，而长期目标则是完成整篇论文。对于面临完成长期目标的学生来说，将其拆分为更多短期目标可能会带来更大的动力，例如敲定研究主题、上网查找资料、规划章节标题等，因为实现这些短期目标相对容易和快速。此外，取得短期目标的进展不仅给学生提供他们能取得成功的反馈，还有可能提高他们的自我效能感。小学课堂是提倡设定短期目标的理想场所，因为它通常强调学习意图，教师需要明确向学生展示每节特定的课中即将学习的内容以及通过这门课程的标准，即如何让学生知道自己达到了学习目标（Clarke et al.，2003）。因此，每节课都需要设定一个短期目标，让学生在这堂课上或短时间内完成。班杜拉和申克发现，短期目标为学生提供了即时激励和表现指导，而长期目标的时间跨度太长，难以有效调动学生的努力或指导当前的学习（Bandura and Schunk，1981：587）。

申克（Schunk，1980）的一项实验要求三年级学生完成一组七项减法练习题。学生需要在多节课上独立完成这些练习题。其中，一部分学生每节课都被要求完成一定数量的练习题，一部分学生被要求完成所有练习题，还有一部分学生没有被设定目标。研究结果显示，与其他两组学生相比，被要求完成一定数量练习题的学生能更快地理解概念，显著提升了技能水平，在数学上展现出了更高的自我效能感和更强的兴趣。他得出结论：设定短期学习目标进行自主学习会影响学生的学业表现。

探讨心理建构及其与长短期学习成果的不同关系也是一个与目标设定相关的研究领域。亚历山大·杨等人（Yeung et al.，2012）研究了 979 名 8—13 岁的学生，他们使用结构方程模型[1] 测量了感知能力、掌握目标、学校教育的价值、对学校教育的兴趣这些心理建构变量与短期学习成果（接受校规和成绩）和长期学习成果（身份认同和自我效能感）之间的关系。我将仅汇报感知能力、掌握目标与自我效能感和学生成绩之间的相关发现，因为这些是当前章节最有意思的变量。结构方程模型有助于研究人员确定各种建构变量之间关系的相对强度。认同掌握目标能反向预测短期成绩，但长期来看，专注于掌握目标能显著增强自我效能感。感知能力与成绩和自我效能感之间均存在强相关。

面对庞大又或许令人望而生畏的任务时，成年人通常会将任务分解成一系列可实现的小目标。然而，对于年幼的学生来说，这一过程更具挑战性。他们可能还未具备将任务分解成有意义、有效的小目标的能力。短期目标通常比长期目标更具体，这也可能影响它们在帮助学生实现目标上的效用。学生对需要达到的目标有了更明确的认识，教师在帮助学生将任务变得可控上起到了重要作用。

（三）目标设定与自我效能感之间的关系

目标设定和自我效能感之间已被证实有关，专注于掌握目标与自我效能感的

---

[1] 结构方程模型（Structural Equation Modelling，SEM）是一种复杂的统计分析技术，用于研究变量之间的关系。

提高存在正相关，而专注于成绩目标则与自我效能感的降低有关（Sieijts et al.，2012）。此外，赛伊茨等人（Sieijts et al.，2012）的研究还发现自我效能感、对学习目标的承诺与学生成绩之间存在循环关系。换句话说，学生成绩进步会对自我效能感和对学习目标的承诺产生积极的影响，而提高自我效能感、加强对学习目标的承诺反过来又会提高学生成绩。1994 年，齐默尔曼和班杜拉（Zimmerman and Bandura，1994）的研究建议，自我效能感高的学生倾向于选择更具挑战性的目标，并对他们的目标表现出更坚定的承诺。自我效能感还会影响学生应对失败的方式。自我效能感高的学生在遇到挫折时将更有韧性，面对失败，他们会加倍努力、加强实现目标的热切追求。相反，自我效能感低的学生在遇到挑战时要么降低目标难度，要么放弃为实现目标付出努力（Sieijts et al.，2012）。因此，自我效能感在目标承诺、技能习得和意志品质等影响学业成绩的因素中起到了中介作用，技能习得等因素也会反过来影响自我效能感，进而影响学习成绩。为了取得好成绩，学生要相信自己能够做得很好。

以往的研究往往集中探讨单一建构变量与成绩之间的关系或某一变量对成绩的影响。然而近年来，研究人员开始采用结构方程模型检验各种建构变量之间的相互关系。潘（Phan，2009）通过对澳大利亚 276 名教育心理学专业的本科生进行研究，探讨了目标定向（掌握-接近目标[①]、成绩-接近目标、成绩-回避目标、任务-回避目标[②]）与这四个建构变量（自我效能感、深度信息处理、表面信息处理和批判性思维）之间的关系，并探究了这四个建构变量之间是否存在相互关系，还测量了这四个建构变量或目标定向对学业成绩的预测作用。该研究并未发现自我效能感与成绩之间存在直接的关系。然而，自我效能感对深度信息处理和批判性思维有预测作用，而深度信息处理对学业成绩有预测作用。持有掌握目标也对自我效能感和深度信息处理有预测作用。认可成绩-接近目标仅对批判性思维有预测作用，而这与学

---

① 掌握-接近目标（Mastery-approach Goals）是教育心理学中的一个概念，指学生在学习过程中的主要动机是掌握知识和技能，提高自己的能力。这种目标导向的焦点在于理解学习材料的深层内容，发展个人能力，而不是与他人比较或为了获得外部的奖励。

② 任务-回避目标（Work-avoidance Goals）指学生为了避免困难和挑战，尽量减少投入和努力的目标。这类目标通常表现为学生希望通过最少的努力完成任务，避免花费过多时间或精力在学习上，旨在逃避学业负担和压力。

生的成绩无关。成绩-回避目标与表面信息处理有关，但与研究中测量的其他建构变量没有显著关联。同样，持有成绩-回避目标的学生的学习成绩欠佳，但这种目标定向与正在评估的其他信念没有关系。同年，他（Phan，2009）还进行了一项纵向研究，收集了 264 名心理学专业学生的数据（两次，间隔一年），旨在探究掌握目标、自我效能感、深度信息处理和批判性思维与学业成绩之间的关系。结果显示，自我效能感会影响同一年内学生的成绩以及后一年学生的学业表现。掌握目标也与在同一时间点测量的学生自我效能感相关，但自我效能感会影响后一年学生的掌握目标。

尼古拉杜（Nicolaidou，2012）针对塞浦路斯 146 名四年级学生，探究了使用作品集（纸质形式和电子文档）对学生学业成绩的影响。研究选取了一所小学的 3 个班级作为干预组，从另一所小学选取了与干预组高度匹配的 5 个班级作为对照组。干预组接受了一系列培训，包括如何使用作品集、设定目标、自我评估、自我反思和给同学提供反馈。结果显示，干预组的自我效能感和写作成绩逐渐提高，而对照组没有发生变化。学生访谈显示，他们能够根据自己的进展设定目标，评估自己的进展，并根据已经取得的成绩调整目标。然而，这项研究无法确定是使用作品集本身导致了自我效能感和成绩的提高，还是在设定目标、自我评估和自我反思方面的培训促进了学生取得更大的进步。

一个与目标设定和自我效能感相关的概念是学生对智力的看法，这在前文已有介绍。德韦克（Dweck，1999）的研究发现，对智力的看法——认为智力是固定的还是可以增长的——与他们的目标定向有关。持掌握目标定向的学生倾向于选择能增长知识和技能的任务，认为在学习过程中出现错误是自然的事情。而持成绩目标定向的学生更倾向于选择同伴眼中能获得认可的任务。不幸的是，持成绩目标定向的学生常将错误归咎为能力不足，从而降低了他们的自我效能感，削弱了对目标的承诺。

在我的一项类似的研究中，通过分析 2000 多名 11—12 岁小学生的样本，我研究了掌握目标定向和成绩目标定向与"智力天成观"和"智力增长观"之间的关系。我发现，问卷中掌握目标的所有题目都与"智力增长观"这一因素的题目有关，而成绩目标的所有题目则与"智力天成观"这一因素的题目有关。这一发现表明，渴望提升技能、增进知识的学生相信他们需要通过努力才能取得成功；那些希望在与同伴的比较中显示自己有能力的学生则认为，与生俱来的智力是取得学业成功的关键。这种信念导致截然不同的动机和自我效能感。前者会坚持不懈地学习新技能直至取得成功；而后者如果在学习新知识或新技能时遇到困难，很容易变得心灰意冷。

四、教师在目标设定及目标实现中的作用

（一）目标设定与反馈

教师可以通过认真提供有针对性的反馈帮助学生设定目标，并鼓励他们实现目标。这类针对学生目标的反馈为他们提供了朝着一个特定目标努力的信息，被视为学生学习过程中得到的形成性反馈。这种反馈也向学生提供了实现目标的必要信息，从而支持他们的学习。正如前文所说，反馈对学生来说是一种积极的激励，对学生的学习成果具有重要影响（Hattie，2009）。舒特（Shute，2008）发现，认真的、指导性的反馈能激励学生完成更高级的活动，参与更高层次的认知思维和问题解决活动，如果没有形成性反馈的支持，学生可能无法做到这一点。布兰斯福德等人（Bransford et al.，2000）建议，教师采取目标导向的学习方法并结合反馈，不仅能提高学生对任务的兴趣，而且能简化任务，使其变得更易于管理和达成。此外，这种方法为学生提供了明确的方向，帮助他们更好地为实现目标而努力，还能让学生明确现有的知识与实现目标所需知识之间的差距，从而减少挫败感，降低失败的风险，为完成任务或达成目标提供明确的指导方针。

反馈的有效性取决于学生正确理解并利用这些反馈。反馈还有助于学生改变他们的目标定向。例如，舒特（Shute，2008）指出，对掌握目标定向低、成绩目标定向高的学生而言，具体的反馈尤其有用。这或许是因为反馈重点在任务本身和技能培养上，而非渴望超越他人，因此学生的学习会更投入。该研究还发现，教师的比较性反馈并不能有效提高学生的参与度和成绩，而以自我为参照的反馈对动机和成绩没有负面影响。

拉科齐等人（Rakoczy et al.，2013）调查了德国 146 名初三学生，以探讨过程性反馈和社会比较性反馈对学生感知反馈有用性的影响，以及这些反馈是否为学生

的能力提供支持。此外，该研究还探讨了学生的目标定向能否调节学生对反馈的感知。向学生提供反馈时，教师会就学生已掌握的技能和知识提出建议，并指导他们如何进一步提高这些技能。另一方面，比较性反馈则向学生展示了教师如何利用5分制量表（1代表非常优秀，5代表失败）对他们进行评估，并将结果与平均分（3分）比较。该研究表明，学生普遍认为过程性反馈比能力反馈更有用，这又与他们对数学的兴趣增强和成绩的提高有关。此外，过程性反馈使学生觉得想要提高数学成绩和技能的请求得到了支持。该研究还发现，学生的目标定向影响了他们对反馈有用性的感知。具体来说，那些掌握目标定向高的学生认为过程性反馈有用，而掌握目标定向低的学生则对此类反馈持消极态度。这可能是因为掌握目标定向高的学生更关注学习本身以及如何提高自己的技能，因此他们认为过程性反馈是有用的。而那些不太关心提高学习成绩的学生则觉得这类关于如何提高技能和知识的反馈对他们不太有用。

（二）教师对学生目标定向的影响

上述研究结果表明，教师通过反馈或许能影响学生的目标定向。如果学生从教师那里获得的反馈认为获得技能和知识很重要，那么他们可能会被激励专注于掌握目标。相反，如果教师传达的主要信息是重视超越他人，学生可能会努力超越同伴的水平，但这对一些学生来说可能不切实际。米斯和米勒（Meece and Miller，1999）的研究追踪了两批学生的目标定向变化，一批包括203名三至五年级的学生，另一批包括228名三、四年级的学生。研究测量了学生的掌握目标定向、成绩-接近目标和成绩-回避目标。结果发现，无论在哪个年级，所有学生持有的掌握目标水平比成绩-接近目标和成绩-回避目标的水平更高。在三年级和四年级，第一批学生的掌握目标和成绩-接近目标水平显著下降，这可能与此时期引入的高风险测验有关。而在第二批学生中，学生较少关注成绩目标。在三年级，学生的任务-回避目标定向水平在一年中有所下降；但到了四年级，两批学生的水平都有所提高；到五年级时，水平进一步提高。研究人员指出，由于全州范围内的考试从三年级开始实施，相比于学习过程，学生变得更加关注成绩，对成绩的担忧导致一些学生展现出更多的任务-回避行为。

同年，米斯和米勒做了一个后续研究，他们对三年级的8个班级进行了干预。

由于越来越重视考试，三年级的教师会给学生安排简短的读写活动，大多数问题的答案就一个词。研究人员对教师教学进行了干预，要求学生阅读更复杂的长文本，并写几段读后感，同时鼓励学生之间合作。一半教师严格执行了这一干预措施，而另一半则没有。因此，研究人员比较了不同干预情况教师所教的学生的学习成绩。结果发现，不管是成绩优秀、一般还是成绩欠佳的学生，他们的目标定向均出现了变化。在频繁使用干预措施的班级，所有学生的成绩-接近目标水平均有所下降，在较少使用干预措施的班级，学生的目标定向没有变化。进一步分析发现，相比干预措施使用程度较低的班级，频繁使用干预措施的班级中成绩欠佳的学生，其任务-回避目标水平有所降低。这项纵向干预研究总体表明，教师在课堂上的言行会显著影响学生的信念。

很少有研究记录在课堂中被描述为掌握定向高或掌握定向低、成绩定向高或成绩定向低的话语差异。这些研究与我关于高期待教师和低期待教师信念和实践差异的研究相似。目标定向的研究人员对教师如何传递他们的信念感兴趣，即他们的课堂是以掌握目标还是以成绩目标为中心。帕特里克等人（Patrick et al.，2001）发现，学生分别将课堂归为四类：一类是掌握定向高、成绩定向低；一类是掌握定向低、成绩定向低；一类是掌握定向低、成绩定向高；一类是掌握定向高、成绩定向高。研究人员采用了一种分阶段的观察方法来收集数据。首先，在学年开始的前三周内，研究人员进行了广泛而持续的观察，总计 16.5 小时。其次，他们在整个秋季定期进行观察。最后，他们在春季进行了三次各 1.5 小时的观察。研究人员详细记录了课堂上发生的一切，可能与学生对上述四类课堂的识别有关。

一般而言，教师的行为和实践会反映理论建构中可能出现的情况（Patrick et al.，2001），但仍然有一些观察到的差异或细微差别并不总是符合理论。例如，掌握定向高和掌握定向低的教师都公布了学生的成绩。但是，掌握定向高的教师仅简单地展示学生的成绩，并没有暗示这些结果代表学生的努力程度或能力水平。相比之下，掌握定向低的教师在讨论学生表现时常会发表带有情感色彩的评论，暗示他们对学生实现学习目标持怀疑态度，或强调学生需要付出更多努力。同样地，无论是成绩定向高还是低的教师，都会给正确回答问题的学生奖励，并点评学生在完成学业任务过程中的表现。然而，成绩定向低的教师并不认为成绩、总结性评价或学生的相对成绩能反映学生的能力或预示未来的成功。相反，成绩定向高的教师则认为评价结果体现了学生的能力。因此，这导致学生不是以比较性信息和有无奖励判断课堂的目标定向，而是参考教师如何使用这些信息和奖励，以及教师对成绩信息赋予的意义。

帕特里克等人（Patrick et al.，2001）的研究有一个令人兴奋的发现：教师对学生学习方式的信念差异取决于他们是掌握定向高还是成绩定向高的教师。掌握定向高的教师不仅重视学生的参与和理解，还强调学生合作在促进学习中的重要性。因此，他们鼓励所有学生积极回答问题，鼓励学生互相支持和学习，并表扬学生的努力和进步。相反，两位掌握定向低的教师似乎持有这样的观念：学生坐着听讲才是真正在学习。他们强调授课的重要性，即教师将知识教授给学生。因此，他们奖励了遵循正确程序学习的学生。此外，他们将知识灌输给学生，随后给学生提供练习机会巩固所学知识，但在此过程中禁止学生相互交流或帮助。这类教师特别强调记忆力的重要性，将重点放在学习客观事实和得到正确答案上。大多数情况下，这类教师只会鼓励成绩优秀的学生积极上课。总之，研究指出，教师营造的课堂动机氛围可能源自他们对学生学习方式的内隐信念。通过近距离的课堂观察，研究人员发现掌握定向高的教师在课堂中展现出了教学关怀（Wentzel，1997）。与掌握定向低的教师相比，掌握定向高的教师不仅在情感和身体方面关心学生，他们还关注和支持学生的学习与进步。帕特里克等人（Patrick et al.，2001）指出，仅仅通过传递温暖向学生显示掌握目标定向是不够的。教师还需要表达对学生的高期待，并对学生的学业成绩表现出兴趣。总的来看，正如高期待教师和低期待教师的课堂存在明显差异，这项研究揭示教师的目标定向与其信念和实践的显著差异有关。

在随后的一项研究中，特纳等人（Turner et al.，2003）调研了两个小学课堂的教师用语，虽然这两个课堂被学生归为同时具有掌握定向高和成绩定向高的特点，但其中一个课堂的学生学习成果更积极。差异似乎主要与两位教师创造的不同班级氛围有关。在一班，教师对学生持智力增长观，经常鼓励学生好好努力，确保他们积极参与学习，并经常表扬他们。表扬不仅针对个人，也针对整个班级。学生感到教师的态度是积极的、真诚的。该教师还鼓励学生合作和互相支持，经常庆祝每一个学生取得的成绩。当学生回答错误时，她会坚持重新解释或提供一些提示，直到确信学生理解所教的知识为止，这让学生理解了"犯错误是学习过程的一部分"。

与其他学生相比，他们没有需要证明自己能力的压力。总的来说，一班教师在提倡掌握目标的同时，也鼓励学生追求卓越，但没有影响他们的自我信念。

相比之下，二班的班级氛围更消极，这导致二班的学生比一班的学生出现更多回避行为。二班教师经常打击学生学习的积极性，她的评论可能导致学生更加焦虑，并对自我价值产生怀疑。与一班教师不同，二班教师没有给时间让学生公开或私下展示他们对知识的理解，而更多地指出学生的错误。学生犯错时，二班教师经常会指责他们不努力，时不时还给出一些贬低性的评论。虽然二班教师对学生的评价很高，但她并没有给他们提供足够的支持，帮助他们取得成功。相反，二班的学生说他们的教师想要他们学习，但是考虑到教师在评论中暗示考不好可能带来负面后果，学生会形成逃避行为，即推卸他们犯错误的责任。综上所述，这些研究结果表明，学生感知到的目标定向不足以保证他们取得好成绩。而教师在课堂上的互动决定了学生的目标定向和学习成果。

（三）目标定向与族裔之间的关系

很少有研究探讨目标定向与学业成绩的关系是否存在文化多样性（Covington，2000）。麦金纳尼等人（McInerney et al.，1997）的研究是一个例外。他们研究了欧洲、澳大利亚土著及美洲原住民高中生的目标定向、族裔身份与学业成绩之间的关系。研究发现，无论哪个群体，成绩定向与学业成绩之间并无直接联系。我和同事之前的研究也未发现新西兰毛利人、太平洋岛民、亚洲和欧洲小学生在目标定向上有所差异。然而，弗里曼等人（Freeman et al.，2002）的研究却显示，相较于白人小学生，非裔美国小学生更倾向于掌握定向型目标而非成绩定向型目标，并且更易受外在激励的影响。研究人员认为，鼓励非裔美国学生追求外在目标时，考虑他们的社会背景不仅有益，而且能促使他们采纳更加有助于学习的方式。目前进行的跨文化研究还太少，无法得出关于不同族裔学生的目标定向倾向的结论，也无法确定这些目标定向的倾向是否确实存在系统性差异。然而，在多元化日益增长的课堂环境中，迄今为止的研究表明，对于所有研究过的群体而言，掌握目标定向比成绩目标定向对学生学习更有利。遗憾的是，当前以评价为主导的教育文化如此强调成绩，这对许多学生的学习产生了负面影响。

五、目标设定：研究小结

本章强调，相比于成绩目标，掌握目标在支持性的环境中对学生学习的影响更积极。教师通过引导学生设定明确、可实现且具有挑战性的目标，帮助学生认识到自己的进步，这本身就是激励学生学习的一种方式。然而，教师还需要从情感和教学上给学生支持，营造一个让学生敢于犯错的安全环境。学生需要明白，错误是学习的一部分。下一章将介绍一些实用的策略，旨在帮助教师培养学生的自主性和学习动机。这些策略包括指导学生设定掌握目标，并结合促进学习的评价性反馈，共同推动学生的学习进步。

第十三章　高期待教师和目标设定
——实践应用

第十二章讨论了教师在帮助学生确立既适宜又具挑战性的学习目标方面扮演着关键角色，这些目标旨在引导学生专注于个人的学习发展，避免与其他同学比较。在本章，我将介绍一系列教师与学生合作的方法，以激发学生的学习动机，提高学习参与度和自主性。同时，我还将讲述教师如何帮助学生设定明确的学习目标，跟踪他们的学习进展和提供有效的学习反馈。

一、学习评价——目标设定的工具

目前，学校中普遍存在一种以评价为导向的文化，人们很容易忘记评价不仅是学生名字后面记录的那个分数，还应该为学习和教学服务。因此，分数或成绩本身对学习和教学的价值不大，总结性评价① 对教师的价值也有限，除非这些分数或成绩能被转化为教学行动，用来指导教师的教学计划和学生的学习。另一方面，形成性评价更常被认为与教学目标相符，因为它能为教师提供学生的学习情况以及下一步的学习规划。然而，选择评价方式并非要么选择形成性评价要么选择总结性评价

---

① 总结性评价（Summative Assessment）：对学生学习结果的评价，通常在课程或学习阶段结束时进行。其目的是衡量学生在特定时间段内掌握的知识和技能。这种评价通常采用考试、期末测验、项目报告或标准化测试等形式，结果通常用于给学生打分或评定等级。

这么简单。形成性评价有一个争议，那就是教师获取的信息是否有效。通常，教师从形成性评价中获取的信息基于教师安排的测验和课堂观察。遗憾的是，哈蒂和耶茨（Hattie and Yates，2013）发现，教师并不像他们认为的那样擅长设计客观、有效的测验。总结性评价常来自标准化测试，被认为具有较强的有效性。当教师对某些学生抱有不合理的或高或低的期待时，教师对形成性测试的观察和评分可能存在偏见（Alexander and Entwisle，1988；Alexander et al.，1993）。

因此，与学生一起设定目标的第一步就是确保用于设定目标的评价信息是可信的。像电子学习测评工具这样的标准化测试可以作为总结性评价和形成性评价的基础，既评估学习结果也评估学习过程（Clarke et al.，2003）。

二、使用标准化测试设定目标：以 e-asTTle 为例

第五章已详细介绍过，在新西兰，教师可以使用 e-asTTle 这个电子学习测评工具。简而言之，e-asTTle 是一种在线评价工具，专门用来测量学生在数学、阅读和写作方面的成绩和整体的进步。它还提供了新西兰的第二官方语言——毛利语的测试版本。e-asTTle 的一大优势是能够生成学生的个人报告，包含了形成性信息和总结性信息。通过 e-asTTle，教师可以为学生创建与他们正在学习的内容直接相关的测试。阅读和数学测试适用于四至十二年级的学生，写作测试适用于一至十二年级的学生，以便教师跟踪学生的进步情况。使用 e-asTTle 的教师可以在线创建与课程目标和教学领域直接相关的测试，可以指定课程级别或测试涉及的不同水平、测试时长、测试形式（机试或笔试），甚至可以指定测试的具体课程目标。测试时间从12 分钟到一小时不等，这取决于教师想要测试学生对某些特定目标的掌握情况，还是想全面评估学生的成绩。

教师可以获得学生个人、所在班级或学校的信息，并将其与国家标准进行对比，还可以根据性别、族裔与其他同类学校进行比较。此外，教师可以获取每个学生的个性化报告（见图 13.1），其中列出了该学生已经掌握的具体学习目标以及尚须学习的内容。教师如果需要，也可以得到全班或全校的报告。

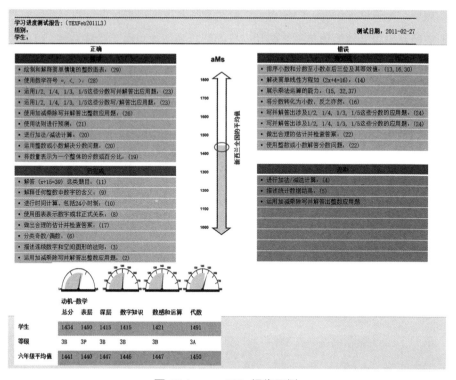

图 13.1　e-asTTle 报告示例

示例报告左下角的表格，列出了教师选择测试学生的三个领域，即数字知识、数感和运算、代数，还显示了在这些领域相对于国家平均水平的学生成绩。当然，这里也可以选择其他的对比方式。报告还提供了学生的总分，展示了他们的表层思维水平和深层思维水平。e-asTTle 还有些题目用来测量学生的态度，教师可以选择想要了解的学生态度或信念类型，示例中展示的是动机。报告右侧的方框显示了学生接下来需要学习的目标："待完成"方框中表示的是根据学生当前水平设定的下一步的学习目标；"差距"方框中的目标是根据学生当前的成绩水平，即学生应该掌握的情况。报告左侧展示了学生已经掌握的目标："强项"方框中显示了学生已经掌握的那些超出他们应有水平的内容；"已完成"方框中则显示了学生在其应有水平上已经掌握的内容。每个陈述后括号内的数字代表学生选择的测试题号。随着学生答题数量的增多，测试的难度会逐渐增加。点击报告中生成的目标按钮，进入一个叫"下一步"的网站，该网站提供海量的资源数据库，教师教授相关目标时，可以使用这些资源。

通过图形化的方式展示学生成就，教师能够使用这些报告与学生和家长共同讨论学习进度。更重要的是，这些目标为教师提供了学生下一步需要学习的概念清单，可以轻松转化为学生的学习目标。让学生参与目标的选择，对提高学生的学习动机和自主性极其有效。

我知道不是每位读者都能使用 e-asTTle，但我想明确的是，总结性测试可以帮助教师确定学生尚未掌握的知识，收集测试中学生不理解的知识等信息可以帮助教师和学生一起设定下一步的学习目标。新西兰的教师有幸能利用 e-asTTle 获取这些信息。教师也可以通过翻阅学生的考试卷来确定他们已经掌握的内容和下一步需要学习的内容。如此一来，原本主要记录分数或成绩的总结性测试，就转变成了一种形成性测试，它向教师提供了学生下一步需要学习的知识等信息。学生参与这一过程将有助于提高学习动机和自主性。教师一旦掌握了学生下一步学习需求的有效信息，便可以设定学习目标了。

三、设定 SMART 目标 [①]

设定学习目标的有效策略之一是设定具体的（Specific）、可衡量的（Measurable）、可实现的（Attainable）、以结果为导向的（Results-oriented）以及有时间限制的（Time-bound）目标，即 SMART 目标。目标要具体，就必须明确且简洁。目标可衡量，意味着要有一个通过某种方式测量而得出的结果，从而容易判断目标是否达成。可实现的目标对学生来说，在规定时间内是现实可行的。请记住第十二章的结论：虽然目标是可实现的，但也应具有一定的挑战性。以结果为导向的目标有助于学生专注于更宏观的成就。有时间限制的目标设定了完成目标的明确时间范围，而模糊不清的目标无法为学生提供清晰的指引，因此不会提高学生的学习动机或参与度。例如，"我要提高阅读能力"这样的目标缺乏明确指向，而"我将在接下来的一个月里，每晚阅读一本书的一章内容"这样的目标则为学生提供了更清晰、具体

---

① SMART 目标：一种设定目标的方法，有助于学生和教师设定明确和现实的学习目标，确保目标清晰、可跟踪，并且能够在设定的时间内实现。

的方向。图 13.1 中的目标是具体的、可衡量的、可实现的，因为它们是根据每个学生的成绩制定的，并且以结果为导向，即学生能明确知道他们何时达成目标，但目前还没有设定具体的时间限制。教师只需要在学生的目标中添加一个时间框架，可能是在本学期结束前或一个月内完成。然而，这些目标或学习目的是为教师编写的，并直接与新西兰的学校课程相关联。对于年龄较小的学生，教师可能需要用更适合儿童的语言来重新表述这些目标。表 13.1 展示了符合 SMART 标准的小学生的目标。其中的数学目标是根据图 13.1 中的学生 e-asTTle 报告改编的。

表 13.1　适用于小学生的 SMART 目标示例

数　　学	阅　　读	写　　作
到本月底，我将能够收集关于我班上同学读了多少本书的数据，用柱状图展示我的发现并解释其意义。	到本周末，我将能够解释我目前正在读的书中的索引、目录页、扉页和词汇表的用途。	到本月底，我将能够在写作中使正确使用引号的比例达到80%。
到本月底，我将能够准确地计算两位数的加减法，并且至少有 90% 的正确率。	到本月底，我将能够在我读的书中找到 20 个目前不认识的词，并查明它们的意思。	到本月底，我将能够在我的所有作文中使用描述性词语，使我的作品更有趣。
到本月底，我将能够将分数转换为小数，并将小数转换为分数，正确率至少达到90%。	到本月底，我将能够解释老师给我选择的作品中 5 个段落的主旨。	到本月底，我将能够在我写的段落中使用主题句来介绍中心思想。
到本月底，我将能够用 1/2、1/4、1/3 和 1/5 这些分数来解答应用题，并至少答对 10 道题中的 9 道。	到本月底，我将学会 4 种解决我不认识的词的方法，并弄清它们的意思。	到本月底，我将能够用不同的方法写句子，使它们读起来更有趣。

很明显，一个学生不可能在一个月内完成 e-asTTle 报告中的所有目标。他们也许只选择三个学业目标，或选择三个学业目标和一个社交目标。例如，"到本月底，我会在座位上坐好，不打扰别人"，"下个月，我将每天至少称赞一个人"。其中一个学业目标可以来自三个不同的课程领域，也可以集中在某一个课程，这样所有的目标都来自某一个特定的领域。学生一开始可能需要设定目标方面的合适的指导，但他们很快就会变得熟练。例如，在我早期的研究中，一位高期待教师教一个二年级的班级（学生年龄约 6 岁），这些学生最初在他的帮助下学习如何设定对学习有价值的目标，不久后便能够自信地设定自己的学习目标。一开始，学生确实需要在

教师的指导下学习设定目标，渐渐地，他们能够独立地设定自己的目标。因此，投入时间教学生如何设定目标是非常值得的。学生会发现设定目标不仅有激励作用，还能促进他们的自主性。如果使用 SMART 目标作为设定目标的框架，那么教师最初需要花时间与学生共同设定目标，直到他们清楚地理解 SMART 目标与他们此前设定的其他目标之间的区别。

对于小学生来说，一个月似乎是一个不错的时间跨度，时间既不过长，又足够设定一些具有挑战性、内容丰富的合理目标。比如，教师每月安排一个小时（可能是每周五）用于在课堂上设定目标。对于非常年幼的学生，一周的时间就足够他们实现目标，尤其是在他们刚开始学习设定目标时。无论与审查目标相关的决定是什么，重要的是教师要定期跟踪学生目标的进展，并且学生也要经常更新他们的目标。正如我在第十二章中提到的，对年幼的学生来说，确保目标在短期内能够实现是非常重要的，这意味着实现当前目标后，学生需要设定新的目标。

在一些班级中，学生会用一个专门的练习本记录他们的目标，也有的班级会将学生的目标展示在教室的墙上。还有一种方法是将目标保存在电脑上特定的文件夹中。教师可以制作模板，供学生每月记录他们的目标。学生可以装饰他们的目标记录表格，无论是简单风格还是装饰插图都可以。至于对目标设定的重视程度，比如设定和记录目标花费的时间以及目标的记录方式，这完全取决于教师，关键是学生应该记录他们的目标或以某种方式将其公开。写下目标或与同伴分享是实现目标的强大动力（Hayes et al.，1985）。

四、设定个人最佳目标

有研究人员提倡在课堂上实施不同的目标设定策略。马丁（Martin，2013：356）倡导使用个人最佳目标，将其描述为"具体、具有挑战性、以自我竞争为参照的目标，个人努力去实现这些目标"。个人最佳目标通常应用于学术领域而非体育领域，也几乎只在高中而非小学使用。个人最佳目标对学生来说比"尽你最大努力"的目标更具激励性，后者因为不够具体，使学生无法评价他们能实现目标的可能性（Martin，2010b）。"尽你最大努力"的目标鼓励学生尽力而为，但没有提供任何明确的方向，比如说"我会在阅读上尽力而为"。

马丁（Martin，2013）认为，个人最佳目标可以作为连接两种不同目标定向（掌握目标和成绩目标）的一座桥梁。与 SMART 目标类似，个人最佳目标既具体又具挑战性。不同的是，个人最佳目标具有竞争性，即学生的目标是超越自己以往的成就，而不是与同伴竞争。例如，如果学生之前的数学成绩最高是 72 分，那么他们的目标可能是在下一次数学测试中获得 78 分。他（Martin，2010b）指出，学生喜欢实现个人最佳目标这个概念，这让他们专注于自己的表现，愿意为了自我成就感而不是为了超越他人付出巨大的努力。他还认为，具有强调竞争的学校也鼓励个人最佳目标，这种目标确实允许一些竞争，不过学生是在与自己过去的表现竞争。个人最佳目标强调学生根据自己的条件实现卓越，虽然这些目标具有挑战性，但也是可实现的。

在书中，马丁（Martin，2010b）展示了一份"个人最佳成绩表"（Personal Best Chart）和"学生工作表"（Student Worksheet）的例子。"个人最佳成绩表"由教师填写，用于评价每个学生实现个人最佳目标的潜力。例如，教师根据学生该学期在班级中的分数或等级，来判断学生是否达到了他们的个人最佳目标。评分介于 0 到 3 分之间，0 分表示成绩远低于以往个人最佳水平，3 分则表示该学期的成绩或等级达到或超过了学生以往的个人最佳水平。此外，教师还在另一个量表上对学生的热情、参与度和态度进行评价，并在最后一个量表上评价学生技能提高的情况。学生获得的总分介于 0 到 10 分之间。如果教师判断学生始终致力于实现个人卓越目标，该生就会额外获得 1 分。教师接着写下简短的评语，指出学生如果这次未能实现个人最佳目标，下学期应如何达成这个目标，或者如果学生表现优秀，应如何保持他们的良好表现。

在"学生工作表"中，学生需要填写他们为特定科目设定的目标分数或他们打算如何找到更好的学习方式。通过这样的方式，学生可以选择是以更好的成绩为目标（结果目标），还是以发展技能和加大努力为目标（过程目标）。接下来，学生要指明他们的目标是保持现有的最佳表现还是超越以往的最佳表现，同时也要自我评估能够实现这个目标的信心。然后，学生要详细阐述他们计划实现个人最佳目标的具体步骤，并在完成这些步骤时打勾。最后，学生评价他们是否实现了个人最佳目标，并提供相应的证据。之后，他们将设定新的个人最佳目标。

如前所述，个人最佳目标主要面向高中学生，小学教师也完全可以调整"学生工作表"和"个人最佳成绩表"，使其适合年龄更小的学生，尤其适用于小学高年级或初中的竞争性活动。这种做法至少确保了竞争的基准是以自我为参照，而非与同伴相比。

毫无疑问，设定个人最佳目标是推动体育活动的核心驱动力。运动员总在追求更高、更快、更远，力图刷新个人纪录。因此，将此理念应用到教育教学中显然是十分合理的。个人最佳目标和 SMART 目标一样，必须是具体明确并可以测量的。它们的挑战性十足，不仅旨在超越以往成绩或学习新技能，同时也应当是可实现的。例如，学生在数学考试中拿到的最高分是 65 分，那么设定 90 分的目标可能过于理想化，而设定为 68 分可能更切实可行。

与 SMART 目标一样，个人最佳目标应在特定时间内完成。学生需要规划实现目标的步骤，对自己的进展逐一打勾，以此感受向目标迈进的成就感，从而激发他们继续为目标奋斗，最终实现他们的目标。同样，与设定 SMART 目标一样，教师需要投入时间教授学生如何设定个人最佳目标。起初，教师可能需要指导学生以确保目标的现实性和可达成性。特别是在学生首次设定个人最佳目标时，他们不仅需要教师更多的指导，还需要认真思考要做什么才能实现这些目标。学生需要深思熟虑，计划好实现目标的每一步。清晰界定每一个步骤对于实现目标至关重要，这些步骤共同构成了行动计划，使目标更易达成。然而，若缺乏教师初期的支持和指导，学生可能很难独立完成这一任务。

五、建立学生作品集

另一种促进学生设定目标并跟踪自身进展的方法是建立纸质或电子的作品集。作品集是一个经过规划和整理的资料集合，学生和教师可利用它来反思和检查学生的技能发展及知识增长（Cole et al., 1995）。不论是纸质还是电子形式，作品集均能展示学生的学习进步。学生可以使用他们的作品集来设定目标、评价自己的进步和发展程度，并反思自己的表现（Nicolaidou, 2012）。在一个充满支持的课堂环境中，学生还可以与同伴分享他们的作品集，并参与同伴互评。

作品集可以包括几乎所有课程领域的学习资料。甚至在体育课上，学生也能记录自己的最佳表现或提高的技能。作品集通常被用来搜集学生在各个课程领域学习进步的资料，随后依此重新设定目标。作品集可以包含数学作业或考试的样本，挑选的书面作业、阅读测试或日志、拼写测试、艺术作品样本，科学、社会研究及健康课程的部分内容等。实际上，作品集只包含教师或学生认为有价值的内容。

但要让作品集具有价值并促进学生进步，制作时必须结合自我评价和新目标的设定。这可以通过学生或教师准备的评价表来实现，学生借此反思他们的进展。例如，我们稍微改编了尼古拉杜（Nicolaidou，2012）的评价表，并用于评价学生的习作，该表可包含以下问题：

- 我是否将故事或报告组织成段？
- 每个段落是否有主题句？
- 我的故事或报告是否有引言、主体和结论？
- 我是否使用了吸引人的描述性词汇？
- 我是否认真校对了故事或报告？比如检查难词拼写，正确使用标点符号。
- 我是否避免了重复使用相同词汇？

评价表还包含一些总结性问题，帮助学生评价他们的整体作品，并为下一篇习作设定目标。比如：

- 你最喜欢你的故事或报告的哪个部分？为什么？
- 下次你会如何改进你的习作？

为了确保作品集在促进学生进步、提高学生动机方面发挥作用，教师需要定期查看和更新。这意味着教师规定作品集中要包含特定的作品，学生可以添加他们特别自豪的作品，或者两者兼而有之，并保持更新。然而，在忙碌的课堂生活和完成课程的压力下，我知道从全班搜集样本并将它们整理成一个作品集，花费的时间可能令人望而却步，特别是需要来自多个课程领域的样本。

然而，数字化时代为作品集的整理、追踪和更新提供了更高效的方式。如果学生的习作最终稿是电子稿，那么他们选择将最佳作品加入电子作品集会比纸质形式更为简单。如果每个学生都有一个包含他们作业范例的电子文件夹，那么让学生自己添加或由教师筛选，就会比教师过去大量保存学生作品集并收集学生作业范例要轻松得多。例如，学期结束时，学生的电子作品集需要包含一份纸质作文范文、一篇阅读日志、一份数学测试卷、一份拼写测试的成绩记录表、一个科学或社会研究项目（或其部分内容）。为了能够将作业范例包含在作品集里，教师必须专门安排特定的测试，要求学生将作业写在试卷上而不是练习本中。相比这种做法，如果这些资料是电子版，那么让学生自己收集和整理作品集中的内容就会容易得多。这些作业范例不仅提供了实现目标的证据，也为设定新目标提供了基础。

作品集的另一个用途是向家长汇报。在家长会期间，作品集可以轻松地向家长展示他们孩子完成的作业及其表现。这种方式可以立即将对话的焦点转移到孩子接下来需要学习的内容和需要发展的技能上。在一年中的某个时刻，学生也可以把作品集带回家给家长看，再带回学校继续添加内容。然而，当作品集是包含纸质作业的文件夹时，这本身就是一个挑战。总会有学生忘记将作品集带回学校，而且作品可能会丢失或受损。我记得有几个学生出现过这种情况，带回家的作品集被狗咬了或者吃晚餐的时候发生了意外，一些珍贵的作品遭遇了不测。电子作品集则让学生简单地将内容从学校电脑上的电子文件夹复制粘贴到 DVD 或 U 盘上，然后带回家。即使带回家的拷贝件丢失，也没有纸质材料的丢失那么麻烦，因为原始的电子文件夹仍然保存在学校的电脑上。

作品集对学生具有极大的激励作用，它直观展示了学生的进步。作品集还可以积累。在全校使用作品集的学校里，学生的作品伴随他们从一个年级过渡到下一个年级。如果是纸质作品集，管理这一过程可能相对困难，作品集要记录学生从入学直至小学毕业，其体量可能会变得庞大。因此，一个较好的做法是学生每个课程领域只保留一个作品样本，以便顺利过渡到下一个年级，其他的作品可以带回家。与此相比，电子作品集就不存在上述问题。对学生来说，维护一个包含每个学年子文件夹的总文件夹，并将电子作品集从一个班级转到另一个班级会相对简单。如果学生转校，电子作品集也可能成为新学校快速了解学生接下来需要努力提高的技能、需要学习理解的知识的重要工具。

总体而言，作品集是一种记录学生在各个课程领域积累和进步的实用工具，它帮助学生为未来的技能发展和知识积累设定目标，还为教师提供了记录学生一年或更长时间成绩的手段，可用于向家长汇报。这是一份学生可以引以为傲的成果展示，不仅展示了他们取得的成就，也提高了学生的学习动机、参与度和自我效能感。因此，无论是纸质还是电子形式的作品集，都是目标设定和学生发展的宝贵资源。

六、教师反馈和目标设定

教师反馈是学生设定目标过程不可或缺的一部分。高期待教师通过反馈让学生了解他们在实现目标方面的表现，同时激发学生的动机和自主性。如前所述，反馈对学生学习具有巨大影响。反馈之所以有效，是因为它向学生提供了关于他们进步的明确信息。广义上的反馈可以被细分为对学生已经掌握的知识的反馈和对学生下一步需要学习的内容的预馈。通常情况下，反馈用来描述这两个过程。因此，我在本章中使用的"反馈"一词，指的是广义上的反馈。

反馈被定义为"学习者可以用来确认、补充、覆盖、调整或重构记忆中的信息，无论这些信息是领域知识、元认知知识、关于自我和学习的信念，还是认知策略和技巧"（Winne and Butler，1994：5740）。反馈的目的是告知学生自己当前的表现或对知识的理解。有时候，反馈还会向学生提供接下来应当采取的行动信息。反馈需要使学生获得技能，提升他们的理解、技能或信念，从而帮助他们更接近自己的目标。哈蒂在他的书中提及，"当目标具体、有挑战性、复杂度低时，反馈效果最佳"（Hattie，2009：175）。

教师通常认为他们为学生提供了大量的反馈，但学生的感受并不总是与此相符。在一项针对高等教育的研究中（Carless，2006），近40%的教师认为他们向学生提供了详尽的书面反馈，这些反馈能够帮助学生改进他们下一次的作业，但只有13%的学生同意这种说法。同样，38%的教师认为他们跟进了书面反馈，以提高学生的理解和学习，但仅有13%的学生认同这一点。因此，我们推测学生和教师对于反馈的实用性和有效性可能存在不同的看法。

学生收到反馈后，他们的解读至关重要，他们需要根据反馈来调整自己的学习策略或增补相关知识，进而设定具有挑战性的目标。这意味着学生有了新的学习任务。因此，反馈可以帮助学生从他们当前的知识水平向目标迈进。然而，教师提供学生的反馈，无论是书面的还是口头的，都应基于学生对当前技能发展的理解和进步。如果反馈超出了学生与目标相关的现有概念范围，他们可能无法调整学习以达到目标。不基于学生已有知识的反馈可能会威胁到学生的自我认知，并可能阻碍学生的学习。

反馈应该与教学区分，因为反馈在教学之后进行。为了理解反馈，学生需要对他们正在学习的技能或概念有一定的理解。如果学生仍处于获取知识或理解的阶段，则教师的重点应放在教学上，而不是反馈上。如果学生基于已掌握的知识不能很好地理解教师的反馈，那么帮助学生先建立对概念或技能的基本理解就显得尤为重要。随着学生逐渐向目标迈进，适当的反馈就会随之出现。

在反馈过程中，有三个核心问题需要考虑："我要达到什么目标？""我现在处于什么水平？""下一步我该如何做？"（Clarke et al., 2003）第一个问题涉及学生设定的目标，第二个问题涉及学生持续的自我评价。教师在学生的基础上提供清晰且具体的反馈有助于学生了解自己在实现目标方面的进展，这些反馈学生也很容易解读，并可以立即付诸行动。最后一个问题与学生的下一步学习计划有关。接下来怎么做？这些资料的内容可以来自教师，也可以是学生自己或者和教师一起为了达成目标而制订的计划。对于教师在学生学习方面的规划和指导，这三个问题也同样具有参考价值。

哈蒂（Hattie, 2009）解释，反馈可以集中在四个层面：任务层面、过程层面、自我调节层面和自我层面，其中前三个层面对学生的学习最有帮助。任务层面的反馈让学生了解他们在理解或完成任务方面的表现。例如，教师说："你需要在你的故事中加入一些描述性词汇，使其更有趣。"过程层面的反馈关注理解概念或有效完成任务所需的程序。例如，教师说："你需要仔细校对你的作品，确保读者能理解哪些部分表达的是人物的对话。"自我调节层面的反馈则教导学生如何跟踪他们的学习过程，如何指导和调节他们的学习行为。例如，教师说："你知道用不同的句子来开头会让你的写作更有趣吗？检查一下你的故事里有没有运用这个技巧。"这三个层面的反馈都对学生的学习大有裨益，因为它们关注学生接下来需要做什么，并阐明如何进一步提高以实现他们的目标。然而，自我层面的反馈对学生来说通常不够有效。像"好孩子"或"做得好"这样的评价既没有针对性，也没有促进学生的学习。这类反馈有时被视为赞扬，但赞扬并非反馈，因为它没有满足反馈的标准，即没有为学生提供方法来缩小他们当前知识水平和需要达到的目标之间的差距。此外，赞扬通常是针对个人，而非学习任务或技能。对学生来说，关注为了达到目标而采取的行动更具激励性，而关注个人可能会影响到学生的自尊、自我效能感、自我调节技能，以及学生对学生身份的自我信念（Hattie，2009）。这是因为这种反馈关注的是个人，而不是任务或学习本身。个人评价可能导致学生因害怕失败而避免接受具有挑战性的困难任务，正如有"做得好"的评价，也有"这还不够好"的评价，而这些评价都没有提供关于下一步该怎么做的方法，更不用说回答"我将去向何方"这个问题了。赞扬和批评可能回答了"我现在做得怎么样"这个问题，但并没有提供任何关于如何实现目标的指引。

另一个相关结论是课堂氛围应鼓励学生尝试有难度的任务。实际上，正如我之前概述的，具有挑战性的目标对学生有激励作用，使他们更投入。然而，学生知道冒险追求挑战性的目标有时会导致失败或错误，但失败时，他们一旦得到明确的指导，改正了错误，就更有可能因此受到激励，继续前行。学生知道"反馈"关注的是任务或学习的技能，他们很快就会理解错误是学习过程的一部分，这样就创造了一种班级氛围——学生勇于尝试，对失败不再感到焦虑。如果反馈聚焦于学生个体，他们更有可能选择简单的任务，回避那些更具挑战性的任务。不过，相比简单的目标，挑战性的目标更能推动学生的进步。

七、目标设定和教学计划之间的关系

形成性评价和总结性评价、SMART 目标、个人最佳目标，以及将作品示例整合成作品集，都聚焦于单个学生层面的目标设定。然而，这些目标很可能源自班级教学和学生学习的核心内容。学生在科学、社会研究、数学或与阅读相关的课程目标上将会与教师为全班学生设定的该学科教学计划紧密相连。因此，学生的目标设定将在内容明确的课堂中得到推动。遗憾的是，有研究（Robinson，2011）表明，在许多课堂上，学生并不清楚他们正在学习的具体内容。

　　学生对自己正在学习的内容感到不确定，这通常是因为教师更多地展示了他们将要做的活动，而不是他们将要学习的内容。教师规划了学生的学习，并给他们提供活动来完成这些规划好的学习。因此，学生知道他们在做什么，除非学习内容被明确指出，否则他们只能推测教师对他们学习的期待（Robinson，2011）。新西兰的教师普遍采用的方法来自《解锁形成性评价：提升中小学课堂学生学习的实用策略》（*Unlocking Formative Assessment*：*Practical Strategies for Enhancing Students' Learning in the Primary and Intermediate Classroom*）（Clarke et al.，2003）。教师每节课都在黑板上写出主要的学习目标，用简写"WALT"或"We are learning to…（我们要学习……）"来标记。例如，作文课的学习目标是我们正在学习使用描述性词语来让故事更有趣；数学课的学习目标是我们正在学习如何做两位数的加法；科学课的学习目标是我们正在学习识别太阳系中的行星。

　　根据具体的课程，学习目标可能在课程开始时与学生分享，也可能在一些导入教学或激励活动之后分享，但克拉克及其同事（Clarke et al.，2003）主张教师应在每节课都与学生分享学习目标。与学生分享学习目标有助于他们清楚地了解即将学习的内容，以及课程导入后的活动如何与他们正在学习的内容相关联。这为学生提供了清晰的学习重点，并使他们以更有目的性的方式参与学习活动。在罗宾逊（Robinson，2011）的《以学生为中心的领导力》（*Student-centred Leadership*）一书中，研究人员观察了两个班级的作文课。当学生进行写作练习时，研究人员询问他们正在学习什么内容。尽管这两个班的学习目标都与写作的深层特征有关，但这些目标并未明确地向学生阐述。因此，访谈发现，学生对正在学习的内容的理解仍然聚焦于写作的表层特征，如字数要求、标点、拼写以及作业的整洁度等。

　　因此，与学生共享学习目标有助于他们对课程的核心要点有更清晰的理解。克拉克等人（Clarke et al.，2003）建议，每当教师与学生分享学习目标时，应让学生制定达成这些目标的标准。这些标准为学生提供了明确的指引，帮助他们判断自己是否已经掌握了教师希望他们掌握的学习内容。他们还建议将学习目标进行可视化展示，例如通过白板、翻页图表或幻灯片展示。这种简洁的展示形式便于教师根据需要调整每节课的学习目标和达成的标准，同时也使教师能够根据自己的创意来呈现。以前文提到的学习目标为例，作文课、数学课、科学课分别要达成的标准可以表述为："在描述参观农场的故事中，我们至少使用了四个不同的描述性词汇""我们能在至少十个等式中正确进行加法运算"和"我们能说出太阳系中八颗行星的名字"。

克拉克等人（Clarke et al., 2003）还建议，教师应该经常口头向学生说明他们正在学习的内容的整体情况及其背后的缘由。他们发现，这种对学习内容的理解及其与现实世界的联系有助于让所有学生都投入其中，特别是那些成绩欠佳的男生。以写故事为例，教师可以阐释使用形容词的整体构思："当我们写故事时，我们是在为观众而写，如果故事有趣，读者就更有可能喜欢它们。"

正如我之前提到的，若学习目标不明确，学生可能会对正在学习的内容感到疑惑。罗宾逊（Robinson, 2011）的研究就证实了由于教师反馈倾向于关注写作的表面特征，忽略了学习目标的实现，学生会将他们正在学习的内容解读为写作的表面特征。因此，当学生清楚自己的学习内容和达成标准时，教师的反馈也应与学习目标和达成标准保持一致，而不是关注学生作品的外在特征（如整洁度）。这种反馈和学生当前的学习内容是明确对应的，将为学生提供未来具体的学习方向以及目标设定的指导。

对学生个体的目标设定是一种激励学生的重要手段，它促进了学生的自主性，提高了学生的自我调节能力。教师的反馈帮助学生了解他们在实现目标方面的进展，还指明他们有待学习的领域。然而，当学生对他们所学内容有清晰的理解，并且知道如何证明他们已经掌握这些知识或技能时，在这样的课堂中针对单个学生设定目标可能更加有效。此外，如果学校采取全校范围内支持学生学习的方法，并在个人和班级层面设定目标，学生将可能取得更显著的进步。目标设定是一个强大的激励因素，能够提高学生的参与度，并促使他们在课程中更快地取得进步。这并非巧合，而是所有高期待教师普遍采用的策略。

八、实践教师的心声

参与"教师期待项目"的教师也注意到，当他们在班级中引入目标设定后学生会立即获益，他们表示，"目标帮助学生认识到他们下一步的学习内容以及如何达到最终目标"，"学生变得更加专注、更会时间管理了"。看到目标设定的成效后，一些教师将其应用扩展到多个学科领域，有人认为："学生能思考他们在阅读中所学的内容以及下一步应采取的行动，能够共同制定成功的标准，明确学习的具体表现，也能反思自己的学习。我在数学课上也使用了目标设定。"起初，教师至少需要协助学生设定目标。正如研讨会中建议的那样，学生需要一定的指导，然后才能独立设定自己的目标。教师表示："我给学生持续提供他们进步和未来目标的反馈。我和学生一起设置了许多目标，开了许多研讨会。"让目标可见，以便学生时刻提醒自己的目标，是一个有效的策略。教师说道："每学期将目标放在学生桌子上。我们每周都会反思目标或成绩以及它们对自身学习的影响。我在一周中的某个时刻与学生讨论他们正在进行的任务。"然而，在许多参与"教师期待项目"的班级中，教师逐渐让学生自行设定目标。有位教师说："我与学生分享评价信息，让他们选择自己的下一个学习目标。一旦实现了目标，他们会返回评价表中记录下一个目标。当他们觉得自己有进步时，会选择测试。学生发现自己学习上的不足，会通过认真上课来缩小或消除这些差距。他们定期与任课教师或班主任会谈。班主任了解每个学生的目标和期待，并给他们支持。使用 e-asTTle……帮助我的学生认识到他们在学习上的差距，从而帮助他们设定目标。学生利用这些信息寻找合适的资源来缩小这些差距。这样做效果很好，每个学生每天都能自主学习。我们在自我管理方面设定了目标，我们逐步进行，最终让学生能够达到在完成特定探究任务时自行设计完整时间表的程度，那就是非常成功的。"教师采用了多种记录目标的方式，从简单的练习本到更具创意的方法。有位教师说："我和一个小组一起使用了一个附有我编写的目标的书签。下次我打算和孩子们一起写下目标，并把它们塑封。书签……非常有效……因为便于孩子们参考。"还有教师说："我们描绘了学校的愿景，学生为这一年设定了个人目标。这些目标被展示在一棵自制的愿景树上。学生分别为心灵、智慧和精神设定了目标。"虽然有几个班级在学年后期才引入目标设定，但师生都发现这一做法非常有益。干预项目的成功离不开教师的支持，我很幸运拥有一个如此热情的团队，他们将高期待教师的实践应用于自己的课堂教学中。此外，校长在确保教师实践变革成功方面也发挥了关键作用。当校长领导旨在造福师生的变革时，变革就更有可能实现。在下一章中，我将总结本书中的相关信息，特别关注校长如何引导学校的所有教师成为高期待教师。

第十四章　对每个学生抱有高期待：一个可以实现的目标

本书开篇，我提到政策制定者和学校领导一直强调要对所有学生寄予厚望。他们经常提倡对每位学生都抱有高期待，但如何在课堂中践行却没有人给予指导。如果没有将这种高期待转化成教学行动的具体操作指南，这样的倡议就只是空谈。本书的主要目的是描绘高期待在日常教学中意味着什么。

高期待并不意味着对每个学生都抱有相同的期待，高期待是相对每个学生的实际情况来说的。高期待是一种信念，是相信每个学生都能超越他们以往取得的成绩，取得更快的进步。换言之，在课堂中，所有学生的学习成绩都能越来越好。

学生进步的速度很大程度上取决于他们获得的学习机会。成绩优秀的学生和成绩欠佳的学生成绩差距扩大，通常由于不同的学习机会以及师生的互动长期存在差异。当学生获得更高水平的学习机会时，他们的进步可能会超出原来的预期。在韦恩斯坦等人（Weinstein et al., 1991）的准实验中，那些原本高中注定进入慢班的学生，到学年末时竟然能获得荣誉，而这些学生原本存在辍学风险。这样的例子并不少见。一系列研究表明，当班级分组从能力分组变为混合分组，或学校取消分流制度后，学生的进步速度明显加快（Peterson, 1989；Oakes, 1990a；Hacker et al., 1992；Taylor, 1993；Harlen and Malcolm, 1997；Hatchell, 1998；Hallam et al., 2004）。现存的主要论点是低期待会带来一系列低水平的学习活动和机会。在学生学习过程中，低期待造成学生只能接触到一系列低水平的学习活动和机会，他们学什么取决于被给到的学习机会是什么。

高期待教师希望所有学生都能快些进步，正如我们所见，他们通过灵活分组，给学生提供可选择的学习经历，帮助学生实现这一目标。这样的分组方式既增加了学生的学习机会，又减轻了后进生的心理压力。学生的自我效能感提升了，学习动机和参与度也相应增强了。而对于成绩优秀的学生来说，这种教学方式没有任何坏处。高期待教师的另一个显著特点是他们的班级氛围充满活力、令人愉悦。课堂上学习气氛浓厚，活动频繁。高期待教师对每个学生一视同仁，不存在任何区别对待。班级氛围积极向上，教师支持学生，学生也互帮互助。教师通过灵活分组和定期给学生换座，营造了一个活跃的班级氛围，纪律问题也相应变少了。此外，灵活分组让高期待教师能够与学生共同确立学习目标，定期追踪学生的学习进展，并给学生提供反馈意见，帮助学生提高自主学习能力、促进个人成长、提升学习成绩。学生每天都期待上学，因为他们有一位相信每个学生都能成功的教师。这正是我们向往的理想的学习环境，不应只是偶尔出现在某些课堂上，而应遍布于每所学校、每个地区。那么，这个理想如何才能成为现实呢？

一、校长的作用

在构建学生与教师共融的学习社区中，校长的角色至关重要。回顾"教师期待项目"的初期，有位教师理解了灵活分组的强大作用，想在自己的班级中尝试这种方法，却因缺乏上级领导的支持而举步维艰，她的领导并未参与该项目。另外一位教师告诉我，在她的学校里实行灵活分组也很难，因为校长规定所有读写课和数学课必须采用班内能力分组的方式。即使在最初的高期待教师群体中，也有一位教师的校长不赞成她使用灵活分组，但她最终不顾校长的反对，因为她看到了学生取得的巨大进步。教师孤军奋战困难重重。若全校明确一个所有人都理解的议程，并且朝着这一共同目标努力，工作会容易得多。一所高期待学校的影响力远超一个高期待的课堂。

（一）创建一个学习社区

要建立一个每位教师对所有学生寄予厚望的学校，先要促进教师之间的协作，建立一个共同体。在高风险测验和问责制的环境下，教师的工作面临风险，他们之间缺乏信任和合作，教师只能埋头苦干，专注于帮助学生通过考试。但在教师和校长齐心协力提高学生成绩的学校里，成果会非常显著。高期待环境下，学生能够取得远超当前水平的成绩。促进教师合作和分享的前提在于营造一个每位教师都对所有学生学习负责的学校氛围。教师在应对棘手的学生时，需要感受到支持，能够寻求帮助，并确信这种帮助会以协作、支持和不带评价的方式提供。学生需要被允许犯错并从中学习，教师有时也需要，教师也应该是学习者。

（二）打造一所高期待的学校

本书介绍了高期待教师在灵活分组、班级氛围和目标设定这三个关键领域的具体实践。对多数教师和校长来说，采用灵活分组是一个巨大的变化，是一种创新且具有挑战性的做法，需要所有人共同努力。通过引入一种新的工作方式，教师和校长可以共创高期待课堂以促进参与和合作（如果还没有这些的话）。同时，引入变革需要循序渐进，关键是避免急于求成，以免教师感到不堪重负，不太愿意将新方法融入教学中。因此，先从灵活分组开始，再改善班级氛围，最后着重于目标设定，这样逐步着手是切实可行的。首先，引入一种实践并确保其落实，然后进行下一步，最后全校上下齐心协力推进新实践。这不仅振奋人心，也是一个促进教师合作和营造积极氛围的好机会。校长的另一个策略是让在这三个关键领域中学有所长的教师领导其他教师的专业发展。这个人不必是领导班子的一员。实际上，这个人最好不是领导，因为如果任何教职员工都能引领变革，这本身就能让教师知道每个人的想法都会得到尊重和重视。当然，联合规划也是良策。

（三）在全校推广灵活分组

灵活分组与学习机会是密切相关的。一旦学生不再受限于参加特定的学习活动，他们就可以选择自己感兴趣的活动，或加入混合能力小组的活动。这样一来，学生的动机变得更强了，因为"一个组比另一个组更好"的感觉消失了。虽然我认为实施异质分组、提供具有挑战性的活动是保障学习机会更公平的关键，但这可能是高期待教师策略中最受质疑的一点，特别是在像新西兰这样的国家，班内能力分组已根深蒂固。在其他国家，推行或继续实施灵活分组可能面临的问题较少。尽管如此，引入灵活分组作为第一个高期待教师策略，可以让大家一起合作、共同规划和实施新理念。采用灵活分组是可能带来最大学习收益的策略，因此，先引入这一策略将为学生带来早期的积极收益，即明显的学习进步（Hattie，2009）。

我相信，在我之前的研究中，所有高期待教师都采用了某种形式的灵活分组或异质分组，他们的学生成绩提高了很多。当干预组教师接受指导并使用灵活分组、目标设定和改善班级氛围的技巧后，实验的结果成功地得到了复制。虽然这只是40多个实验班级中的一部分，但这绝不仅仅是巧合。然而，在全校范围内实施这种新的分组形式，从班内能力分组转变为灵活分组或异质分组，可能更容易些。这样一来，这种做法就有了支持，教师可以共同合作，在适合灵活分组而不是班内能力分组的课堂组织结构中策划活动。正如我之前所言，教师难以孤军奋战实施变革，尤其是这种变革与学校文化相悖时。

在全校推行灵活分组策略的过程中，我建议沿用与"教师期待项目"中用于干预组教师的类似步骤。教师需要理解，相较于传统的班内能力分组，灵活分组对学生学习可能更有效的原因，这一点很重要。因此，在教职工会议上讨论广泛使用班内能力分组的原因，并逐一分析两种分组方式的利弊，这将非常有用。将成绩欠佳的学生分配到能力较低的组，很明显会给他们造成一些负面影响。这种做法不仅损害了他们的自尊，也意味着他们获得的学习机会层次更低。因此，这种分组大部分的好处是对教师而言的，似乎对学生没有任何好处（Hornby et al.，2011）。很多学术论文已证实，不管是班内还是班级间能力分组，都会产生负面影响（Oakes，1985，1990a；Kerckhoff，1986；Peterson，1989；Page，1991；Hacker et al.，1992；Hoffer，1992；Linchevski and Kutscher，1998；MacIntyre and Ireson，2002；Hallam et al.，2004；Hanushek and Woessmann，2005；Hornby et al.，2011）。还有研究人员提出异质分组对成绩优秀的学生有负面影响。在此，马什（Marsh，1987）及其同事（Liem et al.，2013）的研究指出，对成绩优秀的学生进行能力分组会伤害他们的自尊心。这提醒我们，能力分组并不总是对学生有利。这些学术论文可作为有用的切入点展开讨论，帮助教师更深入地思考班内能力分组的弊端。围绕灵活分组的优势展开讨论，有助于进一步推动教师对这一重要话题的思考。

我发现，教师抵触灵活分组的一个主要原因是教师对如何组织课堂没有十足的把握。第九章提供了许多关于课堂组织的想法，以及可以在阅读活动中引入的各种促进学生选择的活动。这一章可以为教师提供一些初步的想法，以便他们在全校协作，开始使用灵活分组。学校可以举办一场教师头脑风暴研讨会，探讨如何在使用灵活分组时组织课堂。在"教师期待项目"中，我发现教师一旦掌握了灵活分组的窍门，便能明显看到该方法的优势，看到学生在学东西。正如干预组的一位教师所说："毫无疑问，我会推荐这个项目。我深入了解了如何契合学生需求，设计出能激励学生的学习体验。我的学生现在爱上了阅读。"

通过将技能教学与学生的目标相结合，几名教师采用了异质化程度更高的分组方式。然而，对一些教师而言，班内能力分组是习以为常的做法，因此他们转向使用灵活分组可能需要时间。我只能建议像设定目标和活跃班级氛围一样，定期召开教职工会议，重点讨论如何与灵活分组的学生进行合作。教师可以一起进行头脑风暴和规划，分享他们的成功经验，如果遇到困难就寻求帮助。如果学校已经营造了一个能够鼓励教师展示自己的优点和不足的氛围，那么转向使用灵活分组将会是一个相互支持的过程。

（四）努力改善班级氛围

让全体教师携手改进班级氛围是增进教师间协作的良策。教师可以依据之前提出的建议共谋变革，但要各自在自己的班级中落实。教师会议的初步讨论可以集中在使用社会关系图——以图示的方式展示学生之间的关系。如果所有教师都把自己的发现绘制成社会关系图，并在下一周的教师会议上报告，他们可以分享自己的发现，以及他们将如何利用这些发现对学生进行分组、促进与学生之间的关系。有关改善班级氛围的想法可以逐步在教师间分享、在课堂上试验，然后反馈回来。教师之间的讨论不仅有助于他们培养学生间以及师生间的关系，还能进一步增强教师间的协同合作。我们建议，至少用一学期的时间探索并分享改善班级氛围的策略。特别是在那些缺少合作氛围的学校，通过这样的努力，到新学期开学，教师间的沟通将变得更顺畅，分享彼此成功与失败的经验也将更轻松自然。

（五）推进目标设定策略：全面确保所有学生的学习成效

在当前的教育环境中，强制性的总结性评估不断增加，教师难以避免使用总结性的评价方式。在我看来，利用学生测试成绩让教师对学生的学习负责，已成为近年教育中的一个主要问题。在美国的一些案例中，教师指导学生答题、告诉学生测试答案以及篡改学生答案都表明教师感受到的巨大压力。在这种环境下，教师难以充分发挥他们在教育领域应承担的角色和责任。教师本应致力于培养学生的学习与发展，帮助他们在未来的社会发展中扮演重要的角色，然而学生不知道自己将被要求进行流水线式的重复工作。遗憾的是，目前在教育领域普遍存在的责任制考核，在短期内似乎不太可能被废除。因此，在考试的紧迫压力下，教师团结合作、共同努力帮助每个学生取得最好的学习成绩显得尤为重要。

在高压考试的环境下，教师团队合作促进所有学生取得最好的成绩，已成为当前教育领域的首要任务。遗憾的是，责任制可能让教师变得孤立无援。他们会因为担心被评为教学不力，而不愿意与同事讨论教学上遇到的难题。所以，实现高期待课堂的进一步目标关键在于让全体教职员工共同协作、设定教学目标。

若全体教职工能共同努力，共创一所高期待的学校，那么我们就能设定一个既涵盖学校整体又触及每个课堂的综合性目标。比如，为学校设定一个目标，看看在下次考试中有多少学生能够达到一定的成绩水平。为了实现这个目标，每位教师都会为自己的班级制定相应的教学目标。这意味着所有教师将共同努力，提高所有学生的成绩。为了达到这个目标，教师之间要建立深厚的信任和合作关系。因此，我建议在高期待教师的三个重要教学实践中，将目标设定作为最后一环。

对于那些从未尝试过目标设定策略的课堂和学校来说，在全校推广目标设定策略，可以从关注学生的成绩开始，最好先专注于一个课程领域，例如数学。因为它是线性的。教授同一年级的教师展开合作，从分析学生最近完成的作业开始，讨论学生接下来的学习目标，并探讨如何实现这些目标。重要的是要明确提出三个问题："我要达到什么水平？""我现在怎么样？""接下来该怎么做？"（Clarke et al., 2003）将学生的学习作为重点，可以促使教师共同合作，共同规划学生在不同学科中的进步，而不仅仅关注学生在某一学科内的进步。教师需要有良好的专业素养和教学知识，才能公开讨论那些成绩未达预期的学生，才能给他们提供有效的支持。分享教学上的困难、一起寻找解决方法是提高教师知识水平及学生成绩的有效方法（Timperley and Parr, 2007），但这需要建立高度的信任。先让几位教师共同努力，帮助所有学生有效学习，然后逐步推行到整个学校，为全校合作推行学生目标设定策略铺平道路。就像教师在班级中培养学生之间的信任一样，校长也能培养教师之间的信任和协作。

一旦教师为了帮助班上棘手的学生实现学习目标，愿意分享学生的作业和寻求支持，那下一步就是共享全校统考的成绩了。在这一点上，教师的建设性合作，并作为一个专业团体共同努力是极其重要的。不可避免的是，一些班级的学生成绩会超过其他班级。显然，披露这些信息涉及一些伦理问题，需要谨慎处理。有一点很清楚，班级间的差异不应该被强调。教师的重点应该放在学生的目标设定上，通过共同努力帮助所有学生实现他们的目标。在学校层面，教师可以合作帮助水平相近的学生，和他们一起设定目标，然后共同规划他们的学习体验，进而帮助他们达成目标。

因此，就像实行灵活分组和活跃班级氛围的步骤一样，我建议全校推行目标设定策略时要预留足够的时间，确保其有效地融入日常教学。如果想要任何一种实践持续下去，教师需要将其融入日常教学中。鼓励教师展现自己脆弱的一面，并在这种情况下协同合作，这是需要时间的。校长需要判断教师何时可以开展合作，包括共同设定学生的学习目标、分析全校评估结果、协同制订计划以提高学生的成绩，以及互相提供专业的反馈。

（六）其他教师的支持机制

在制订提高全校学生成绩的计划后，下一步是课堂观察。在此阶段，我们希望教师专注于实施高期待教师的实践来提高学生的成绩。因此，焦点放在学生及他们的学习上，而非教师个人。为了减少观察的威胁性，最初的课堂观察允许教师自行选择由谁来观察。最好选择资深教师担任观察员，但也可以考虑其他人选。从理论上来说，安排一名年轻教师观察其他教师的课堂，可能会面临一些困难。观察结束后，教师将收到他们教学的反馈，就像学生收到学习成绩的反馈一样。这些反馈应当具体且有针对性。为了确保反馈的针对性，观察员和被观察教师应该确定观察的具体内容。这些反馈将直接关系到教师对学生成绩目标的实现。

在学校的支持和帮助下进行课堂观察是教师获取反馈的有用工具，其核心目的始终是提高学生的学习成绩。教师应将对其教学的观察视为提升自己技能的机会，而不是对自己能力的评判。通常，这些观察由学校高层管理人员进行，因此，正如我们希望学生能做到的那样，如果希望教师能从错误中学习，那么学校层面需要提供良好的整体氛围和人际关系，还需要建立高度的信任和专业学习的文化。

重要的是，观察应该有一个焦点，被观察的教师应该认为这对他们自身的学习有价值。例如，教师可以将课堂反馈作为观察的重点。在这种情况下，观察员将记录教师在课堂上给学生提供的每一次反馈，以此作为一个基于数据的课堂情况总结，并为讨论提供一个框架，重点关注课堂上实际发生的事情。观察结束后，教师和观察员应尽快就这一课堂开会讨论。罗宾逊（Robinson，2011）提出了开放式学习对话的关键要素，为深入讨论提供了良好的框架。假设观察员观察到教师对几位学生提出了批评，开放式学习对话以观察员描述其观察到的情况作为开端，而不是预设这些观点是正确的。例如，观察员首先会说："我不确定你是否有同感，但我注意到你在那节课中批评了约翰（John）、玛丽（Mary）、彼得（Peter）和安吉拉（Angela）同学，我对此有些担忧。"然后，观察员会概述相应的记录："在我的记录里，你对这些学生的反馈似乎颇具批判性，比如这个……这个……这个……还有这个……"接着，观察员会征询教师的意见："对于我刚才提到的，你怎么看？"观察员需要复述教师的观点，并核实总结的准确性："依你所述，我的理解是你认为某些学生不够努力，学习不够投入，对吗？"接下来，观察员应探究并验证教师的假设："是什么让你觉得这些学生没有尽全力、不够投入？"接下来，双方共同确立立场："我们都注意到，学生在你课堂上开小差的行为确实有问题。"最后，观察员和教师应共同制订一个双方都满意的计划："你希望我或学校中的其他人如何帮助你让学生更加投入？"后续的会议和支持将专注于帮助教师更有效地吸引学生的注意力。

在教师教育项目中，针对干预组教师指导学生的过程，我们录制了 20 分钟的视频（见第七章）。这对教师来说是一次非常有价值的学习经历。教师教学的视频为他们的教学方法和师生互动提供了生动翔实的记录。很多教师可能并未察觉到自己已形成的言语和非言语习惯。教师是独自观看自己的视频还是分享给同事，这应由学校决定。然而，根据我的经验，我建议教师应该与一位信任的同事分享并讨论。定期录制教学视频（一年两到三次），可以让教师观察和跟踪他们自己的变化。尤其是每年都录制教学视频，能让教师更好地看到自己一天天的成长和进步。如果采用全校性的策略，可以重点关注分析那些具有高期待教师的教学实践和行为特征。教师教学的过程应该是友好无压力的，且使用这些视频的方式应由教师自主选择。

二、学校责任和更广泛的应用

营造一个鼓励教师学习、合作并成长的学校氛围，是校长为学生提供的巨大帮助。当校长建立一个能够让教师和学生都茁壮成长的学习社区时，每个学生都将有机会获得卓越的发展。高期待教师的做法意味着学生不会被限制在传统的成绩发展轨迹上，也不会出现赢家和输家，所有学生都有机会获得成功。对于教育工作者来说，这无疑是终极目标，即让每个学生在我们的学校中茁壮成长。

遗憾的是，现今我们似乎已经远离了教育的初衷，即全面培养未来公民。我们的教育体系越来越依赖于通过考试成绩来筛选学生，并在学生非常小的时候就预判他们未来的可能性。作为教育工作者，我们有责任让所有学生都能成功，不管他们的梦想是什么，都能让它们成真。教育的差异化加剧了社会不平等，其中一些学生，尤其是少数族裔和贫困家庭的学生无法取得成功。许多学生没有获得足够的机会来激发他们的学习动机、提高参与度，从而在教育体系中茁壮成长。难怪许多人因对学校教育感到失望而辍学。然而，从经济角度来看，"我们不能承受耽误任何一个学生的代价"（Weinstein，2002：292）。

学校的评价文化也会影响到教师。我们应该支持教师做最好的自己，而不是因为他们的学生没有达到某个随意设定的目标就惩罚他们。为教师营造一个符合高期待教师教学实践的学校氛围，教学可能会更高效。一个既对教师寄予高期待，又提供充分支持，目标明确，公平对待所有教职工的校园氛围，有助于促进教师的成长。让教师对学生成绩负责，这一点令人担忧。如前所述，责任也意味着稳定性。当面临丢饭碗的风险时，教师容易出现作假的行为。研究表明，当以学生的考试成绩为衡量标准时，教师的教学效果并不一致。事实上，"在一个课堂中表现出色的教师，换个课堂，效果就不一定了"（Darling Hammond and Prince，2007：5）。古德和格鲁斯（Good and Grouws，1977）的研究显示，仅有约18%的教师在学生的学业成绩和学生对班级氛围的感知方面产生了稳定的影响。这些教师处在两个极端，即最高效的教师和最低效的教师。其中约一半的班级，学生连续三年都实现了全面发展，每年都高度评价班级氛围。而最低效的教师，情况则正好相反。其余82%的教师的学生成绩每年都有所不同。有趣的是，在高效教师的课堂，他们不分组教授数学，对所有学生抱有高期待，相比低效教师的课堂，他们的教学进度更快。

通过采用高期待教师的教学方法，学生的学业成绩更可能得到提高，但改变教师期待对不同学生的学业成绩的影响也极可能存在差异。有些教师可能比其他教师更快地适应，有些教师可能对这些教学实践更敏感。但还有其他可能会产生影响的情境因素。在一次会议报告中，帕特里克（Patrick，2013）举了教师效能有所不同的例子。例如，如果一个教师在数学课上的教学效果受到了质疑，当被要求教授历史课时，他同样无法获得积极评价；反之亦然。有些教师喜欢教 5 岁的学生，并希望在教 12 岁学生时，他们的课堂效果也不受质疑。一些教师在社会经济水平较高地区教学时对评价持开放态度；但在社会经济水平较低的地区教学时，他们对评价持保留态度。面对有天赋的学生，一些教师的教学被认为是有效的；但在教授有特殊教育需求的学生时，他们的教学就无效了。如果将一个在寒冬中被观察的教师与一个在春季（暑假前）教学的教师进行比较，教学的有效性评价是否同样有效？或者，将所有教师在一天开始时的教学与一天结束时的教学进行比较，他们的教学效果是否同样有效？鉴于学生群体每年各不相同，对每个学生群体，教师能否取得同样的教学效果？帕特里克在她的会议报告中提出了这些疑问。尽管教学背景有所差异，但在推动教师对学生学习担责的过程中，往往很少考虑这些因素。我认为，通过激发教师的潜能，与他们建立合作关系，而非简单采取惩罚性措施，能最大限度地促进学生的学习。协同合作和共情对教师同样有效，就像它们对学生有效一样。

三、高期待教师与社会经济水平较低的地区

许多研究表明，在社会经济水平较低的地区，教师期待一般较低（Cooper et al.，1985；Solomon et al.，1996；Ennis，1998；Channouf et al.，2005；Darling Hammond and Prince，2007；Burris et al.，2008）。我的研究发现并非如此。这可能是因为我对高期待和低期待的定义不同，即期待以学生的成绩为基准。期待与成绩这两个概念通常容易混淆，以至于高期待看似与成绩优秀的学生相关联，低期待则与成绩欠佳的学生相关联。我对期待的看法与此略有不同。如果学生的成绩远低于平均水平，而某位教师期待他们在年底能达到平均水平或略低于平均水平，并为此确定策略帮助学生达到这些期待，对我而言，这是高期待。我意识到这可能在大部分学生成绩

高于平均水平的班级中产生天花板效应 ①。然而，即使在这样的班级中，也会有差异。我曾在一个社会经济水平较高的地区当教师，那里的学生在标准化考试中的平均分位于百分位的第七十五，而分数位于百分位第五十的学生被认为是低于平均水平的。在那所学校，学生的成绩从远高于平均水平到低于全国标准不等。所以，除了尖子生班，不太可能整个班级的所有学生都取得远高于平均水平的成绩，即便这样，一位高期待教师仍然会期待更多，希望这些学生的成绩在她的指导下达到更高水平。

与此一致，我发现大约四分之一的教师是高期待教师，而低期待教师的比例约为二分之一。另一个一致的发现是，无论是在社会经济水平较低还是较高的地区，高期待教师的数量是一样的。除了公认的天花板效应外，我认为这可能与教育环境有关。迄今为止，我所有的研究都在新西兰进行，与其他国家相比，新西兰的教学模式有些不同。由于新西兰是一个小国家，我们有国家课程，受国家监管和国家资助。在社会经济水平较低地区的学校或有大量少数族裔的学校，每个学生获得的资金高于社会经济水平较高地区的学校和那些有较少少数族裔的学校。学校根据国家人口普查数据（包括社会经济状况和少数族裔学生比例）被分为十个等级，称为十分位数，并获得相应资金。这些排名在每次人口普查后会进行审查，全国高、中、低分位数的学校比例是固定的。如果学校的排名比以前高，该校校长会非常不满，因为这意味着政府资金会大幅减少。那些学校排名下降的人会感到高兴，这或许不是人们期待的反应。

此外，至少在新西兰的小学，教师在社会经济水平较高或较低地区的学校任教并没有地位上的区别。无论教师在哪里教学，他们的薪水都是相同的。这两个因素导致希望对学生学习产生影响的优秀教师选择在社会经济水平较低的学校任教，这并不是说在社会经济水平较高的地区没有优秀的教师。然而，我的另一个发现是，在社会经济水平较高的地区能找到更多低期待教师。在社会经济水平较低的地区，优秀教师能对学生学习产生实质性的影响，因此许多人选择在那里教书。

---

① 天花板效应（Ceiling Effect），又称"高限效应"：当测验或任务过于容易，所有被试者都获得很高的成绩，且不同水平（数量）的自变量结果差异很小，就称为出现天花板效应。在这种情况下，测验或任务无法有效区分被试者的实际能力或表现差异，因为所有人都达到或接近最高分。简而言之，天花板效应会导致测验结果集中在高分区间，无法准确评估被试者的真实能力水平。

最重要的是，我们不应推测高期待教师和低期待教师的工作地区。高期待教师的培训包括超越与种族、文化、语言和性别相关的刻板印象，并打破阻碍学习的障碍，这样所有学生都能取得显著进步。遗憾的是，曾用于对学生进行排名和分类的教育体系现在也被用于对教师进行类似的评价。可以预见，就像在一些班级中，发现有些学生更受重视时，其他学生会变得缺乏动力一样，如果教师不断被评价和分类，也可能会打破教师的职业滤镜。正如学生期待教师创造公平的学习环境一样，教师也希望得到公平的对待。

要实现政策制定者倡导的高期待课堂和学校环境，我们需要努力提升学生和教师的才能。对学生分类加剧了社会现存的不平等现象。要将教育文化从注重成绩转变为注重进步，并促进所有师生的发展，我们需要的不仅是学校内部的变革，还需要改变政策，关注提供建设性的支持而不是破坏性的分类。我们是社会动物，当"学习变得具有参与性、主动性、协作性，并致力于创造意义而非仅接收知识时"（Bruner，1996：84），学习效果最好。

促使研究人员投身期待研究的主要原因之一是他们对公平和社会正义的关注。不同的期待并不意味着公平的学习机会，也不代表学生能克服劣势。在许多地方，教育是学生实现人生成功的最佳途径。2002 年，奇斯曼·代伊和纽伯格（Cheeseman Day and Newburger，2002）的研究发现，学生的受教育程度与他们未来的收入和生活机会紧密相关。这是一个简单的道理：受教育程度越高，收入潜力越大，失业风险越小。确保学生的每一种天赋都能得到培养，这应该是所有教师的目标。对我而言，这始于对所有学生的高期待，始于对促进教育公平的使命，始于对所有学生的关爱。高期待教师通过积极的态度和公平的教学策略，不仅能让学生学业有成，还能增强他们的学习动机，提高参与度和自我效能感，这些都是促进所有学生高水平学习和提升学业成就的关键信念。

附　录

表 1　我的班级清单（简化版）

请记住，你正在描述你的班级，圈出你的答案，该清单仅供教师使用。

1. 在班级里，学生喜欢他们的学校作业。	是　否 +	_____ S
2. 学生在班级里经常互相打架。	是　否 +	_____ F
3. 班级里，学生经常比赛谁能第一个完成。	是　否 +	_____ CM
4. 这个班级的作业难做。	是　否 +	_____ D
5. 班级里的每个人都是我的朋友。	是　否 +	_____ CH
6. 这个班级有些学生不开心。	是　否 −	_____ S
7. 这个班级有些学生很自私。	是　否 +	_____ F
8. 班级里的大多数学生希望自己的作业完成得比朋友的好。	是　否 +	_____ CM
9. 班级里的大多数学生能独立完成作业。	是　否 −	_____ D
10. 班级里有些学生不是我的朋友。	是　否 −	_____ CH
11. 学生似乎喜欢这个班级。	是　否 +	_____ S
12. 班级里的许多学生喜欢打架。	是　否 +	_____ F
13. 班级里有些学生在做得不如别人时感到不开心。	是　否 +	_____ CM
14. 班级里只有聪明的学生能完成作业。	是　否 +	_____ D
15. 班级里的所有学生都是亲密的朋友。	是　否 +	_____ CH
16. 有些学生不喜欢这个班级。	是　否 −	_____ S
17. 班级里的某些学生总想按自己的方式做事。	是　否 +	_____ F
18. 班级里有些学生总是试图比其他人做得更好。	是　否 +	_____ CM
19. 这个班级的作业很难做。	是　否 +	_____ D

（续表）

20. 班级里的所有学生都喜欢彼此。	是　否 +	＿＿＿CH
21. 这个班级很有趣。	是　否 +	＿＿＿S
22. 班级里的学生经常打架。	是　否 +	＿＿＿F
23. 班级里有些学生总想成为第一名。	是　否 +	＿＿＿CM
24. 班级里大多数学生知道如何做作业。	是　否 −	＿＿＿D
25. 班级里的学生喜欢彼此作为朋友。	是　否 +	＿＿＿CH

注：CH = 凝聚力量表；F = 摩擦力量表；S = 满意度量表；D= 难度量表；CM = 竞争力量表。
资料来源：弗雷泽和奥布莱恩（Fraser and O'Brien，1985），经作者许可。

表2　学生对班级氛围的个人感知

句　　　子	从不	有时	经常	几乎总是
1. 我的教师关心我的学习进度。	0	1	2	3
2. 我的教师喜欢看我的作业。	0	1	2	3
3. 我的教师喜欢帮助我学习。	0	1	2	3
4. 我的教师希望我尽最大努力完成学业。	0	1	2	3
5. 我的教师真的关心我。	0	1	2	3
6. 我的教师认为成为我的朋友对她 / 他来说很重要。	0	1	2	3
7. 我的教师像喜欢班级里其他同学一样喜欢我。	0	1	2	3
8. 我的教师关心我的感受。	0	1	2	3
9. 班级里的同学希望我尽最大努力完成学业。	0	1	2	3
10. 班级里的同学喜欢帮助我学习。	0	1	2	3
11. 班级里的同学关心我的学习进度。	0	1	2	3
12. 班级里的同学希望我每天都来上课。	0	1	2	3
13. 在这个班级里，其他同学认为成为我的朋友很重要。	0	1	2	3
14. 在这个班级里，其他同学喜欢现在的我。	0	1	2	3
15. 在这个班级里，其他同学关心我的感受。	0	1	2	3
16. 在这个班级里，其他同学真的关心我。	0	1	2	3
17. 我非常擅长我的学业。	0	1	2	3
18. 我足够聪明，能够完成我的学业。	0	1	2	3
19. 我的学业做得很好。	0	1	2	3
20. 我能够解决学业中的问题。	0	1	2	3

（续表）

句　　　子	从不	有时	经常	几乎总是
21. 我期待上学。	0	1	2	3
22. 我喜欢上学。	0	1	2	3
23. 学校很有趣。	0	1	2	3
24. 我希望我不用去上学。	0	1	2	3
25. 学校有很多我喜欢的事情。	0	1	2	3
26. 我享受学校的活动。	0	1	2	3

注：第1—8项属于"教师支持量表"；第9—16项属于"同伴支持量表"；第17—20项属于"学业能力量表"；第21—26项属于"学校满意度量表"。

资料来源：罗韦等人（Rowe et al., 2010），经作者许可。

参考文献

Alexander, K.L. and Entwisle, D.R.(1988) 'Achievement in the first two years of school: patterns and processes', *Monographs of the Society for Research in Child Development*, 53: 1–157.

Alexander, K.L., Entwisle, D.R. and Dauber, S.L.(1993) 'First-grade classroom behavior: its short- and long-term consequences for school performance', *Child Development*, 64: 801–814.

Allen, J.P., Pianta, R.C., Gregory, A., Mikami, A.Y. and Lun, J.(2011) 'An interaction-based approach to enhancing secondary school instruction and student achievement', *Science*, 333: 1034–1037.

Allington, R.(1983) 'The reading instruction provided readers of differing reading abilities', *Elementary School Journal*, 83: 548–559.

Anderson, D.F. and Rosenthal, R.(1968, August) 'Some effects of interpersonal expectancy and social interaction on institutionalized retarded children', *Proceedings of the 76th Annual Convention of the American Psychological Association*: 479–480.

Arabsolghar, F. and Elkins, J.(2001) 'Teachers' expectations about students' use of reading strategies, knowledge and behaviour in Grades 3, 5 and 7', *Journal of Research in Reading*, 24: 154–162.

Asher, S.R., Rose, A.J. and Gabriel, S.W.(2001) 'Peer rejection in everyday life', in M.R. Leary (ed.) *Interpersonal Rejection*, pp.105–142, New York: Oxford Press.

Ashton, P. and Webb, R.(1986) *Making a Difference: Teachers' Sense of Efficacy and*

Student Achievement, New York: Longman.

Babad, E.(1990) 'Measuring and changing teachers' differential behavior as perceived by students and teachers', *Journal of Educational Psychology*, 82: 683–690.

Babad, E.(1993) 'Teachers' differential behavior', *Educational Psychology Review*, 5: 347–376.

Babad, E.(1995) 'The teacher's pet phenomenon, teachers' differential behavior, and students' morale', *Journal of Educational Psychology*, 87: 361–374.

Babad, E.(1998) 'Preferential affect: the crux of the teacher expectancy issue', in J. Brophy (ed.) *Advances in Research on Teaching: Expectations in the Classroom,* pp.183–214, Greenwich, CT: JAI Press.

Babad, E.(2009) *The Social Psychology of the Classroom*, New York: Routledge.

Babad, E. and Taylor, P.B.(1992) 'Transparency of teacher expectancies across language, cultural boundaries', *Journal of Educational Research*, 86: 120–125.

Babad, E., Avni-Babad, D. and Rosenthal, R.(2003) 'Teachers' brief nonverbal behaviors in defined instructional situations can predict students' evaluations', *Journal of Educational Psychology*, 95: 553–562

Babad, E., Bernieri, F. and Rosenthal, R.(1987) 'Nonverbal and verbal behavior of preschool, remedial, and elementary school teachers', *American Educational Research Journal*, 24: 405–415.

Babad, E., Bernieri, F. and Rosenthal, R.(1989a) 'Nonverbal communication and leakage in the behavior of biased and unbiased teachers', *Journal of Personality and Social Psychology*, 56: 89–94.

Babad, E., Bernieri, F. and Rosenthal, R.(1989b) 'When less information is more informative: diagnosing teacher expectations from brief samples of behaviour', *British Journal of Educational Psychology*, 59: 281–295.

Babad, E., Bernieri, F. and Rosenthal, R.(1991) 'Students as judges of teachers' verbal and nonverbal behavior', *American Educational Research Journal*, 28: 211–234.

Babad, E., Inbar, J. and Rosenthal, R.(1982) 'Pygmalion, Galatea and the Golem: investigations of biased and unbiased teachers', *Journal of Educational Psychology*,

74: 459–474.

Baker, J.A.(1999) 'Teacher-student interaction in urban at-risk classrooms: differential behavior, relationship quality, and student satisfaction with school', *The Elementary School Journal*, 100: 57–70.

Bandura, A.(1997) *Self-efficacy: The Exercise of Control*, New York: W.H. Freeman.

Bandura, A. and Schunk, D.H.(1981) 'Cultivating competence, self-efficacy and intrinsic interest through proximal self-motivation', *Journal of Personality and Social Psychology*, 41: 586–598.

Baron, R.M., Tom, D.Y.H. and Cooper, H.M.(1985) 'Social class, race and teacher expectations', in J.B. Dusek (ed.) *Teacher Expectancies*, pp.251–269, Hillsdale, NJ: Lawrence Erlbaum.

Batzle, C.S., Weyandt, L.L., Janusis, G.M. and Devietti, T.L.(2010) 'Potential impact of ADHD with stimulant medication label on teacher expectations', *Journal of Attention Disorders*, 14: 157–166.

Berliner, D.C.(2004) 'Describing the behavior and documenting the accomplishments of expert teachers', *Bulletin of Science, Technology and Society*, 24: 200–212.

Bianco, M.(2005) 'The effects of disability labels on special education and general education teachers' referrals for gifted programs', *Learning Disability Quarterly*, 28: 285–293.

Biggs, J.B. and Collis, K.F.(1982) *Evaluating the Quality of Learning: The SOLO Taxonomy*, New York: Academic Press.

Bishop, R. and Berryman, M.(2006) *Culture Speaks: Cultural Relationships and Classroom Learning*, Wellington, New Zealand: Huia.

Bishop, R., Berryman, M., Tiakiwai, S. and Richardson, C.(2003) *Te Kotahitanga: The Experiences of Y9 and 10 Māori Students in Mainstream Classrooms,* Wellington, New Zealand: Ministry of Education, available online at: www.educationcounts.govt.nz/publications/maori_education/english-medium-education/9977/5375 (accessed 4 April 2014) .

Blatchford, P., Baines, E., Rubie-Davies, C.M., Bassett, P. and Chown, A.(2006) 'The effects of a new approach to group work on pupil-pupil and teacher-pupil interactions', *Journal of Educational Psychology*, 98: 750–765.

Blatchford, P., Burke, J., Farquhar, C., Plewis, I. and Tizard, B.(1989) 'Teacher expectations in infant school: associations with attainment and progress, curriculum coverage and classroom interaction', *British Journal of Educational Psychology*, 59: 19–30.

Bohn, C.M., Roehrig, A.D. and Pressley, M.(2004) 'The first days of school in the classrooms of two more effective and four less effective primary-grades teachers', *The Elementary School Journal*, 104: 269–287.

Bond, L., Smith, R., Baker, W.K. and Hattie, J.A.(2000) *Certification System of the National Board for Professional Teaching Standards: A Construct and Consequential Validity Study*, Washington DC: National Board for Professional Teaching Standards.

Borko, H. and Niles, J.A.(1982) 'Factors contributing to teachers' judgments about students and decisions about grouping students for reading instruction', *Journal of Reading Behavior*, 14: 127–140.

Borko, H. and Niles, J.A.(1983) 'Teachers' cognitive processes in the formation of reading groups', in J.A. Niles and L.A. Harris (eds) *Searches for Meaning in Reading/ Language Processing and Instruction: Thirty-second Yearbook of the National Reading Conference*, pp.282–288, New York: The National Reading Conference.

Borko, H. and Niles, J.A.(1987) 'Descriptions of teacher planning: ideas for teachers and researchers', in V. Richardson-Koehler (ed.) *Educators' Handbook: A Research Perspective*, pp.167–187, New York: Longman.

Bransford, J.D., Brown, A.L. and Cocking, R.R.(2000) *How People Learn: Brain, Mind, Experience, and School*, Washington DC: National Academies Press.

Brattesani, K.A., Weinstein, R.S. and Marshall, H.H.(1984) 'Student perceptions of differential teacher treatment as moderators of teacher expectation effects', *Journal of Educational Psychology*, 76: 236–247.

Brophy, J.E.(1982) 'How teachers influence what is taught and learned in classrooms', *The Elementary School Journal*, 83: 1–13.

Brophy, J.E.(1983) 'Research on the self-fulfilling prophecy and teacher expectations',

Journal of Educational Psychology, 75: 631–661.

Brophy, J.E.(1985) 'Teacher-student interaction', in J.B. Dusek (ed.) *Teacher Expectancies*, pp.303–328, Hillsdale, NJ: Lawrence Erlbaum.

Brophy, J.E. and Good, T.L.(1970a) 'Teachers' communication of differential expectations for children's classroom performance: some behavioral data', *Journal of Educational Psychology*, 61: 365–374.

Brophy, J.E. and Good, T.L.(1970b) 'Teacher-child dyadic interaction system', in A. Simon and E.G. Boyer, *Mirrors for Behavior: An Anthology of Observation Instruments Continued*, 1970 supplement, vol.A, Philadelphia, PA: Research for Better Schools.

Brophy, J.E. and Good, T.L.(1974) *Teacher-Student Relationships: Causes and Consequences*, New York: Holt, Rinehart and Winston.

Brophy, J.E. and Good, T.L.(1986) 'Teacher behavior and student achievement', in M. Wittrock (ed.) *Handbook of Research on Teaching*, 3rd edn, pp.328–375, New York: Macmillan.

Bruner, J.(1996) *The Culture of Education*, Cambridge, MA: Harvard University Press.

Burris, C.C. and Welner, K.G.(2005) 'Closing the achievement gap by detracking', *The Phi Delta Kappan*, 86: 594–598.

Burris, C.C., Wiley, E., Welner, K. and Murphy, J.(2008) 'Accountability, rigor, and detracking: achievement effects of embracing a challenging curriculum as a universal good for all students', *Teachers College Record*, 110: 571–607.

Butterworth, B. and Weinstein, R.S.(1996) 'Enhancing motivational opportunity in elementary schooling: a case study of the ecology of principal leadership', *The Elementary School Journal*, 97: 57–80.

Cahan, S., Linchevski, L., Ygra, N. and Danziger, I.(1996) 'The cumulative effect of ability grouping on mathematical achievement: a longitudinal perspective', *Studies in Educational Evaluation*, 22: 29–40.

Cain, K.M. and Dweck, C.S.(1995) 'The relation between motivational patterns and achievement cognitions through the elementary school years', *Merrill-Palmer Quarterly*, 41: 25–52.

Carless, D.(2006) 'Differing perceptions in the feedback process', *Studies in Higher Education*, 31: 219–233.

Cazden, C.(1988) *Interactions Between Māori Children and Pakeha Teachers*, Auckland, New Zealand: Auckland Reading Association.

Channouf, A., Mangard, C., Baudry, C. and Perney, N.(2005) 'The effect of salient social stereotypes on academic tracking decisions', *European Review of Applied Psychology/ Revue Européenne de Psychologie Appliquée*, 55: 217–223.

Cheeseman Day, J. and Newburger, E.C.(2002) *The Big Payoff: Educational Attainment and Synthetic Estimates of Work-life Earnings*, Washington, DC: U.S. Census Bureau Special Studies, available online at: www.census.gov/prod/2002pubs/p23–201.pdf.

Chorzempa, B.F. and Graham, S.(2006) 'Primary-grade teachers' use of within-class ability grouping in reading', *Journal of Educational Psychology*, 98: 529–541.

Claiborn, W.L.(1969) 'Expectancy effects in the classroom: a failure to replicate', *Journal of Educational Psychology*, 60: 377–383.

Clark, M.(1990) *The Great Divide: Gender in the Primary School*, Canberra, Australia: Australian Government Publishing Service: Department of Employment, Education and Training.

Clarke, S., Timperley, H.S. and Hattie, J.(2003) *Unlocking Formative Assessment: Practical Strategies for Enhancing Students' Learning in the Primary and Intermediate Classroom*, Auckland, New Zealand: Hodder Moa Beckett.

Cole, D.J., Ryan, C.W. and Kick, F.(1995) *Portfolios Across the Curriculum and Beyond*, Thousand Oaks, CA: Corwin Press.

Conn, L.K., Edwards, C.N., Rosenthal, R. and Crowne, D.(1968) 'Perception of emotion and response to teachers' expectancy by elementary school children', *Psychological Reports*, 22: 27–34.

Cooper, H.M.(1979) 'Pygmalion grows up: a model for teacher expectation communication and performance influence', *Review of Educational Research*, 49: 389–410.

Cooper, H.M.(1985) 'Models of teacher expectation communication', in J.B. Dusek (ed.) *Teacher Expectancies*, pp.135–158, Hillsdale, NJ: Lawrence Erlbaum.

Cooper, H.M. and Good, T.L.(1983) *Pygmalion Grows Up: Studies in the Expectation Communication Process*, New York: Longman.

Cooper, H.M., Baron, R.M. and Lowe, C.A.(1985) 'The importance of race and social class information in the formation of expectancies about academic performance', *Journal of Educational Psychology*, 67: 312–319.

Covington, M.V.(2000) 'Goal theory, motivation, and school achievement: an integrative review', *Annual Review of Psychology*, 51: 171–200.

Crosnoe, R., Morrison, F., Burchinal, M., Pianta, R., Keating, D., Friedman, S.L. and Clarke-Stewart, K.A.(2010) 'Instruction, teacher-student relations, and math achievement trajectories in elementary school', *Journal of Educational Psychology*, 102: 407–417.

Darley, J.M. and Fazio, R.H.(1980) 'Expectancy confirmation processes arising in the social interaction sequence', *American Psychologist*, 35: 867–881.

Darling Hammond, L. and Prince, C.D.(2007) *Strengthening Teacher Quality in High-Need Schools: Policy and Practice*, Washington DC: Council of Chief State School Officers.

Davenport, L.R.(1993) *The Effects of Homogeneous Groupings in Mathematics*, Columbus, OH: ERIC Clearinghouse for Science, Mathematics and Environmental Education.

De Boer, H., Bosker, R.J. and Van Der Werf, M.(2010) 'Sustainability of teacher expectation bias effects on long-term student performance', *Journal of Educational Psychology*, 102: 168–179.

Dey, I.(1993) *Qualitative Data Analysis: A User-friendly Guide for Social Scientists*, London: Routledge.

Dirkx, J.M. and Spurgin, M.E.(1992) 'Implicit theories of adult basic education teachers: how their beliefs about students shape classroom practice', *Adult Basic Education*, 2: 20–41.

Dixon, R., Peterson E.R., Rubie-Davies, C., Widdowson, D. and Robertson, J.(2008) *Student, Teacher and Parental Beliefs and Expectations About Learning and Their Impact on Student Achievement and Motivation,* Auckland, New Zealand: The University of Auckland.

Dodge, K.A., Landsford, J.E., Burks, V.S., Bates, J.E., Pettit, G.S., Fontaine, R. and Price, J.M. (2003) 'Peer rejection and social information processing factors in the development of aggressive behavior problems in children', *Child Development*, 74: 374–393.

Downer, J.T., Rimm-Kaufman, S.E. and Pianta, R.C.(2007) 'How do classroom conditions and children's risk for school problems contribute to children's behavioral engagement in learning?' *School Psychology Review*, 36: 413–432.

Dusek, J.B.(1985) 'Introduction to teacher expectancy research', in J.B. Dusek (ed.) *Teacher Expectancies*, pp.1–6, Hillsdale, NJ: Lawrence Erlbaum.

Dusek, J. and Joseph, G.(1983) 'The bases of teacher expectancies: a meta-analysis', *Journal of Educational Psychology*, 75: 327–346.

Dusek, J.B. and Joseph, G.(1985) 'The bases of teacher expectancies' in J.B.Dusek (ed.) *Teacher Expectancies*, pp.229–250, Hillsdale, NJ: Lawrence Erlbaum.

Dweck, C.S.(1999) *Self Theories: Their Role in Motivation, Personality and Development,* Philadelphia, PA: Psychology Press.

Dweck, C.S.(2006) *Mindset: the New Psychology of Success*, New York: Random House.

Dweck, C.S.(2009) 'Can we make our students smarter?' *Education Canada*, 49: 56–57.

Dweck, C.S.(2010) 'Mind-sets and equitable education', *Principal Leadership*, 10: 26–29.

Dweck, C.S.(2012) 'Mindsets and human nature: promoting change in the Middle East, the schoolyard, the racial divide, and willpower', *American Psychologist*, 67: 614–622.

Dweck, C.S., Davidson, W., Nelson, S. and Enna, B.(1978) 'Sex differences in learned helplessness, II: the contingencies of evaluative feedback in the classroom, and III: an experimental analysis', *Developmental Psychology*, 14: 268–276.

Dweck, C.S., Mangels, J.A. and Good, C.(2004) 'Motivational effects on attention, cognition, and performance', in D.Y. Dai and R.J. Sternberg(eds) *Motivation, Emotion, and Cognition: integrative perspectives on intellectual functioning and development*, pp.41–55, Mahwah, NJ: Lawrence Erlbaum.

Eccles (Parsons) , J., Adler, T.F., Futterman, R., Goff, S.B., Kaczala, C.M., Meece, J.L. and Midgley, C.(1983) 'Expectancies, values, and academic behaviors', in J.T. Spence (ed.) *Achievement and Achievement Motivation,* pp.75–146, San Francisco, CA: W.H. Freeman.

Eccles, J. and Wigfield, A.(1985) 'Teacher expectations and student motivation', in J.B. Dusek (ed.) *Teacher Expectancies*, pp.185–226, Hillsdale, NJ: Lawrence Erlbaum.

Elashoff, J.D. and Snow, R.E.(1971) *Pygmalion Reconsidered*, Worthington, OH: Jones.

Elliott, E. and Harackiewicz, J.M.(1996) 'Approach and avoidance achievement goals and intrinsic motivation: a mediational analysis', *Journal of Personality and Social Psychology*, 70: 461–475.

Ennis, C.D.(1995) 'Teachers' responses to noncompliant students: the realities and consequences of a negotiated curriculum', *Teaching and Teacher Education*, 11: 445–460.

Ennis, C.D.(1998) 'Shared expectations: creating a joint vision for urban schools', in J.Brophy (ed.) *Advances in Research on Teaching: Expectations in the Classroom*, Greenwich, CT: JAI Press.

Entwisle, D.R. and Alexander, K.L.(1988) 'Factors affecting achievement test scores and marks of black and white first graders', *The Elementary School Journal*, 88: 449–471.

Entwisle, D.R. and Hayduk, L.A.(1978) *Too Great Expectations: the Academic Outlook of Young Children*, Baltimore, MD: The Johns Hopkins University Press.

Evans, J. and Rosenthal, R.(1969, August) 'Interpersonal self-fulflling prophecies: further extrapolations from the laboratory to the classroom', *Proceedings of the 77th Annual Convention of the American Psychological Association*: 371–372.

Fang, Z.(1996) 'A review of research on teacher beliefs and practices', *Educational Research*, 38: 47–65.

Fast, L.A., Lewis, J.L., Bryant, M.J., Bocian, K.A. Cardullo, R.A., Rettig, M. and Hammond, K.A.(2010) 'Does math self-efficacy mediate the effect of the perceived classroom environment on standardized math test performance?' *Journal of Educational Psychology*, 102: 729–740.

Fennema, E. and Sherman, J.A.(1976) 'Fennema-Sherman mathematics attitudes scales: instruments designed to measure attitudes towards the learning of mathematics by females and males', *Journal for Research in Mathematics Education*, 7: 324–326.

Flowerday, T. and Schraw, G.(2000) 'Teacher beliefs about instructional choice: a phenomenological study', *Journal of Educational Psychology*, 92: 634–645.

Flynn, J.M. and Rahbar, M.H.(1994) 'Prevalence of reading failure in boys compared with girls', *Psychology in the Schools*, 31: 66–71.

Fraser, B.J., Anderson, G.J. and Walberg, H.J.(1982) *Assessment of Learning Environments: manual for Learning Environment Inventory (LEI) and My Class Inventory (MCI)*, Perth: Western Australian Institute of Technology.

Fraser, B.J. and O'Brien, P.(1985) 'Student and teacher perceptions of the environment of elementary school classrooms', *The Elementary School Journal*, 85: 567–580.

Fredrickson, B.L.(2009) *Positivity: Top-notch Research Reveals the 3-to-1 Ratio That Will Change Your Life*, New York: Three Rivers Press.

Freeman, K.E., Gutman, L.M. and Midgley, C.(2002) 'Can achievement goal theory enhance our understanding of the motivation and performance of African American young adolescents?' in C.Midgley (ed.) *Goals, Goal Structures and Patterns of Adaptive Learning*, pp. 175–204, Mahwah, NJ: Lawrence Erlbaum.

Fuligni, A.J., Eccles, J.S. and Barber, B.L.(1995) 'The long-term effects of seventh-grade ability grouping in mathematics', *Journal of Early Adolescence*, 15: 58–89.

Gamoran, A.(1992) 'Is ability grouping equitable?' *Educational Leadership*, 50: 11–17.

Good, T.L.(1987) 'Teacher expectations', in D.C. Berliner and B.V. Rosenshine (eds) *Talks to Teachers*, pp.158–200, New York: Random House.

Good, T.L. and Brophy, J.E.(1974) 'Changing teacher and student behavior: an empirical investigation', *Journal of Educational Psychology*, 66: 390–405.

Good, T.L. and Brophy, J.E.(2008) 'Teacher expectations', in *Looking in Classrooms*, 10th edn, pp.47–50, New York: Addison-Wesley Educational.

Good, T.L. and Findley, M.J.(1985) 'Sex role expectations and achievement', in J.B. Dusek (ed.) *Teacher Expectancies,* pp.271–300, Hillsdale, NJ: Lawrence Erlbaum.

Good, T.L. and Grouws, D.A.(1977) 'Teaching effects: a process-product study in fourth-grade mathematics classrooms', *Journal of Teacher Education*, 28: 49–54.

Good, T.L. and Thompson, E.K.(1998) 'Research on the communication of performance expectations: a review of recent perspectives', in J.E.Brophy (ed.) *Advances in Research on Teaching: Expectations in the Classroom*, Greenwich, CT: JAI Press.

Good, T.L. and Weinstein, R.S.(1986) 'Classroom expectations: one framework for exploring expectations', in K.K. Zumwalt (ed.) *1986 ASCD Yearbook: improving teaching*, Alexandria, VA: Association for Supervision and Curriculum Development.

Gregory, R.P.(1984) 'Streaming, setting and mixed ability grouping in primary and secondary schools: some research findings', *Educational Studies*, 10: 209–226.

Grieger, R.M.I.(1970) 'The effects of teacher expectancies on the intelligence of students and the behavior of teachers', *Dissertation Abstracts International*, 31, 3338A.

Gut, J., Reimann, G. and Grob, A.(2013) 'A contextualized view on long-term predictors of academic performance', *Journal of Educational Psychology*, 105: 436–443.

Hacker, R.G., Rowe, M.J. and Evans, R.D.(1992) 'The influences of ability groupings for secondary science lessons upon classroom processes: part 2', *School Science Review*, 73: 119–123.

Hall, K. and Harding, A.(2003) 'A systematic review of effective literacy teaching in the 4 to 14 age range of mainstream schooling', in *Research Evidence in Education Library*, London: EPPI-Centre, Social Science Research Unit, Institute of Education.

Hall, V.C. and Merkel, S.P.(1985) "Teacher expectancy effects and educational psychology', in J.B. Dusek (ed.) *Teacher Expectancies*, pp.67–92, Hillsdale, NJ: Lawrence Erlbaum.

Hallam, S., Ireson, J. and Davies, J.(2004) 'Primary pupils' experiences of different types of grouping in school', *British Educational Research Journal*, 30: 515–533.

Hamre, B.K. and Pianta, R.C.(2001) 'Early teacher-child relationships and the trajectory of children's school outcomes through eighth grade', *Child Development*, 72: 625–638.

Hamre, B.K. and Pianta, R.C.(2005) 'Can instructional and emotional support in the first-grade classroom make a difference for children at risk of school failure?', *Child Development*, 76: 949–967.

Hamre, B.K. and Pianta, R.C.(2007) 'Learning opportunities in preschool and early elementary classrooms', in R.C. Pianta, M.S. Cox and K.L. Snow (eds) *School Readiness and the Transition to Kindergarten in the Era of Accountability*, pp.49–83, Baltimore, MD: Brookes.

Hamre, B.K., Pianta, R.C., Mashburn, A.J. and Downer, J.T.(2010) 'Building a science of classrooms: application of the CLASS framework in over 4,000 U.S. early childhood and elementary classrooms', available online at Foundation for Child Development website: http: //fcd-us.org/sites/default/files/BuildingAScienceOfClassroomsPiantaHa mre.pdf(accessed 25 April 2013).

Hanushek, E.A. and Woessmann, L.(2005) 'Does educational tracking affect performance and inequality? Differences-in-differences evidence across countries', *CESifo Working Paper No. 1415*, available online at: www.CESifo.de (accessed 17 April 2013) .

Harlen, W. and Malcolm, H.(1997) *Setting and Streaming: a Research Review*, Edinburgh: The Scottish Council for Research in Education.

Harold, R.D., Eccles, J.S., Jacobs, J., Wigfield, A., Blumenfeld, P. and Aberbach, A.(1989, March) 'In the eye of the beholder: teachers as perceivers', paper presented at the annual meeting of the American Educational Research Association, San Francisco.

Harris, M.J. and Rosenthal, R.(1985) 'Mediation of interpersonal expectancy effects: 31 meta-analyses', *Psychological Bulletin, 97*, 363–386.

Hastie, S.K.(2013) 'Setting academic achievement goals in primary schools', unpublished doctoral thesis, University of Auckland, New Zealand.

Hatchell, H.(1998) 'Girls' entry into higher secondary sciences', *Gender and Education*, 10: 375–386.

Hattie, J.(2003a, October) 'Teachers make a difference: what is the research evidence?', paper presented at the Australian Council for Educational Research Annual Conference on Building Teacher Quality, Melbourne, Australia.

Hattie, J.A.C.(2003b, February) 'New Zealand education snapshot', paper presented at the Knowledge Wave conference, Auckland, New Zealand.

Hattie, J.(2009) *Visible Learning: A Synthesis of Over 800 Meta-analyses Relating to Achievement*, London: Routledge.

Hattie, J.A.C. and Brown, G.T.L.(2004, September) *Cognitive Processes in asTTle: the SOLO taxonomy*, asTTle Technical Report 43, New Zealand: University of Auckland/Ministry of Education.

Hattie, J. and Yates, G.(2013, August) 'Understanding learning: lessons for learning, teaching and research', in *How the Brain Learns: What Lessons Are There for Teaching?*, Plenary paper conference proceedings, ACER, Melbourne.

Hayes, S.C., Rosenfarb, I., Wulfert, E., Munt, E.D., Korn, Z. and Zettle, R.D.(1985) 'Self-reinforcement effects: an artifact of social standard setting', *Journal of Applied Behavior Analysis*, 18: 201–214.

Hidi, S. and Harackiewicz, J.M.(2000) 'Motivating the academically unmotivated: a critical issue for the 21st century', *Review of Educational Research*, 70: 151–179.

Hinnant, J.B., O'Brien, M.O. and Ghazarian, S.R.(2009) 'The longitudinal relations of teacher expectations to achievement in the early school years', *Journal of Educational Psychology*, 101: 662–670.

Hoffer, T.B.(1992) 'Middle school ability grouping and student achievement in science and mathematics', *Educational Evaluation and Policy Analysis*, 14: 205–227.

Hornby, G., Witte, C. and Mitchell, D.(2011) 'Policies and practices of ability grouping in New Zealand intermediate schools', *Support for Learning*, 26: 92–96.

Houtveen, T. and Van de Grift, W.(2001) 'Inclusion and adaptive instruction in elementary education', *Journal of Education for Students Placed at Risk*, 6: 389–409.

Huss-Keeler, R.L.(1997) 'Teacher perception of ethnic and linguistic minority parental involvement and its relationships to children's language and literacy learning: a case study, *Teaching and Teacher Education*, 13: 171–182.

Ireson, J., Hallam, S. and Hurley, C.(2005) 'What are the effects of ability grouping in GCSE attainment?', *British Educational Research Journal*, 31: 443–458.

Jerome, E.M., Hamre, B.K. and Pianta, R.C.(2009) 'Teacher-child relationships from kindergarten to sixth grade: early childhood predictors of teacher-perceived conflict and closeness', *Social Development*, 18: 915–945.

Jordan, A. and Stanovich, P.(2001) 'Patterns of teacher-student interaction in inclusive elementary classrooms and correlates with student self-concept', *International Journal of Disability, Development and Education*, 48: 33–52.

Jose, J. and Cody, J.(1971) 'Teacher-pupil interaction as it relates to attempted changes in teacher expectancy of academic ability and achievement', *American Educational Research Journal*, 8: 39–49.

Jussim, L.(1989) 'Teacher expectations: self-fulfilling prophecies, perceptual biases and accuracy', *Journal of Personality and Social Psychology*, 57: 469–480.

Jussim, L. and Eccles, J.S.(1992) 'Teacher expectations II: construction and reflection of student achievement', *Journal of Personality and Social Psychology*, 63: 947–961.

Jussim, L., Eccles, J.S. and Madon, S.(1996) 'Social perception, social stereotypes, and teacher expectations: accuracy and the quest for the powerful self-fulfilling prophecy', in M.P. Zanna (ed.) *Advances in Experimental Social Psychology*, pp.281–388, San Diego, CA: Academic Press.

Jussim, L. and Harber, K.D.(2005) 'Teacher expectations and self-fulfilling prophecies: knowns and unknowns, resolved and unresolved controversies', *Personality and Social Psychology Review*, 9: 131–155.

Jussim, L., Robustelli, S.L. and Cain, T.R.(2009) 'Teacher expectations and self-fulfilling prophecies', in K.R. Wentzel and A. Wigfield (eds) *Handbook of Motivation in School*, pp.349–380, New York: Routledge.

Jussim, L., Smith, A., Madon, S. and Palumbo, P.(1998) 'Teacher expectations', in J.E. Brophy (ed.) *Advances in Research on Teaching: Expectations in the Classroom*, pp.1–48, Greenwich, CT: JAI Press.

Keogh, B.K.(2000) 'Risk, families and schools', *Focus on Exceptional Children*, 33: 1–12.

Kerckhoff, A.C.(1986) 'Effects of ability grouping in British secondary schools', *American Sociological Review*, 51: 842–852.

Kerin, A.(1987) 'One to one interaction in junior classes', unpublished master's thesis, University of Auckland, New Zealand.

Kerman, S.(1979) 'Why did you call on me? I didn't have my hand up!' Teacher expectations and student achievement', *Phi Delta Kappan*, 60: 716–718.

Kruschke, J.K., Aguinis, H. and Joo, H.(2012) 'The time has come: Bayesian methods for data analysis in the organizational sciences', *Organizational Research Methods*, 15: 722–752.

Kuklinski, M.R. and Weinstein, R.S.(2000) 'Classroom and grade level differences in the stability of teacher expectations and perceived differential treatment', *Learning Environments Research*, 3: 1–34.

Kuklinski, M.R. and Weinstein, R.S.(2001) 'Classroom and developmental differences in a path model of teacher expectancy effects', *Child Development*, 72: 1554–1578.

Laker, A., Laker, J.C. and Lea, S.(2003) 'School experience and the issue of gender', *Sport, Education and Society*, 8: 73–89.

Li, Z.(2014) 'Normative teacher expectation effects in a new context: first-year foreign language classrooms at university', unpublished doctoral thesis, University of Auckland, New Zealand.

Liem, G.A.D., Marsh, H.W., Martin, A.J., Mcinerney, D.M. and Yeung, A.S.(2013) 'The big-fish-little-pond effect and a national policy of within-school ability streaming: alternative frames of reference', *American Educational Research Journal*, 50: 326–370.

Linchevski, L. and Kutscher, B.(1998) 'Tell me with whom you're learning, and I'll tell you how much you've learned: mixed ability versus same-ability grouping in mathematics', *Journal for Research in Mathematics Education*, 29: 533–554.

Locke, E.A.(1965) 'Interaction of ability and motivation in performance', *Perceptual and Motor Skills*, 21: 719–725.

Locke, E.A. and Latham, G.P.(1990) *A Theory of Goal Setting and Performance*, Englewood Cliffs, NJ: Prentice Hall.

Locke, E.A., Shaw, K.N., Saari, L.M. and Latham, G.P. (1981) 'Goal setting and task performance', *Psychological Bulletin*, 90: 125–152.

Luckner, A.E. and Pianta, R.C.(2011) 'Teacher-student interactions in fifth grade classrooms: relations with children's peer behavior', *Journal of Applied Developmental Psychology*, 32: 257–266.

Lumsden, L.(1998) 'Teacher expectations: what is professed is not always practiced', *Journal of Early Education and Family Review*, 5: 21–24.

Lyubomirsky, S., King, L. and Diener, E.(2005) 'The benefits of frequent positive affect: does happiness lead to success?' *Pyschological Bulletin*, 131: 803–855.

McInerney, D.M., Cheng, R.W.Y., Mok, M.M.C. and Lam, A.K.H.(2012) 'Academic self-concept and learning strategies: direction of effect on student academic achievement', *Journal of Advanced Academics*, 23: 248–268.

McInerney, D.M., Roche, L.A., Mcinerney, V. and Marsh, H.W.(1997) 'Cultural perspectives on school motivation: the relevance and application of goal theory', *American Educational Research Journal*, 34: 207–236.

Macintyre, H. and Ireson, J. (2002) 'Within-class ability grouping: placement of pupils in groups and self-concept', *British Educational Research Journal*, 28: 249–263.

McKown, C.(2012) 'Social equity theory and racial-ethnic achievement gaps', *Child Development*, 84: 1120–1136.

McKown, C. and Weinstein, R.S.(2002) 'Modeling the role of child ethnicity and gender in children's differential response to teacher expectations', *Journal of Applied Social Psychology* 32: 159–184.

McKown, C. and Weinstein, R.S.(2008) 'Teacher expectations, classroom context and the achievement gap', *Journal of School Psychology*, 46: 235–261.

McLachlan-Smith, C.J. and St George, A.(2000) 'Children learn by doing: teachers' beliefs about learning, teaching and literacy in New Zealand kindergartens', *New Zealand Journal of Educational Studies*, 35: 37–47.

Marcon, R.A.(1992) 'Differential effects of three preschool models on inner-city 4-year olds', *Early Childhood Research Quarterly*, 7: 517–530.

Marsh, H.W.(1987) 'The big-fish-little-pond effect on academic self-concept', *Journal of Educational Psychology*, 79: 280–295.

Marsh, H.W.(1990) *Self Description Questionnaire-1*, Campbelltown, NSW, Australia: University of Western Sydney, available online at: www.uws.edu.au/cppe/research/instruments (accessed 12 January 2011) .

Martin, A.J.(2010a) *The Motivation and Engagement Scale*, Sydney, Australia: Lifelong Achievement Group(www.lifelongachievement.com) .

Martin, A.J.(2010b) *Building Classroom Success: Eliminating Academic Fear and Failure*, London: Continuum.

Martin, A.J.(2013) 'Goal setting and personal best goals', in J. Hattie and E. Anderman (eds) *International Guide to Student Achievement*, London: Routledge.

Martinek, T.J.(1980) 'Stability of teachers' expectations for elementary school aged children', *Perceptual and Motor Skills*, 51: 1269–1270.

Mason, D.A., Schroeter, D.D., Combs, R.K. and Washington, K.(1992) 'Assigning average-achieving eighth graders to advanced mathematics classes in urban junior high', *Elementary School Journal*, 92: 587–599.

Maxwell, M.L.(1970) 'A study of the effects of teacher expectation in the IQ and academic performance of children', *Dissertation Abstracts International*, 3345A.

Meece, J.L. and Miller, S.D.(1999) 'Changes in elementary school children's achievement goals for reading and writing: results of a longitudinal and an intervention study', *Scientific Studies of Reading*, 3: 207–229.

Mento, J.L., Locke, E.A. and Klein, H.(1992) 'Relationship of goal level to valence and instrumentality', *Journal of Applied Psychology*, 77: 395–405.

Merton, R.K.(1948) 'The self-fulfilling prophecy', *The Antioch Review*, 8: 193–210.

Meyer, W.J.(1985) 'Summary, integration and prospective', in J.B. Dusek (ed.) *Teacher Expectancies*, pp.353–370, Hillsdale, NJ: Lawrence Erlbaum.

Midgley, C., Maehr, M.L., Hruda, L.Z., Anderman, E., Anderman, L., Freeman, K.E., Gheen, M., Kaplan, A., Kumar, R., Middleton, MJ., Nelson, J., Roeser, R. and Urdan, T.(2000) *Manual for the Patterns of Adaptive Learning Scales*, Ann Arbor, MI: University of Michigan.

Ministry of Education(2010) 'e-asTTle: the basics', available online at: http: //e-asttle.tki. org.nz/About-e-asTTle/Basics (accessed 13 November 2013) .

Mistry, R.S., White, E.S., Benner, A.D. and Huynh, V.W.(2009) 'A longitudinal study of the simultaneous influence of mothers' and teachers' educational expectations on low-income youth's academic achievement', *Journal of Youth and Adolescence*, 38: 826–838.

Mitman, A.L. and Snow, R.E.(1985) 'Logical and methodological problems in teacher expectancy research', in J.B. Dusek (ed.) *Teacher Expectancies*, pp.93–131, Hillsdale, NJ: Lawrence Erlbaum.

Moreno, J.(1943) 'Sociometry in the classroom', *Sociometry*, 6: 425–428.

Morisano, D.(2012) 'Goal setting in the academic arena', in E.A.Locke and G.P. Latham(eds) *New Developments in Goal Setting and Task Performance*, pp.495–506, London: Routledge.

Muller, C., Katz, S.R. and Dance, J.(1999) 'Investing in teaching and learning', *Urban Education*, 34: 292–337.

Murdock, T.B.(1999) 'The social context of risk: status and motivational predictors of alienation in middle school', *Journal of Educational Psychology*, 91: 62–75.

Nair, C. and Fisher, D.L.(1999, August) 'A learning environment study of tertiary classrooms', paper presented at Western Australian Institute for Educational Research Forum, Freemantle, WA, Australia.

Nair, C. and Fisher, D.L.(2000, January) 'Validation and application of a personalised form of a learning environment questionnaire for use in tertiary science classrooms', paper presented at the Second International Conference on Science, Mathematics and Technology Education, Taipei, Taiwan.

National Association of School Psychologists (2006) 'Position statement on ability grouping and tracking', available online at: www.nasponline.org/resources/factsheets/highstakes_fs.aspx (accessed 4 April 2014) .

NICHD Early Child Care Research Network (2005) 'A day in third grade: a large-scale study of classroom quality and teacher and student behavior', *The Elementary School Journal*, 105: 305–323.

Nicolaidou, I.(2012) 'Can process portfolios affect students' writing self-efficacy?' *International Journal of Educational Research*, 56: 10–22.

Nieto, S.(1996) *Affirming Diversity*, New York: Longman Paul.

Noddings, N.(1992) *The Challenge to Care in Schools: An Alternative Approach to Education*, New York: Teachers College Press.

Oakes, J.(1985) *Keeping Track: How Schools Structure Inequality*, Binghamton, NY: Yale University.

Oakes, J.(1988) 'Tracking in mathematics and science education: a structural contribution to unequal schooling', in L.Weiss (ed.) *Class, Race and Gender in American Education*, pp.106–125, Albany, NY: State University of New York Press.

Oakes, J.(1990a) *Multiplying Inequalities: The Effects of Race, Social Class, and Tracking on Opportunities to Learn Mathematics and Sciences*, Santa Monica, CA: Rand Corporation.

Oakes, J.(1990b) 'Opportunities, achievement, and choice: women and minority students in science and mathematics', *Review of Research in Education*, 16: 153–222.

Oakes, J.(1992) 'Can tracking research inform practice? Technical, normative, and political considerations', *Educational Researcher*, 4: 12–21.

Oakes, J., Gamoran, A. and Page, R.N.(1992) 'Curriculum differentiation, opportunities, outcomes and meanings', in P. Jackson (ed.) *Handbook of Research on Curriculum*, pp.590–608, New York: Macmillan.

Obiakor, F.E.(1999) 'Teacher expectations of minority exceptional learners: impact on "accuracy" of self-concepts', *Exceptional Children*, 66: 39–53.

Olson, D.R. and Bruner, J.S.(1996) 'Folk psychology and folk pedagogy', in D.R.Olson and N. Torrance (eds) *The Handbook of Education and Human Development: New Models of Learning, Teaching and Schooling*, pp.9–27, Cambridge, MA: Blackwell.

Page, R.N.(1991) *Lower Track Classrooms: A Curricular and Cultural Perspective*, New York: Teachers College Press.

Page, S. and Rosenthal, R.(1990) 'Sex and expectations of teachers and sex and race of students as determinants of teaching behavior and student performance', *Journal of School Psychology*, 28: 119–131.

Pajares, M.F.(1996) 'Self-efficacy beliefs in academic settings', *Review of Educational Research*, 66: 543–578.

Palardy, J.(1969) 'What teachers believe—what children achieve', *Elementary School Journal*, 69: 370–374.

Palincsar, A. and Brown, A.(1984) 'Reciprocal teaching of comprehension-fostering and comprehension-monitoring activities', *Cognition and Instruction*, 1: 117–175.

Patrick, H.(2013, July) 'Measuring and observing effective classrooms', paper presented at the Social Psychology of the Classroom International Conference, Auckland, New Zealand.

Patrick, H., Anderman, L.H. and Ryan, A.M.(2002) 'Social motivation and the classroom social environment', in C. Midgley (ed.) *Goals, Goal Structures, and Patterns of Adaptive Learning*, pp.85–108, Mahwah, NJ: Lawrence Erlbaum.

Patrick, H., Anderman, L.H., Ryan, A.M., Edelin, K. and Midgely, C.(2001) 'Teachers' communication of goal orientations in four fifth-grade classrooms', *Elementary School Journal*, 102: 35–58.

Pellegrini, A.D. and Blatchford, P.(2000) *The Child at School: Interactions with Peers and Teachers*, London: Arnold.

Peterson, J.M.(1989) 'Tracking students by their supposed abilities can derail learning', *The American School Board Journal*, 176: 38.

Peterson, S.(1998) 'Evaluation and teachers' perceptions of gender in sixth-grade student writing', *Research in the Teaching of English*, 33: 181–208.

Phan, H.P.(2009) 'Relations between goals, self-efficacy, critical thinking and deep processing strategies: a path analysis', *Educational Psychology*, 29: 777–799.

Phillips, N.H.(1992) 'Two-tiered kindergartens: effective for at-risk 5-year olds?', *Early Childhood Research Quarterly*, 7: 205–224.

Pianta, R.C., Belsky, J., Vandergrift, N., Houts, R. and Morrison, F.J.(2008) 'Classroom effects on children's achievement trajectories in elementary school', *American Educational Research Journal*, 45: 365–397.

Pianta, R.C., Hamre, B.K. and Allen, J.P.(2012) 'Teacher-student relationships and engagement: conceptualizing, measuring, and improving the capacity of classroom interactions', in S.L.Christenson, A.L. Reschly and C.Wylie (eds) *Handbook of*

Research on Student Engagement, pp.365–386, New York: Springer.

Pianta, R.C. and Stuhlman, M.W.(2004) 'Teacher-child relationships and children's success in the first years of school', *School Psychology Review*, 33: 444–458.

Pidgeon, D.(1970) *Expectation and Pupil Performance*, Slough, UK: NFER.

Plewis, I.(1997) 'Inferences about teacher expectations from national assessment at key stage one', *British Journal of Educational Psychology*, 67: 235–247.

Proctor, C.P.(1984) 'Teacher expectations: a model for school improvement', *The Elementary School Journal*, 84: 469–481.

Qing, L.(1999) 'Teachers' beliefs and gender differences in mathematics: a review', *Educational Research*, 41: 63–76.

Rakoczy, K., Harks, B., Klieme, E., Blum, W. and Hochweber, J.(2013) 'Written feedback in mathematics: mediated by students' perception, moderated by goal orientation', *Learning and Instruction*, 27: 63–73.

Rappaport, M.M. and Rappaport, H.(1975) 'The other half of the expectancy equation: Pygmalion', *Journal of Educational Psychology*, 67: 531–536.

Raudenbush, S.W.(1984) 'Magnitude of teacher expectancy effects on pupil IQ as a function of the credibility of expectancy induction: a synthesis of findings from 18 experiments', *Journal of Educational Psychology*, 76: 85–97.

Reeve, J. and Jang, H.(2006) 'What teachers say and do to support students' autonomy during a learning activity', *Journal of Educational Psychology*, 98: 209–218.

Reyes, M.R., Brackett, M.A., Rivers, S.E., White, M. and Salovey, P.(2012) 'Classroom emotional climate, student engagement, and academic achievement', *Journal of Educational Psychology*, 104: 700–712.

Rist, R.C.(1970) 'Student social class and teacher expectations: the self-fulfilling prophecy in ghetto education', *Harvard Educational Review*, 40: 411–451.

Rist, R.C.(2000) 'Student social class and teacher expectations: the self-fulfilling prophecy in ghetto education', *Harvard Educational Review*, 70: 266–301.

Robinson, J.P. and Lubienski, S.T.(2011) 'The development of gender achievement gaps in mathematics and reading during elementary and middle school: examining direct cognitive assessments and teacher ratings', *American Educational Research Journal*, 48: 268–302.

Robinson, V.M.J.(2011) *Student-centered Leadership*, San Francisco, CA: Jossey-Bass.

Rolland, R.G.(2012) 'Synthesizing the evidence on classroom goal structures in middle and secondary schools: a meta-analysis and narrative review', *Review of Educational Research*, 82: 396–435.

Rosenthal, R.(1963) 'On the social psychology of the psychological experiment: the experimenter's hypothesis as unintended determinant of experimental results', *American Scientist*, 51: 268–283.

Rosenthal, R.(1974) *On the Social Psychology of the Self-Fulfilling Prophecy: Further Evidence for Pygmalion effects and Their Mediating Mechanisms*, New York: MSS Modular Publications.

Rosenthal, R.(1991) 'Teacher expectancy effects: a brief update 25 years after the Pygmalion experiment', *Journal of Research in Education*, 1: 3–12.

Rosenthal, R. and Fode, K.L.(1963) 'The effect of experimenter bias on the performance of the albino rat', *Behavioral Science*, 8: 183–189.

Rosenthal, R. and Jacobson, L.(1968) *Pygmalion in the Classroom: Teacher Expectation and Pupils' Intellectual Development*, New York: Holt, Rinehart and Winston.

Rosenthal, R. and Jacobson, L.(1992) *Pygmalion in the Classroom: teacher expectation and pupils' intellectual development*, Norwalk, CT: Irvington.

Rosenthal, R. and Rubin, D.B.(1978) 'Interpersonal expectancy effects: the first 345 studies', *The Behavioral and Brain Sciences*, 3: 377–386.

Ross, J.A.(1998) 'The antecedents and consequences of teacher efficacy', in J. Brophy (ed.) *Advances in Research on Teaching: expectations in the classroom*, pp.49–73, Greenwich, CT: JAI Press.

Rowe, E.W., Kim, S., Baker, J.A., Kamphaus, R.W. and Horne, A.M.(2010) 'Student personal perception of classroom climate: exploratory and confirmatory factor analyses', *Educational and Psychological Measurement*, 70: 858–879.

Rubie, C.M.(2004) 'Expecting the best: instructional practices, teacher beliefs and student outcomes', unpublished doctoral thesis, University of Auckland, New Zealand.

Rubie, C.M., Wilkinson, I., Parr, J.M. and Townsend, M.A.R.(2000, September) 'Sizing up and organising for instruction in the first weeks of school', paper presented at the International Reading Association Conference, Auckland, New Zealand.

Rubie-Davies, C.M.(2006) 'Teacher expectations and student self-perceptions: exploring relationships', *Psychology in the Schools*, 43: 537–552.

Rubie-Davies, C.M.(2007) 'Classroom interactions: exploring the practices of high and low expectation teachers', *British Journal of Educational Psychology*, 77: 289–306.

Rubie-Davies, C.M.(2008) 'Teacher beliefs and expectations: relationships with student learning', in C.M. Rubie-Davies and C. Rawlinson (eds) *Challenging Thinking about Teaching and Learning*, pp.25–39, Hauppauge, NY: Nova.

Rubie-Davies, C.M.(2010) 'Teacher expectations and perceptions of student attributes: is there a relationship?', *British Journal of Educational Psychology*, 80: 121–135.

Rubie-Davies, C.M.(2011) 'Growing more comfortable in my own skin: reflections on a kapa haka group experience', in P. Whitinui(ed.) *Kia Tangi te Tītī, Permission to Speak: Successful Schooling for Māori Students in the 21st Century*, pp.177–189, Wellington, New Zealand: NZCER Press.

Rubie-Davies, C.M.(2016) 'Related beliefs: the association of student beliefs about motivational constructs'.

Rubie-Davies, C.M., Flint, A. and Mcdonald, L.(2012) 'Teacher beliefs, teacher characteristics and school contextual factors: what are the relationships?' *British Journal of Educational Psychology*, 82: 270–288.

Rubie-Davies, C.M. and Hattie, J.C.(2012) 'The dangers of extreme positive responses in Likert scales administered to young children', *The International Journal of Educational and Psychological Assessment*, 11: 75–89.

Rubie-Davies, C.M., Hattie, J. and Hamilton, R.(2006) 'Expecting the best for New Zealand students: teacher expectations and academic outcomes', *British Journal of Educational Psychology*, 76: 429–444.

Rubie-Davies, C.M., Hattie, J., Townsend, M.A.R. and Hamilton, R.J.(2007) 'Aiming high:

teachers and their students', in V.N. Galwye (ed.) *Progress in Educational Psychology Research*, pp.65–91, Hauppauge, NY: Nova.

Rubie-Davies, C.M. and Peterson, E.R.(2011) 'Teacher expectations and beliefs: influences on the socioemotional environment of the classroom, in C.M. Rubie-Davies (ed.) *Educational Psychology: Concepts, Research and Challenges*, pp.134–149, London: Routledge.

Rubie-Davies, C.M., Peterson, E.R., Silbey, C.G. and Osbourne, D.(2016) 'Do teachers' and students' expectations matter? Exploring ethnic differences in teachers' and students' academic expectations'.

Rubie-Davies, C.M., Peterson, E.R., Sibley, C.G. and Rosenthal, R.(2015) 'A teacher expectation intervention: modelling the practices of high expectation teachers', *Contemporary Educational Psychology*. doi: 10.1016/j.cedpsych.2014.03.003.

Ryan, A.M. and Patrick, H.(2001) 'The classroom social environment and changes in adolescents' motivation and engagement during middle school', *American Educational Research Journal*, 38: 437–460.

St George, A.(1983) 'Teacher expectations and perceptions of Polynesian and Pakeha pupils and the relationship to classroom behaviour and school achievement', *British Journal of Educational Psychology*, 53: 48–59.

Salonen, P., Lehtinen, E. and Olkinuora, E.(1998) 'Expectations and beyond: the development of motivation and learning in a classroom context', in J. Brophy (ed.) *Advances in Research on Teaching: Expectations in the Classroom*, pp.111–150, Greenwich, CT: JAI Press.

Schunk, D.H.(1980, August) 'Proximal goal facilitation of children's achievement and interest', paper presented at the Annual Convention of the American Psychological Association, Quebec, Canada.

Schunk, D.H.(1983) 'Goal difficulty and attainment information: effects on children's achievement behaviors', *Human Learning: Journal of Practical Research and Applications*, 2: 107–117.

Shavelson, R.J. and Stern, P.(1981) 'Research on teachers' pedagogical thoughts, judgments, decisions, and behavior,' *Review of Educational Research*, 51: 455–498.

Shih, S.S.(2005) 'Taiwanese sixth graders' achievement goals and their motivation, strategy use, and grades: an examination of the multiple goal perspective', *Elementary School Journal*, 106: 39–58.

Shute, V.J.(2008) 'Focus on formative feedback', *Review of Educational Research*, 78: 153–189.

Sieijts, G.H., Latham, G.P. and Woodwark, M.(2012) 'Learning goals: a qualitative and quantitative review', in E.A. Locke and G.P. Latham(eds) *New Developments in Goal Setting and Task Performance*, pp.195–212, London: Routledge.

Slaughter-Defoe, D.T., Nakagawa, K., Takanishi, R. and Johnson, D.J.(1990) 'Toward cultural/ecological perspectives on schooling and achievement in African- and Asian-American children', *Child Development*, 61: 363–383.

Slavin, R.E.(1987) 'Ability grouping and student achievement in elementary schools: a bestevidence synthesis', *Review of Educational Research*, 57: 293–336.

Slavin, R.E.(1993) 'Ability grouping in middle grades: achievement effects and alternatives', *Elementary School Journal*, 18: 535–552.

Smith, C.M.M. and Sutherland, M.J.(2006) 'Setting or mixed ability? Pupils' views of the organizational arrangement in their school', *Journal of Research in Special Educational Needs*, 6: 69–75.

Smith, M.L.(1980) 'Teacher expectations', *Evaluation in Education*, 4, 53–55.

Snow, R.E.(1969) 'Unfinished Pygmalion [review of Pygmalion in the classroom]', *Contemporary Psychology*, 14: 197–199.

Snow, R.E.(1995) 'Pygmalion and intelligence?', *Current Directions in Psychological Science*, 4: 169–171.

Solomon, D., Battistich, V. and Hom, A.(1996) 'Teacher beliefs and practices in schools serving communities that differ in socioeconomic level', *The Journal of Experimental Education*, 64: 327–347.

Soodak, L.C. and Podell, D.M.(1996) 'Teacher efficacy: toward the understanding of a multi-faceted construct', *Teaching and Teacher Education*, 12: 401–411.

Soodak, L.C. and Podell, D.M.(1998) 'Teacher efficacy and the vulnerability of the difficult-to-teach student', in J. Brophy (ed.) *Advances in Research on Teaching: Expectations in the Classroom*, pp.75–109, Greenwich, CT: JAI Press.

Sorhagen, N.S.(2013) 'Early teacher expectations disproportionately affect poor children's high school performance', *Journal of Educational Psychology*, 105: 465–477.

Spitz, H.H.(1999) 'Beleagured Pygmalion: a history of the controversy over claims that teacher expectancy raises intelligence', *Intelligence*, 27: 199–234.

Sternberg, R.J.(1982) 'Reasoning, problem-solving, and intelligence', in R.J.Sternberg (ed.) *Handbook of Human Intelligence*, pp.225–307, New York: Cambridge University Press.

Stinnett, T.A., Crawford, S.A., Gillespie, M.D., Cruce, M.K. and Langford, C.A.(2001) 'Factors affecting treatment acceptability for psychostimulant medication versus psychoeducational intervention', *Psychology in the Schools*, 38: 585–591.

Stuhlman, M.W. and Pianta, R.C.(2009) 'Profiles of educational quality in first grade', *The Elementary School Journal*, 109: 323–342.

Tal, Z. and Babad, E.(1990) 'The teacher's pet phenomenon: rate of occurrence, correlates, and psychological costs,' *Journal of Educational Psychology*, 82: 637–645.

Taylor, B.M., Pearson, P.D., Clark, K. and Walpole, S.(2000) 'Effective schools and accomplished teachers: lessons about primary grade reading instruction in low-income schools', *The Elementary School Journal*, 101: 121–166.

Taylor, N.(1993) 'Ability grouping and its effect on pupil behaviour: a case study of a Midlands comprehensive school', *Education Today*, 43: 14–17.

Taylor, K. and Campbell, F.(1995, April) 'Teacher perceptions of children from low-income families as reflected in surveys and rating scales', paper presented at the Biennial Meeting of the Society for Research in Child Development, Indianapolis.

Taylor, P.B., Gunter, P.L. and Slate, J.R.(2001) 'Teachers' perceptions of inappropriate student behavior as a function of teachers' and students' gender and ethnic background', *Behavioral Disorders*, 26: 146–151.

Tenenbaum, H.R. and Ruck, M.D.(2007) 'Are teachers' expectations different for racial minority than for European American students? A meta-analysis', *Journal of Educational Psychology*, 99: 253–273.

Thorndike, R.L.(1968) 'Review of the book *Pygmalion in the Classroom*', *American Educational Research Journal*, 5: 708–711.

Thorndike, R.L.(1969) 'But you have to know how to tell time', *American Educational Research Journal*, 6: 692.

Timperley, H.S.(2008) *Teacher Professional Learning and Development: Best Evidence Synthesis (BES)*, Wellington, New Zealand: Ministry of Education.

Timperley, H.S. and Parr, J.M.(2007) 'Closing the achievement gap through evidence-based inquiry at multiple levels of the education system', *Journal of Advanced Academics*, 19: 90–115.

Timperley, H.S., Phillips, G. and Wiseman, J.(2002) *The Sustainability of Professional Development in Literacy-Part One: Changing and Sustaining Teachers' Expectations through Professional Development in Literacy*, Wellington, New Zealand: Ministry of Education.

Timperley, H.S. and Robinson, V.M.J.(2001) 'Achieving school improvement through challenging and changing teachers' schema', *Journal of Educational Change*, 2: 281–300.

Timperley, H.S., Robinson, V. and Bullard, T.(1999) *Strengthening Education in Mangere and Otara: First Evaluation Report*, Auckland, New Zealand: The Ministry of Education.

Timperley, H.S. and Wiseman, J.(2002) *The Sustainability of Professional Development in Literacy -Part Two: School-based Factors Associated with High Student Achievement,* Wellington, New Zealand: Ministry of Education.

Topping, K. and Ferguson, N.(2005) 'Effective literacy teaching behaviors', *Research in Reading*, 28: 125–143.

Tschannen-Moran, M. and Woolfolk Hoy, A.(2001) 'Teacher efficacy: capturing an elusive construct', *Teaching and Teacher Education*, 17: 783–805.

Tunmer, W.E., Chapman, J.W. and Prochnow, J.E.(2004) 'Why the reading achievement gap in New Zealand won't go away: evidence from the PIRLS 2001 international study of reading achievement', *New Zealand Journal of Educational Studies*, 39: 127–145.

Tunstall, P. and Gipps, C.(1996) 'Teacher feedback to young children in formative assessment: a typology', *British Educational Research Journal*, 22: 389–404.

Turner, J.C., Meyer, D.K., Midgley, C. and Patrick, H.(2003) 'Teacher discourse and sixth graders' reported affect and achievement behaviors in two high-mastery/high-performance mathematics classrooms', *The Elementary School Journal*, 103: 357–382.

Vail, K.(2005) 'What's in a name? Maybe, a student's grade!' *Education Digest: Essential Readings Condensed for Quick Review*, 71: 41–43.

Van den Bergh, L., Denessen, E., Hornstra, L., Voeten, M.J. and Holland, R.W.(2010) 'The implicit prejudiced attitudes of teachers: relations to teacher expectations and the ethnic achievement gap', *American Educational Research Journal*, 47: 497–527.

Verplaetse, L.S.(1998) 'How content teachers interact with English language learners', *TESOL Journal*, 7: 24–28.

Wagemaker, H.(ed.) (1993) *Achievement in Reading Literacy: New Zealand's Performance in A National and International Context*, Wellington, New Zealand: Ministry of Education.

Warren, S.R.(2002) 'Stories from the classrooms: how expectations and efficacy of diverse teachers affect the academic performance of children in poor urban schools', *Educational Horizons*, 80: 109–116.

Watt, H.M.G.(2010) 'Gender and occupational choice', in J.C. Chrisler and D.R. McCreary (eds) *Handbook of Gender Research in Psychology*, pp. 379–400, New York: Springer.

Weinstein, R.S.(1983) 'Student perceptions of schooling', *The Elementary School Journal*, 83: 286–312.

Weinstein, R.S.(1986) 'The teaching of reading and children's awareness of teacher expectations', in T. Raphael *The Contexts of School-based Literacy*, pp. 233–252, New York: Random House.

Weinstein, R.S.(1989) 'Perceptions of classroom processes and student motivation:

children's views of self-fulfilling prophecies', in R. Ames and C. Ames (eds) *Research on Motivation in Education*, New York: Academic Press.

Weinstein, R.S.(1993) 'Children's knowledge of differential treatment in school: implications for motivation', in T.M. Tomlinson (ed.) *Motivating Students to Learn: Overcoming Barriers to High Achievement*, pp. 197–224, Berkeley, CA: McCutchan.

Weinstein, R.S.(2002) *Reaching Higher: The Power of Expectations in Schooling*, Cambridge, MA: Harvard University Press.

Weinstein, R.S. and McKown, C.(1998) 'Expectancy effects in "context": listening to the voices of students and teachers', in J. Brophy (ed.) *Advances in Research on Teaching: Expectations in the Classroom*, pp. 215–242, Greenwich, CT: JAI Press.

Weinstein, R.S., Marshall, H.H., Brattesani, K.A. and Middlestadt, S.E.(1982) 'Student perceptions of differential teacher treatment in open and traditional classrooms', *Journal of Educational Psychology*, 74: 678–692.

Weinstein, R.S., Marshall, H.H., Sharp, L. and Botkin, M.(1987) 'Pygmalion and the student: age and classroom differences in children's awareness of teacher expectations', *Child Development*, 58: 1079–1093.

Weinstein, R.S. and Middlestadt, S.E.(1979) 'Student perceptions of teacher interactions with male high and low achievers', *Journal of Educational Psychology*, 71: 421–431.

Weinstein, R.S., Soulé, C.R., Collins, F., Cone, J., Mehlhorn, M. and Simontacchi, K.(1991) 'Expectations and high school change: teacher-researcher collaboration to prevent school failure', *American Journal of Community Psychology*, 19: 333–363.

Wentzel, K.R.(1991) 'Social and academic goals at school: motivation and achievement in context', in M. Maehr and P. Pintrich (eds) *Advances in Motivation and Achievement*, vol.7, pp. 185–212, Greenwich, CT: JAI Press.

Wentzel, K.R. (1997) 'Student motivation in middle school: the role of perceived pedagogical caring', *Journal of Educational Psychology*, 89: 411–419.

Wentzel, K.R.(1999) 'Social-motivational processes and interpersonal relationships: implications for understanding motivation at school,' *Journal of Educational Psychology*, 91: 76–97.

Wentzel, K.R.(2009) 'Students' relationships with teachers as motivational contexts', in K.R. Wentzel and A. Wigfield (eds) *Handbook of Motivation at School*, pp. 301–322, New York: Routledge.

Wigfield, A. and Cambria, J.(2010) 'Students' achievement values, goal orientations, and interest: definitions, development and relations to achievement outcomes', *Developmental Review*, 30: 1–35.

Wigfield, A. and Eccles, J.S.(2000) 'Expectancy-value theory of motivation', *Contemporary Educational Psychology*, 25: 68–81.

Wigfield, A. and Eccles, J.S.(2002) 'The development of competence beliefs and values from childhood through adolescence', in A. Wigfield and J.S. Eccles (eds) *Development of Achievement Motivation*, San Diego, CA: Academic Press.

Wigfield, A., Galper, A., Denton, K. and Seefeldt, C.(1999) 'Teachers' beliefs about former Head Start and non-Head Start first-grade children's motivation, performance, and future educational prospects', *Journal of Educational Psychology*, 91: 98–104.

Wigfield, A. and Harold, R.D.(1992) 'Teacher beliefs and children's achievement self-perceptions: a developmental perspective', in D.H. Schunk and J.L. Meece (eds) *Student Perceptions in the Classroom*, pp. 95–121, Hillsdale, NJ: Lawrence Erlbaum.

Wilkinson, I.G. and Townsend, M.A.R.(2000) 'From Rata to Rimu: grouping for instruction in best practice New Zealand classrooms', *The Reading Teacher*, 53: 460–471.

Wilson, H.K., Pianta, R.C. and Stuhlman, M.W.(2007) 'Typical classroom experiences in first grade: the role of classroom climate and functional risk in the development of social competencies', *The Elementary School Journal*, 108: 81–96.

Wilson, R.J. and Martinussen, R.L.(1999) 'Factors affecting the assessment of student achievement', *The Alberta Journal of Educational Research*, 45: 267–277.

Winne, P.H. and Butler, D.L.(1994) 'Student cognition in learning from teaching', in T. Husen and T. Postlethwaite (eds) *International Encyclopedia of Education*, 2nd edn, pp. 5738–5745, Oxford, UK: Pergamon.

Woodcock, S. and Vialle, W.(2011) 'Are we exacerbating students' learning disabilities? An investigation of preservice teachers' attributions of the educational outcomes of students with learning disabilities', *Annals of Dyslexia*, 61: 223–241.

Woolfolk, A.E. and Hoy, W.K.(1990) 'Prospective teachers' sense of efficacy and beliefs about control', *Journal of Educational Psychology*, 82: 81–91.

Woolfolk Hoy, A., Hoy, W.K. and Davis, H.A.(2009) 'Teachers' self-efficacy beliefs', in K.R. Wentzel and A.Wigfield (eds) *Handbook of Motivation in School*, pp. 627–653, New York: Routledge.

Wray, D., Medwell, J., Fox, R. and Poulson, L.(2000) 'The teaching practices of effective teachers of literacy', *Educational Review*, 52: 75–84.

Yates, L.(1993) *The Education of Girls: Policy, Research and the Question of Gender,* Victoria, Australia: Australian Council for Educational Research.

Yeung, A.S., Craven, R.G. and Kaur, G.(2012) 'Mastery goal, value and self-concept: what do they predict?', *Educational Research*, 54: 469–482.

Zimmerman, B.J. and Bandura, A.(1994) 'Impact of self-regulatory influences on writing course attainment', *American Educational Research Journal*, 31: 845–862.

Zohar, A., Degani, A. and Vaaknin, E.(2001) 'Teachers' beliefs about low-achieving students and higher order thinking', *Teaching and Teacher Education*, 17: 469–485.

译后记

教师期待理论（Teacher Expectation Theory）作为教育领域的一项重要理论，自1968年罗森塔尔和雅各布森的经典研究以来，在全球范围内引起了广泛关注和深入研究。克里斯汀·鲁比-戴维斯教授对这一理论的发展做出了卓越的贡献，为该领域培养了多名来自世界各地的高期待教师，其中博士研究生近30人。2017年，新西兰教育部将"高期待原则"确定为教学的八大核心原则之一。本书分享了她多年从事教师期待研究的成果和实践经验，为广大教育工作者提供了宝贵的指导和参考。

过去20年间，教师期待理论也引起了越来越多的中国学者和教师的关注。许多学者在不同的教育背景下，对这一理论进行了深入探索，并取得了重要成果。直接师从克里斯汀·鲁比-戴维斯教授的中国博士研究生已超过10人，还有相关学者前往奥克兰大学进行学术访问，这些都说明教师期待理论在中国教育研究领域逐渐成为一个重要的专题。

作为一线教师，我在小学语文教师兼班主任的岗位上深耕了17年，偶然间接触到教师期待理论后，就在其指引下来到了新西兰。在奥克兰大学的图书馆，我第一次看到这本《成为高期待教师》后，就被其深深吸引。书中不仅详细阐述了教师期待理论的核心思想，还提供了高期待教学的具体应用方法和实例。并且，这些内容与我曾经的教学实践紧密相关，我的教学行为和教育主张也在这里得到了验证。反思和总结自己的教学历程，我发现每当我对学生充满期待时，他们往往能够超越预期，取得更好的成绩。这种喜悦让我迫不及待地想要把这本书带给我身边的教师朋友，我相信这套理论对中国教育心理学研究以及一线教师的课堂教学和专业发展会很有启发。于是，我萌生了将这本书翻译成中文的想法。

　　为了确保翻译的质量，我们组建了一支教师期待理论领域的专业团队。两位专业审订——郝丽风博士和王胜男博士，师从鲁比-戴维斯教授，从事教育心理学研究十多年，在教师期待研究领域有着丰富的学术经验，把关本书的专业术语翻译和书稿的审订工作。团队的另外两位译者范玲玲和薛娇不仅在教师期待研究领域有深厚的积累，还熟知中国和新西兰两国的教育背景。她们卓越的中英文语言功底，是这本书顺利交稿的有效保障。我们对照原文的几个部分做了翻译分工：引言及附录（薛娇）；第一部分（沈苗苗）；第二部分（薛娇）；第三部分（范玲玲）。翻译初稿在经过两轮自我校对后，再由三位译者交叉校对，然后交给两位审订专家再次交叉审阅。以上工作完成后，我对全书语言风格进行统整，再交给上海教育出版社三审三校。因此，近乎一年时间内，团队成员齐心协力，终于将这本书带到了读者的面前。翻译工作难尽其美，阅读中若发现疏漏之处，烦请读者邮件告知，我们会在再版时修正。

　　在此，我们要特别感谢克里斯汀·鲁比-戴维斯教授的信任和支持，她为我们的翻译工作提供了宝贵的指导和耐心的答疑。感谢一阅书院岳乃红老师的慷慨支持，保障了我们翻译工作的顺利启动。感谢上海教育出版社的刘美文老师和庄雨蒙编辑，她们的专业和耐心为本书的出版提供了全面的支持。最后，我还要感谢为我的人生指明方向的王雄老师和陈文艳校长，感谢一路相伴的翻译团队成员和奥克兰亲友团，更要感谢那片培育了我的"沃土"——扬州市梅岭小学，我想念那里的学生和同事，想念那里美好的一切。

　　如果有人问：面向未来的教育，作为一线教师的我们，力量从哪里来？

　　我的回答是：力量，从期待和信念中来！

沈苗苗

2024 年 8 月 5 日